音盤を通してみる声の近代

日本、上海、朝鮮、台湾

編著
劉 麟玉
福岡正太

著者
細川周平
黄 裕元
王 櫻芬
山内文登
長嶺亮子
尾高暁子
垣内幸夫

Stylenote

もくじ

第2部　東アジアのレコード音楽の諸相――声の平行と交錯

総説

蓄えられた声を百年後に聴く

――私たちはなぜこの百年のレコード史を追っているのか

劉　麟玉

一八九七年の東京日日新聞に「人の語言を蓄へて、千万里の外、又は十百年の後にても発することを得る機械」というフォノグラフについての記事がある。[1] また、一九〇〇年七月一九日の『台湾日日新報』には「音声を万世に伝ふ」という記事もある。さらには、当時のオーストリア＝ハンガリー帝国において、ウィーン政府は「蓄音機の至便至快なるは云ふまでもなきことなるが今や之を利用し十九世紀の音声を悉く網羅し以て後世子孫への一大遺物となさん」という膨大な計画を立ち上げた。その理由は「一九世紀の音声をありの侭に後世子孫に伝へ彼等をして其祖先の音響を聞かしめ宛然祖先に接するが如き」ということであった。当時の有名な人物の声を記録することもその計画に含まれていた。私たちは今、まさにその「万世」の二百年目に入った時点に立ち、蓄音機の歴史を振り返りながら、当時のレコードの音声や音楽が何を語っているのか聞こうとしている。

1 倉田喜弘『日本レコード文化史』（岩波書店、二〇〇六）四頁。

一　本書の原点を辿る

本書は国立民族学博物館（以下、民博）の共同研究プロジェクト「音盤を通してみる声の近代――台湾・上海・日本で発売されたレコードの比較研究を中心に」に参加した共同研究者と協力者の研究成果をまとめたものである。この研究プロジェクトは、二〇一一年から二〇一四年までの三年半、筆者が代表者として、当初の研究の目的は、日本のレコード会社が台湾と上海で一九四五年以前に発売したレコードを取り上げ、同じ中国語圏の両地域におけるレコード産業の実態を明確にすると同時に、各々の地域で発展をとげた音楽諸ジャンルとレコード産業の関連を探ることであった。研究を進める過程で、同時期に台湾と同様に植民地となった「朝鮮」も比較研究の対象とした。更に、本研究プロジェクトの前段階と位置付けられる民博共同研究「日本コロムビア「外地」録音に関するディスコグラフィー的研究」（代表者：細川周平）、および人間文化研究機構連携研究「日本コロムビア外地録音のディスコグラフィー的研究」（代表者：福岡正太）の研究内容を踏襲し、一次資料が他のアジア地域と比べて相対的に不足している台湾のレコード産業の歴史にも着目した。特に本プロジェクトでは、民博が所蔵している一九四五年以前の日本蓄音器商会（日本コロムビア株式会社の前身、以下、日蓄）によって製作・発売されたレコードの音声資料や社内資料を事例研究の対象として精査した。なお、研究タイトルに「音楽」ではなく、「声」という概念を使用したのは、当時の東アジアで流通していたレコードには、歌を含む音楽ジャンルだけでなく、演説、映画説明、戯劇など、音楽に限定されない多様な声が収録されているからである。また、レコードのみならず、その再生機器としての蓄音機の原点は、声を記録するということを目的にしていたということも忘れてはならないであろう。

二　レコード産業の東進と展開

蓄音機とレコードの発明は間違いなく人間の音楽文化史を大きく書き換え、人間の声と音楽演奏の記録手段としてもこれまで大きな役割を果たしてきた。蓄音機の歴史は、一般的には米国人トーマス・エジソン（一八四七－一九三一）がそれを発明した一八七七年に遡ることが多い。[2] 今から数えて一四五年前の出来事となる。その影響は日本を含め、アジアなど非西洋圏の国々・地域にも及んだ。エジソンは自分の発明を世界にアピールするために、蓄音機の利用法として「音楽の再生」を含めた一〇項目を挙げているが、文化社会学研究者の吉見俊哉はその利用法について「あくまで口述の記録と再生である」「今日でいうならレコードよりもテープレコーダーにはるかに近い記録措置として考えられていた」と指摘している。[3] 近代芸能史研究家の倉田喜弘によると、日本国内で蓄音機の初期の形であるフォノグラフの現物がイギリス人ユーイングによって紹介されたのは一八七九年のことであり、[4] エジソンが蓄音機を発明した二年後のことである。西洋の文明を急速に吸収しようとしていた明治期の日本では、欧米人の往来が多く、欧米の発明品もかなり早い段階で日本国内に紹介され、披露されたと考えられる。

蓄音機の構造や機能は次第に改造・改良され、その過程で、蓄音機は音楽や芸能を楽しみ、鑑賞するための媒体として展開していった。前出の倉田は、貴金属や時計類の販売会社で蓄音機も輸入していた天賞堂が一九〇三年の新築落成の陳列会場の広告に用いた「大声蓄音器の余興演奏」という文言に注目しながらも、蓄音機を余興にしか使わないということはあり得ないと指摘している。筆者はさらに倉田が引用した「就中蓄音器は米国最新の構成にして、従来の品と其撰を殊にす。欧米各国の唱歌、奏曲等、皆備はる。時々之を奏して清聴を喜ばしむべし」という読売新聞記事の一文に惹かれる。[5] もしここの「清聴」が「清らかに聞こえること」[6]、「声や音がきれいに聞こえる」[7] を意味するのであれば、一九〇三年の広告で天賞堂が蓄音機とレコードによって多様な録音の音質や音色が味わえ、聴

2 細川周平『レコードの美学』（勁草書房、一九九〇）二五頁、吉見俊哉『声の資本主義　電話・ラジオ・蓄音機の社会史』（河出文庫、二〇一二）九一頁。

3 吉見、前掲書、九〇－九四頁。また、本書第一章（細川周平「日本の円筒録音時代——声の再生・模倣・保存」）二八頁も参照。

4 倉田、前掲書、四－五頁。

5 前掲書、四七－五二頁。

6 『デジタル大辞泉』（小学館）（二〇二二年七月二三日アクセス）。

7 国語辞典アプリ『大辞林』（三省堂）（二〇二二年七月二三日アクセス）。

けることをアピールしていたということになり、蓄音機が音楽を鑑賞するための機器でもあることをすでに認識していたということであろう。実際、一九一〇年代以降、数多くのレコード鑑賞会が開催されたことが記録として残されている。例えば、一九一八年に設立された関西の婦人団体「ピアノ同好会」では、ピアノやヴァイオリンなどの楽器を用いたクラシック音楽会を中心に開催していたが、一九一八年、一九二二年には、蓄音機、レコードによる鑑賞会も行われている。[8]

生の演奏は理想とする音楽の聴き方であるが、その演奏が一旦吹き込まれると、いつでも再現でき、どこでも聞けるというレコードの利点を、レコード会社が商機として見逃すことはなかったであろう。有名な演奏家によって演奏された音楽が商品化されれば、愛好家も現れてくる。レコード会社はさらに商品を売り上げるために大衆の好みとニーズを敏感に察知し、多様なジャンルのレコードを吹き込んだ。その結果、ヒット曲やヒット歌手、ヒット奏者が誕生した。こうした音楽の需要と供給の相関関係は今も昔も大差はなかろう。外国資本の日蓄が一九〇九年に初めて日本国産のレコードを製造すると、レコードの発売数は急速に伸び、一九一一年までには能楽のシテ方である宝生九郎の謡曲、竹本昇太夫の義太夫節、吉田奈良丸の浪花節などが吹き込まれた日本音楽のレコードの生産枚数は一三〇万枚を超え、[9]日蓄は日本のレコード業界を牽引する存在となった。

8 塩津洋子「『ピアノ同好会』の活動」『大阪音楽大学音楽博物館年報 25』（二〇一〇）二頁、八－一一頁。

9 倉田、前掲書、六六－七四頁。

三　中国・台湾・韓国におけるレコード産業の受容と展開

本節では、中国、韓国、台湾の人々がいつ頃から文明の利器としての蓄音機に触れ、それを受容していったのか見ていきたい。但し、中国を除き、台湾と韓国のレコード産業の初期に遡るには日本の殖民地時代における考察を避けることができない。そのため、本節の焦点も殖民地台湾、殖民地朝鮮の時代に当てることになる。

（一）中国

中国音楽・レコード産業史研究者のアンドレアス・シュテーン（Andereas Steen）によると、蓄音機が中国本土に上陸したのは清の時代、一八八七年頃であり、カトリックの宣教師によって紹介されたということであるが、詳細な期日は不明である。また、公人が蓄音機に触れることについては、エジソンが一八八九年に直接、清国の直隷総督李鴻章に蓄音機を送ったという記録が残っている。[10] 一方、最も早い段階での中国音楽の商業用録音は一九〇〇年前後にロンドンとサンフランシスコで行われたようであるが、実物が確認できるのは一九〇二年以降である。とりわけ、一九〇三年のサンフランシスコで録音された中国音楽は、中国の名優が歌った閩南語と広東語の戯曲であるという記録が残っている。[11] 他方、中国で商業レコード用に初めて録音を行ったのはアメリカ人、フレディリック・ガイズバーグ（Frederick W. Gaisberg, 1873-1951）であった。ガイズバーグはロンドンの G&T 社から委託され、アジアでの録音旅行を行った。一九〇三年二月に日本での録音を終了した直後に中国に渡り、三月一八日から二七日まで現地の音楽を三二五曲録音したとガイズバーグ自らが記録を残している。[12] しかし、中国の現地でレコードの生産が可能になったのは、一九一七年にフランスの百代（Pathé、パテ）社が上海に工場を建設して以降のことになる。[13] 日蓄は一九二四年に中国の市場調査を行っており、[14] また一九三〇年前後から一九四〇年前半までの期間、川崎工場で中国国内向けのレコードも生産している。本書第八章「清朝末期から中華民国期の崑曲ＳＰコード――吹込者と録音内容にたどる近代伝統劇界の変遷」の執筆者の尾高暁子によると、日蓄が製造したレコードのレーベルは、百代《バイダイ》（Pathé）、麗歌《リーガー》（Regal）、蓓開《ペイカイ》（Beka）、高亭《ガオティン》（Odeon）の四種類である。これは「日蓄の親会社にあたる英国コロムビアが、一九二〇年代から Pathé や Columbia Phonograph、Lindström（Beka、Odeon を所有）を合併吸収し、一九三一年に Gramophone Company とともに EMI を設立した」からである。つまり、上記の各親会社の所蔵レーベルも EMI の傘下へと移り、日蓄が上記の四つのレーベルの生産を受注したからであると尾高は説明している。[15]

10 史通文『在娯楽与革命之間　留声機、唱片和上海音楽工業的初期（1878-1937）』王維江・呂澍訳（上海辞書出版社、二〇一五）四二−四七頁（Steen, A. *Unterhaltung und Revolution: Grammophone, Schallplatten und die Anfänge der Musikindustrie in Shanghai 1878-1937*. Harrassowitz Verlag, 2006, pp. 40-44）。

11 史、前掲書、五六−五七頁（原著、pp.51-53）。なお、原著では一九〇〇年頃（um 1900）とあるが、中国語訳では一九〇〇年（是一九〇〇年）とされている。台湾国立清華大学助理教授沈雕龍氏のご指摘に御礼を申し上げる。

12 史、前掲書、六二−六四頁、七八頁。

13 史、前掲書、一四三頁。

14 コロムビア50年史編集委員会編『コロムビア五十年史』（コロムビア株式会社、一九六一）八六頁。

15 尾高暁子「日本コロムビア所蔵録音の上海編データ作成について」人間文化研究機構連携研究「日本コロムビア外地録音のディスコグラフィー的研究」プロジェクト編『日本コロムビア外地録音ディスコグラフィー―上海編』（二〇〇八）五頁。

（二）台湾

一八九八年六月七日の『台湾日日新聞』漢文版の記事「琴戯奇観《チンシーチーグァン》」が、現段階で見つかっている台湾における蓄音機について言及した最初の記録のようである。[16] 当該記事によると、ある広東人[17]が持ってきた楽器（琴）から様々な劇の歌声が聴こえてくるが、演奏者はおらず（「只聞其声不見其人」）、その楽器はいわゆる蓄音機というもので「内地」では既に沢山製造されているとのことである。また、一九〇〇年一月一日の「独出新奇《ドゥツーシンチー》」は同じく『台湾日日新聞』漢文版の記事で、艋舺という台北の町で内地人が円筒式の蓄音機を紹介し、京劇の《天水関《テンスェグァン》》や《二進宮《アージンゴン》》などの演奏を流したという内容が記されている。上記の記事を総合的に分析すると、これらの記事の中国語の表現は極めて流暢であり、台湾人によって書かれたものである可能性が高く、また、内地という言葉は中国本土を指す可能性も考えられる。さらに、前述した中国における蓄音機の発展の初期の録音内容や状況、音楽ジャンルなどを鑑みると、それらの録音は中国本土から持ち込まれた可能性が高い。一方、一八九八年以降の『台湾日日新聞』には日本人が蓄音機について言及した記事も散見される。一八九八年九月一〇日の「栄華一炊の夢譚」はある台中在住の参謀官が東京から取り寄せた蓄音機についての記事であり、同年一〇月二六日の「共楽会の余興」と二八日の「共楽会の余興評『食べ物見立』」という記事は、共楽会という団体が余興の一つとして蓄音機を披露したというものである。ただこれらの記事には、特定の音楽ジャンルについての言及はない。台湾の伝統音楽を録音し、レコードとして発売するという、レコード産業が発足したのは一九一四年以降のことであり、それは日蓄によって展開された。[18] 台湾における日蓄の事業は本書の第二章、第三章、第四章に詳細に記されている。

（三）韓国

本書第五章「写音的近代と植民地朝鮮、一八九六～一九四五」の執筆者、山内文登の研究によると、大韓帝国の時代の一八九九年に発行された新聞記事に蓄音機（器）に関する報道などあり、その年を「現

16 記事の原文は以下の通り。「自格致之學興幾於無奇不有如前廣東人携一琴來大稲埕某茶館演唱雜劇生旦丑角言語聲音件件逼肖來観者毎人應銀壹角方得入閲開場之時則先招呼一句請眾位客官坐看云云然後次第演唱但聞其聲而不見其人所為蓄音機者内地多既製作也」。「格致之学」とは「格物致知」であり、西洋からの科学に関する学問の総称である。

17 植民地台湾では、「広東人」が台湾にいる客家人を指すこともあるが、ここでは中国本土からきた広東人を指すと思われる。許馨文「導言：臺灣客家音樂研究的回顧與前瞻」『全球客家研究』（二〇一九）第一二期、四一–四五頁を参照。

18 黄裕元『流風餘韻：唱片流行歌曲開臺史』（國立臺灣歷史博物館、二〇一四）四〇頁。本書第二章も参照。

地資料からみた朝鮮録音の始点となる」としている。[19]また山内は、一九一〇年から一九四五年までの植民地期「朝鮮」でのレコードを取り巻く状況を「欧米資本のレコード会社の撤退、民族資本系のレコード会社の不振、そして日本資本のレコード会社の独占などによって特徴付けられる」と説明している。更に、一九二〇年以降の「朝鮮」のレコード業界には、コロムビア、ビクター、ポリドール、オーケー、シエロン、タイヘイの六社が台頭し、いずれも日本のレコード会社の支社のような形で、日本と密接な関わりを持っていた。[20]韓国歌謡史研究者の朴燦鎬《パクチャンホ》によると、外国レコードの販売権を持っていた日本のレコード会社のうち、ビクターは一九二九年に「朝鮮音譜」の新譜を発売し、その目録には雅楽や民間楽が含まれていたという。日蓄も一九二九年に南道雑歌、新流行童謡などの「朝鮮の歌曲」を吹き込み、発売している。ポリドールは一九三一年に、日本オーケー蓄音器商会は一九三三年に、朝鮮に支社を設置し、朝鮮盤の市場に参入している。[21]なお、韓国のレコード産業の詳細に関しては、本書の第五章を参照していただきたい。

四　レコード産業のグローバリゼーション、資本主義と植民地主義

東アジアのレコード産業の歴史はグローバリゼーションの事例のひとつとも考えられる。政治・行政学者マンフレッド・スティーガー（Manfred B. Steger）によると、グローバリゼーションとは「世界規模の社会的な相互依存と交流とを創出し、増殖し、拡大し、強化すると同時に、ローカルな出来事と遠隔地の出来事との関連が深まっているという人々の認識の高まりを促進する、一連の多次元的な社会過程を意味する」。[22]また、経済学者の大坪滋の著書では多数の領域と先行研究を踏まえ、七つの「グローバリゼーションの諸相」のうち、経済と文化に関して以下のように説明している。大坪はまず、「経済のグローバリゼーション」は「諸国における経済活動が、広域的・全球的な生産・流通・

19　本書第五章、山内文登「写音的近代と植民地朝鮮、一八九六～一九四五」二二四頁。

20　山内文登「日本コロムビア外地録音の朝鮮データの作成について」福岡正太編『植民地主義と録音産業――日本コロムビア外地録音資料の研究』平成一七年度～平成一八年度科学研究費補助金基盤研究（C）研究成果報告書、（二〇〇七）一二頁。

21　朴燦鎬『韓国歌謡史一八九五－一九四五』（晶文社、一九八七）一二九－一三〇頁。

22　マンフレッド・スティーガー『グローバリゼーション』櫻井公人、櫻井純理、高嶋正晴訳（岩波書店、二〇〇五）一七頁。

消費ネットワークの拡大・深化に伴い、その相互依存の度合いを強めていく過程」であるとし、「文化のグローバリゼーション」は「諸国の文化が世界的に均質化・同化する過程と、それらが各国特有の社会変容の中で差別化・ローカル化する過程との複合過程」であるとしている。[23] さらに、グローバリゼーションの始まりは一二〇〇年前の歴史に遡って解釈することができるとし、帝国主義と独占資本主義と植民地主義が急拡大した一八七〇年頃から一九一四年の第一次世界大戦までの期間を「近代のグローバリゼーションの第一の波」と説明し、通信・交通インフラの発展がその要因であると指摘している。[24]

欧米において蓄音機の発明から商業用レコードの製作・発売までにどれほどの時間がかかったのかは不明だが、ロンドンやパリでは少なくとも一八九〇年代末までには蓄音機とレコードが普及していたようである。[25] 欧米のレコード会社がさらなる収益を見込むためには欧米圏以外の地域の市場を開拓する必要があり、やがてその開拓は東アジアにまで拡大した。西洋音楽のレコードだけでなく、現地の人々の心を掴むには、在来音楽のレコードの発売が不可欠であった。初期には、前述したガイズバーグのように録音技師による東アジア各地の在来音楽の出張録音が行われ、欧米でレコードを製作したが、その後、レコード会社が中国や日本に支社を設置し、工場を建設すると、東アジアでも在来音楽のレコードを製作・発売することが可能となった。一方、欧米の音楽の輸入・販売も行なわれたため、クラシック音楽など欧米発の音楽も東アジアに浸透し、東アジアの西洋音楽受容過程において一翼を担った。このように、レコード産業が国境を超え、アジア諸国で普及し、ローカル化した一連の過程はまさに「近代のグローバリゼーション」の一例であると言えよう。

しかしながら、台湾と朝鮮半島のレコード産業の発展が日本と中国のそれと異なったのは、グローバル化というポイントだけではない。台湾は一八九五年に、「朝鮮」は一九一〇年に日本の植民地となった歴史がある。その狭間の一九〇七年に、日本のレコード産業の代表的存在である日米蓄音機製造株式会社（一九一〇年以降、日本蓄音器商会）が誕生し、一九〇八年には川崎工場を建設、一九〇九年

23 大坪滋「グローバリゼーションと開発の主要課題」『グローバリゼーションと開発』（勁草書房、二〇〇九）一六-一七頁。

24 大坪、前掲書、一八-二二頁。

25 吉見、前掲書、九五-九八頁。

からは日本国産のレコードが販売できるようになっていた。[26] さらに、日蓄は一九一二年の時点ですでに台北と京城に営業所を開設しており、[27] 当時、日蓄は日本唯一のレコード会社ではなかったが、逸早く植民地の台湾と朝鮮の市場に注目し、レコード販売の商機を敏感に察知し得た会社であったと言えよう。

日本近代文学研究者の小森陽一は植民地支配の最大の特徴を「宗主国が属国の領土を占有するところにある」と指摘し、それは「貿易に有利な拠点としての港湾都市を支配するだけでもなく、本国に輸出するプランテーションを支配するだけでもなく、属国化した地域を隅無くする欲望」であり、「土地そのものを支配することである」と述べている。[28] それは、日本の会社が植民地における商品の生産、販売ルートの確保、市場の独占などにおいて、被植民者より優位に立つことを意味する。さらに、商品の販売の可否が宗主国や植民地政府の政治環境の変化や政策の転換などに左右される。とりわけレコード産業の場合は、歌詞に伴う歌曲のイデオロギー性だけでなく、その音楽をもつ民族の同一性が表現されることもあるため、検閲の対象として扱われた。事実、一九三六年に台湾総督第四府の検閲制度が開始され、「台湾蓄音器唱片取締［監管］規則」（府令十九号）が実施された。これはその一例である。同時に、レコードが国や政治家の政策を宣伝するための道具として使われたこともしばしばあった。

一方、当然のことながら、レコード会社にとっての前提はレコードの生産量と収益の増加である。植民地に移住した日本人向けのレコードの販売数はある程度見込まれたであろうが、そこに現地の人々向けのレコードの普及があれば、より大きな市場を期待できたであろう。植民地時代の台湾の例を見てみると、一九〇五年の時点で日本人移住者は五万九六一八人（台湾人口の一・九％）に対し、台湾の漢人は二九七万九〇一八人（台湾人口の九五・四％）であった。また、一九四〇年の時点で、日本人移住者の割合は台湾人口の五・八％に対し、台湾人の割合は九三・四％になっている。[29] 人口的にマジョリティである台湾人が好む在来音楽のレコードを発売すれば、そして一割の台湾人がレコード

26 コロムビア50年史編集委員会、前掲書、六五-六六頁および倉田、前掲書、六七頁。

27 コロムビア50年史編集委員会、前掲書、七二頁。

28 小森陽一・佐藤学「知の植民地をめぐる断章」栗原彬・小森陽一・佐藤学・吉見俊哉編『知の植民地――越境する（越境する知6）』（東京大学出版会、二〇〇一）一-一四頁。なお、引用した段落「占有と攪乱」五-八頁を執筆したのは小森である。

29 塩出浩之『越境者の政治史』（名古屋大学出版会、二〇一五）二一三-二一六頁。なお、在朝鮮の日本人移民の割合は、一九一〇年には全体の一・九％、一九四〇年の全体の二・九％を占めた。

を購入すれば、単純計算でも日本人向けレコードの約二倍の売り上げになる。一九三〇年代に発売された台湾の多種多様な在来音楽のジャンルからも、レコード会社の思惑が読み取れる。

他方、レコード会社も日本内地のレコード政策に従う必要があった。特に日本国内で一九三四年七月一八日に公布された「出版法施行規則改正」（内務省令第17号）及びレコード取締の実施に関連した「改正出版法ノ施行ニ関スル通牒」（昭和九年七月一八日附警保局図発甲第七号）[30]はレコード業界に大きな影響を及ぼした。前述した台湾の「台湾蓄音器唱片取締［監管］規則」のような植民地におけるレコード発売の統制が加わると、レコード会社による自由な現地在来音楽の発売が難しくなり、事実、第二次世界大戦が勃発した頃には、植民地の台湾と朝鮮における在来音楽の製作・発売が終焉を迎えた。つまり、一九二〇年代以降の日本のレコード会社と植民地台湾、朝鮮における商業録音の歴史は、グローバル化や資本主義、さらには植民地主義とが絡み合った複雑なものなのである。

五　日本レコード産業のネットワーク（日本、上海、台湾、朝鮮）

研究を進める過程で明確になってきたことは、東アジアの各地域のレコード史が互いに無関係ではなく、日本を媒介として、あるいは日本ではなく別のルートを介して、なんらかの関わりを持ちながら展開してきた可能性を示唆しているということである。日本人向けのレコードは上海、朝鮮、台湾の各地に輸出され、それぞれの地域で生きる日本人移民向けに販売された。他方、中国、台湾、朝鮮、日本内地の四つの地域においても、同じレコードやカバー曲の発売が行われていた。日蓄が発売した台湾流行歌の目録には、台湾人歌手によって歌われた日本の《草津節》（レコード番号 80123-A）の記載があり（本書第6章）[31]、山内は「朝鮮歌謡のカバー曲を収めた台湾盤」レコードが存在することを報告している（本書第5章）。さらに、台湾と中国大陸との間では文化的交流が盛んに行われており、

30　内川芳美編『現代史資料40　マス・メディア統制1』（みすず書房、一九七三）三五六－三五八頁。

31　福岡正太編『植民地主義と録音産業－日本コロムビア外地録音資料の研究』平成一七年度～平成一八年度科学研究費補助金基盤研究(C)研究成果報告書（二〇〇七）九六頁も参照。

たとえば一九〇〇年代には上海の演劇団（京劇）の名優を台湾に招いて興行した記録が多数残っている。したがって、大陸で流行していた演目が台湾でもかなり知られていたと考えられる。[32] また、日本コロムビアも上海向けのレコードを販売していたので、同じ漢字で意思疎通ができた両地域の人々にとっては、歌や演目の共有は決して困難ではなかったはずである。ちなみに一九三〇年代の台湾のコロムビア株式会社に「唱片部」という部署があった。「唱片」とは中国で使用されたレコードの中国語訳であり、「歌うひとひら」という意味である。興味深いことに、前述した台湾総督府のレコード取締規則「台湾蓄音器唱片取締［監管］規則」においても「唱片」という言葉が使用されており、用語として台湾総督府内でも定着していたと思われる。こうした状況を理解した上で台湾と上海の商業用レコードを再調査すれば、別の視点が見えてくる可能性が高い。事実、上海と台湾の発売目録を確認したところ、共通のレコードが製作・発売されたことがわかってきた。[33]

六　蓄えられた声を百年後に聴く

近代と言われる十九世紀末から二〇世紀前半にかけて、蓄音機・レコードと言われる文明の利器が東アジアの諸国・地域にも浸透し、庶民の生活における娯楽の一部となった。その時代に、日本における欧米資本のレコード会社は、グローバル化、資本主義、植民地主義という重層的な構造の中で植民地台湾と朝鮮において主導的な立場を担うこととなった。また、売上のためにその土地の人々の音楽嗜好を調査し、現地の在来音楽の録音を行い、発売した。その一方で、レコード会社が製作した非商業録音も同時に存在しており、植民地政府が作成した宣伝歌や政治家の演説なども音源として残っている。本書を通読していただければ、その数がいかに膨大であるかをご理解いただけるであろう。他方、中国上海に進出していた欧米資本のレコード会社の数社がコロムビア本社に買収されたた

32　徐亞湘の著書『日治時期中国戯班在臺灣』（南天書局、二〇〇〇）によると、植民地時代に上海、福建、広東の三つの地域から60を超える劇の団体（戯班）が台湾に招聘され、約12種類の劇を上演した。それらの一部の演目は、当時の台湾で発売されたレコードにも吹き込まれ、発売された。六三頁、八七–九〇頁、一五九–一六一頁、二五七–二六一頁などを参照。

33　一九三五年以前に発売された、梅蘭芳によって歌われた正音戯曲《丁山打雁》（台湾の海老茶レーベルでレコード番号は16005-A、中国の百代レーベルでレコード番号は34736-A）などがある。なお、中国では「京劇」というジャンルで発売されている。福岡編、前掲書、一一六頁、および人間文化研究機構連携研究「日本コロムビア外地録音ディスコグラフィー的研究」プロジェクト編、前掲書、四〇頁。

め、上海で発売されたレコードの一部がコロムビアの出資を受けた日蓄を通じて台湾にも輸入された。言うまでもなく、商業録音に現地の在来音楽を含めたのはレコード会社としてのマーケティング戦略の一環であり、更なる利益を得るための手段であった。また、一部の非商業録音（有名人の録音、家族への伝言など）も利益を生む可能性があるわけであり、両者（商業録音と非商業録音）の違いは単にレコード会社が企画したものであるかどうかということにあると考えられる。そしてそれらの録音は、百年後の現在において、いずれも人類にとっての貴重な財産であることに疑いの余地はない。

声も音も発した瞬間に消えてしまうため、音楽は時間の芸術であるとよく言われる。また、音楽はそれぞれの国・地域の無形文化遺産であり、音声を含めた豊かな音楽文化は、レコードの発明により小さな箱と一枚の円盤に留めることが可能となった。これは本研究プロジェクトの出発点である。つまり、現代に生きている私たちにとっては初期の一枚一枚のレコードが当時の音楽文化を知るための扉となるのである。

他方、一九世紀末から二〇世紀にかけて世界の政治環境は激しく変化し、第二次世界大戦後の冷戦の時代を含め、戦争が起きる度に、人間は行動の自由だけでなく、音楽を演奏する自由、聴く自由まで失うことになる。それは、国の政策や植民支配者による思想や言語、音楽の統制が存在したからである。その過程で国・地域の在来音楽の伝承が阻害され、多数の音楽ジャンルが消え、そこに伝承の断層が生じてしまうのである。台湾を例にすると、前述した台湾総督府が行ったレコードの検閲のほか、日中戦争が勃発した一九三七年前後から、教化や皇民化によって台湾漢民族の伝統音楽・芸能を禁止もしくは改良するという命令が台湾各地で告示されたため、多くの在来音楽がありのままの姿で伝承できなくなったことが挙げられる。一九三八年一〇月二五日の『台湾日日新報』の記事「台湾芝居に断乎禁止命令　東石郡当局の英断」には「本島皇民化運動の熾烈に伴う各地でその存在を問題視してゐた領台前の遺物―台湾芝居殊に歌仔戯の如きその演技たるや非文化的にして（中略）重来の警告的方針を一擲し断固！禁止命令を発し台湾芝居の根絶を期したが愈々二三日より郡下から姿を消することとなるので好評を博してゐる」と述べられ、その内容は当時の台湾総督府の政策を反映しているものである。[34]そういう意味では、一九三〇年代に録音された歌仔戯を含め、台湾の伝統音楽のレコードはそれらの音楽の断層が生じる前の証言のような存在であると考えられる。

さらに、当時のレコードを用いて自国の人々の音楽嗜好、音楽ジャンルの変遷、消滅した音楽ジャンルの再現、他国との比較研究など、その用途は様々な研究課題においても有用であると考えられる（本書第7章から第9章）。しかし残念なことに、現実問題として、一九四五年以前に発売されたレコードも、戦火や政治、社会的な変遷、レコードの劣化などが原因で、残っている音源が限られてきていることも事実である。台湾の場合は、当時製作されたレコードのすべてが発見され、復元できたわけではないが、幸い、国立民族学博物館には、一九四五年以前に日蓄によって製作・発売されたレコードの原盤がほぼ完全な状態で保管されている。また、日本コロムビア株式会社のアーカイブには製作に関連する一部の書類が所蔵されていたため、この百年間のレコード史はようやく点と点が繋がり、それが線となり、さらに線と線でいくつかの側面が見えてくるようになってきた。

七、本書の構成

本書は二部に分かれている。第一部「東アジアのレコード産業――声の近代」では、五つの章を含まれており、日本、台湾、韓国における蓄音器の嚆矢・レコードの製作、販売、マーケティング戦略などを含めたレコード産業の歴史を中心に論じる。

第1章「日本の円筒録音時代――声の再生、模倣、保存」の著者、細川周平はこれまでに日本のレコード工業史を含め、大衆音楽文化の歴史に関する論著を多数執筆してきた。本章は日本の円盤録音が定着する以前の円筒録音時代（一八八〇―一八九〇年代）に焦点を当て、その時代における録音再生技

34『台湾日日新報』の記事を調べれば分かるように、他にもいくつかの記事が確認できる。たとえば、一九三七年六月二三日の「陋習打破を宣伝 新竹州生活改善会で」には「一、台湾芝居、演芸、講古等は速かに廃止する」という文言が見られ、類似した内容が一九三七年七月三一日の記事「百害ある台湾芝居 南署が禁止を断行 正月と蘭盆の二日間だけ許す」にも見られる。南署は台北市内にあり、警察局によって禁止条例を実施したと考えられる。なお、その時代のことを台湾の先行研究では「禁鼓楽」と呼んでいる。許常恵『臺灣音樂史初稿』（全音樂譜出版社、一九七〇）、王櫻芬「戰時臺灣漢人音樂的禁止和「復活」：從一九四三年「臺灣民族音樂調查團」的見聞為討論基礎」『臺大文史哲學報』（二〇〇四）第六一期、一―二四頁などがある。

術の伝来、機材や呼称の変遷を辿る。その過程で日本の上流階層だけでなく、庶民たちでも名優の声色などを聴くという新奇な体験を味わったことや、声の保存に活用されたことなど、多くの事例を提示している。それらを通して、日本は東アジア諸国のうち、欧米によって築かれた「聴覚の近代」の技術と資本主義の概念を比較的早い段階で受け入れ、研究し、根付かせたことが分かる。そして、著者が文末で言及した、進化したはずの円盤録音技術が実は蝋管録音のように上書き機能を持っていない、むしろ「退化」したものであるという指摘が、これまで当然のように思われたレコード史の常識に一石を投じている。

第2章「日本統治時代における台湾レコード産業と「台湾盤」の市場メカニズム」は黄裕元によって執筆された。黄は植民地台湾のレコード産業史研究をテーマに学位論文をまとめ、以降、近現代の台湾における大衆音楽文化史に関連する論著を多く送り出している。本章は「外地」台湾におけるレコード史を俯瞰し、通時的に論述したものである。著者は、台湾に向けた日本レコード会社による録音、制作方法および販売戦略の転換、台湾在来音楽の売り出しなどの歴史を概観した上で、その刺激を受けた台湾人が設立したレコード会社の参入状況や発売された音楽の詳細、日本の録音技術に頼った事情についても言及している。その過程は、日本のレコード会社との複雑な関係性を呈している。本章を通して、日本のレコード史が欧米のレコード産業を受け入れ、独自の歩みを展開したのと同じように、植民地台湾も日本のレコード産業からの影響を受け、自らのレコード制作・販売を発展させたことが分かる。付録の年表はその流れを一目瞭然なものとしている。

第3章は王櫻芬の「台湾テイストを作り出す――日本蓄音器商会の台湾レコードの制作戦略を探る」である。王は初期の民博共同研究プロジェクトのレコード研究に関わった海外研究者であり、日蓄の関連資料に基づき、複数の研究成果を挙げている。本章は民博所蔵の「新譜販売決定通知書」に加え、日本コロムビア株式会社のアーカイブで所蔵している日蓄の社内一次資料である「台湾レコードの原盤一覧リスト」、「台湾レコードの録音日誌」という三つの史料を用いて比較研究を行い、これまで解明できなかった、日蓄による台湾音楽のレコード制作と発売に関する疑問点を解き明かすことを試みたものである。その結果、著者は台湾人向けのレコードの録音と発行時期、録音場所の可能性、録音された音楽ジャンルと内容、吹き込み者の同定、伴奏者、演奏形態と編曲などの実態の一部を明らかにした。本章は日蓄の一次資料の価値を発揮させた論考であると言えよう。

劉麟玉の第4章「新譜販売決定通知書」を通してみる台湾コロムビアレコード会社と日本蓄音器商会の間の「対話」——戦争期のレコード発売状況の調査を兼ねて（一九三〇～一九四〇年代）」は、第3章でも言及された「新譜販売決定通知書」に焦点を当て、その内容を通して日蓄本社と台湾支店にあたる台湾コロムビアが、台湾の在来音楽音盤の制作、販売の過程や宣伝、緊急対応などをめぐり、書面上で行った「やり取り」を分析考察したものである。その考察の過程で日中戦争期における日蓄の台湾レコードの制作・販売状況も明らかになったため、その情報に基づき、台湾総督府によるレコード取締政策との関連性についても言及した。その状況は日本内地の延長線とも言うべきであるが、内地よりははるかに厳しいものであったことが分かる。

第5章「写音的近代と植民地朝鮮、一八九六～一九四五」を執筆した山内文登は二〇〇〇年以降、植民地朝鮮の録音文化史に関連する論考を多数発表しており、また、学位論文でも関連する課題を取り上げた。第5章は植民地朝鮮時代のレコード史を時系列に沿って記述したものである。著者はこれまでの研究成果を踏まえ、朝鮮録音の約半世紀の歴史を克明に記述しており、当時の状況を理解するには読み応えのある一章である。著者はその歴史を「黎明期」、「寡占期」、「転換期」、「全盛期」、「戦時期」と「衰退期」の六つの時期に分け、円筒円盤の伝来、西洋資本と日本資本のレコード会社間の競争、朝鮮人主導の会社の台頭、戦争期の影響、音楽ジャンルの変遷などの複雑な様相を秩序立てて整然と述べている。朝鮮に西洋資本の米国ビクターが直接代理店を設置したこと、日本資本の日蓄と日東の「複占体制」の時期があったこと、さらに大手六社が競い合ったことなど、朝鮮のレコード産業が盛んになったことを物語っている。それは日蓄が市場を独占した植民地台湾では見られない光景であった。さらに、第二次世界大戦中の一九四二年まで朝鮮録音は継続的に発行されたが、同じ植民地でも台湾では一九三九年以降、台湾録音の発行が実質禁止された状況とは対照的であったことが分かる。戦時下の皇民化運動中、朝鮮の人々は、日本語の使用や「創氏改名」などを植民政府に要求された反面、朝鮮録音の制作においてはなぜか多少の「自由」意志が許可された。資本主義が帝国主義に勝ったという単純な理由ではなかろうが、今後、両地域を比較しながら明らかにしていくべき課題である。

第二部「東アジアのレコード音楽の諸相――声の平行と交錯」では、東アジア各地のレコード産業が展開されている中、音楽ジャンルの共有、変容、独自の音楽ジャンルの形成と展開など、様々な角度で探求する内容となっている。

福岡正太が執筆した第6章「草津節――お座敷からレコードへ、そして外地へ」は日本新民謡《草津節》が植民地台湾と朝鮮の現地人向けのレコードに収録されたことに注目し、日本で発売された数々の《草津節》レコードの歴史と音楽的特徴を解き明かした比較研究である。一九二九年から一九三〇年代にかけて、《草津節》がいかに流行っていたのか伺える。また、歌い手の背景、伴奏楽器、そして編曲の手法の違いによって、《草津節》がお座敷の歌から流行歌やジャズ音楽などに変身した。その流れの中、日蓄によって制作され、植民地台湾と朝鮮で発売された《草津節》はいずれも変容された音楽の形となっている。宗主国の大衆音楽がレコードを介して植民地に普及した興味深い事例である。

第7章「戦前・戦中台湾のコロムビアレコードの音から歌仔戲と新興劇の音楽の繋がりをさぐる」の著者、長嶺亮子は二〇〇〇年代以降、台湾起源の伝統芸能「戲曲」の一種である「歌仔戲」を中心に研究し、多数の論文を発表してきた。本章は一九三〇年代に発行された音盤のうち、「新劇」、「新歌劇」、「文化劇」、「文化歌劇」、「風俗劇」、「広東歌劇」に分類された22の作品を新興劇と判断し、それらの題材を分析した。また、吹き込み者、伴奏楽器、旋律、リズム、録音音源の使用などの観点を用いて歌仔戯と比較した。これらの新興劇は、構成上では伝統劇に類似しても、聴覚的には異次元なものだったようだ。これらの演目は現在の台湾では既に上演されていないが、残されたレコードを通してそれらの存在を確認でき、聴くことが可能となった。レコードの写声の役割を再認識できる事例である。

尾高暁子の第8章「清朝末期から中華民国期の崑曲SPレコード――吹込者と録音内容にたどる近代伝統劇界の変遷」は中国の明の時代頃に発祥した崑曲という伝統劇の録音を考察したものである。著者はこれまでに民国時代の音楽文化について研究してきた。本章では、音源が限られる中、崑曲の特徴の一つである、「曲友」と称する知識層の愛好家の存在に着目し、一九三〇年代までに曲友であるアマチュアが如何にレコードの吹込みに関わったのか、また、プロの崑曲芸人と曲友のほかに、どのような吹込み者がいたのか、三つの時期に分けてそれらの歴史を辿った。その内容を通して曲友を含めた崑曲の吹込み者の多様化、曲友のこだわり、様式上における崑曲と京劇の相互影響、崑曲の消長などが窺える。加えてガイズバーグが初期録音の一部に携わったこと、九割の音盤が欧米資本によって制作された点は日本や朝鮮と共通するものの、ドイツのオデオン社とフランスのパテ社もレコード事業に参入したことは当時の租界としての上海の環境を物語っている。

第9章「義太夫節・パンソリ・蘇州弾詞の歴史的音源に聴く演奏様式の変容」は垣内幸夫によって執筆されたものである。著者は数十年に渡り、日本の語り物「義太夫」を研究したのち、二〇〇九年から研究課題を東アジアの語り物に広げ、朝鮮半島の「パンソリ」、中国の「蘇州弾詞」の演奏様式についても調査を行ってきた。本章は二〇世紀初頭に録音された各ジャンルの歴史的音源の年代、吹き込み者と演奏様式の特徴を把握した上、各音楽ジャンルの後世の伝承者と共に当時の録音を確認する作業を通して、演奏様式の変化の有無を明らかにしたものである。その結果、上記の音楽ジャンルは現在も伝承されつつあるが、いずれも音楽表現が変わったことが分かる。レコードは各時代の音と声をほぼ忠実に記録できるため、音楽ジャンルが長いスパンにどう変容してきたのか理解するために重要な証拠であることを再認識できる事例研究である。

本書は一つの区切りであり、本研究に関連する歴史の全体像をより明確にするために、著者らはこれからも本研究を継続していく所存である。[35]

35 本稿の完成にあたっては、日本コロムビアアーカイビング部門責任者の斉藤徹氏及びお茶の水女子大学名誉教授徳丸吉彦氏にご知見を頂いた。ここに厚く御礼を申し上げる。

第1部

東アジアのレコード産業——声の近代

第1章　日本の円筒録音時代——声の再生、模倣、保存

細川　周平

はじめに

トーマス・エジソンはフォノグラフの最初の公開実験（一八七七）で、「メリーさんの子羊」を自ら朗誦し再生した。その直後に彼が『ノース・アメリカン・レビュー』誌に挙げた有名な一〇の効用のうち、音楽の再生とオルゴール・玩具という二項目を除く八項目は、実用的な言葉の音声に関わる。速記の代用、盲人用の本、話し方の教材、家庭の記録や声の遺言、特定の時刻を告げる時計、正しい発音による諸言語の保存、教師の説明やスペルの記憶補助などの教材、電話の記録というように。[1]「フォノ」は「音」、「グラフ」は「書く」を意味するギリシア語に由来する。即ち、「音で書く文字」「文字の音声化」が彼の念頭にあり、文字を補填するために音声を後から再現する技術をもくろんでいた。フォノグラフの先駆にあたるイギリスのレオン・スコットのフォノートグラフ（一八五七）やフランスのシャルル・クロのパレオフォン（一八七七）も、似た名称から分かるように、人の声を記録・保存することを発明の根幹に置いた。ペンで紙に文字を書く代わりに、特殊な針先で柔らかい物質の表

1　ローランド・ジェラット『レコードの歴史―エディソンからビートルズまで』石坂範一郎訳（音楽之友社、一九八一）一九頁。ジョナサン・スターン『聞こえくる過去―音響再生産の文化的起源』中川克志・金子智太郎・谷口文和訳（インスクリプト、二〇一五）二四九頁以下。引用する蓄音機関連の新聞記事は以下に集められている（松村智郁子『明治期における蝋管蓄音機の受容と普及の研究―音楽、声の記録と社会的背景を中心に（資料篇）』（二〇一四、科学研究費　基盤C一般　研究課題番号23520156）。

面に、空気の振動を写し取る、つまり音溝は文字に対応する。〈書き込む〉技術が彼ら発明家の概念にあり、実用化が始まったばかりのテレグラフ（一八四四）、テレフォン（一八六一）、タイプライター（一八六〇年代）と発想の上で隣り合っていた。いずれも文字や話し声を遠隔の時空間へ移送したり保存する発明だった。メディア史の大枠で俯瞰すれば、言葉を〈書く〉〈読む〉〈話す〉〈聞く〉〈聴く〉ことの間の相互関係を組み替えるだけでなく、それと不可分だが、人間と聴覚と知識のネットワークを近代化するテクノロジーが、一九世紀の半ばに用意された。

「近代化」はあまりに広く適用可能でむやみに使うべきではないが、ここでは進歩史観を批判した歴史社会学者ノルベルト・エリアスのいう「文明化」に近づけて理解している。[2] 彼によると、文明化の過程は一方向的ではなく、物質生活と社会組織と政治経済形態が編み合わされてある図柄（figure）を成し、個人の思惑を超え、集団的な行動や感情を特定の方向へ導いた結果である。ヨーロッパ中心的との批判もあるが、慎重に反すうするなら、エリアス歴史学の核を成す英独仏の影響下で展開した明治日本の「文明適応」（「文化適応」の一様態として）を考える導きとなりうる。「近代」という一見中立的な概念よりも意味内容をはっきりさせた（といって統一見解には至らない）「文明」のほうが、科学技術がもたらす大局的な変化を論じるには適切と考える。「文明開化」は単に明治期の専売特許ではなく、力点の循環が中期的に見られ、「文明」の語が古風に感じられるとしても、二一世紀まで続いていると私は考える。

ところで声は人の聞く／聴く音のなかで、他にない特徴を持っている。[3] 声はからだから意志的に、知能を介して発せられる（意志によらない生理音ではない）。人の使いうる最も複雑な伝達システムである言葉の物理的基礎である。新生児はまず声をあげて社会生活に入る。成長につれ他人の声を聴いて自己を形成し、自分の声を使って意志や感情を伝える。自己の存在を他人に聞かせ、認識させる。微細な発声の違いを聴き分ける能力は準言語的コミュニケーションの基本で、文字を覚える以前から経験的に教育される。どの信仰体系でも、ある種の声には超越性が認められる。声という単語が人格

2 ノルベルト・エリアス『文明化の過程（上・下）』赤井慧爾、中村元保、吉田正勝訳（法政大学出版局、二〇〇四）。必ずしも同書の定義に沿うわけではないが、安丸良夫の「文明化」の概念（『文明化の経験―近代転換期の日本』岩波書店、二〇〇七）は、日本史への概念の移植という点で、示唆に富んでいる。

3 Amanda Weidman, "Voice," in David Novak & Matt Sakakeeny (eds.), *Keywords in Sound*, Duke University Press, 2015, pp. 232-245. 〈うた〉に関する包括的で説得力ある定義として、長尾洋子『越中おわら風の盆の空間誌―〈うたの町〉からみた近代』（ミネルヴァ書房、二〇一九）五頁。

や主張の隠喩になる場合も珍しくない。発声の洗練によって言葉は〈うた〉になりうる。〈うた〉の定義は一様ではないが、言葉の文字通りの意味の伝達を超えた表現は、普遍的に存在する。民族音楽学者にとってはひとくくりに「音楽」に属しても、声を用いるか否かで別の概念で分類される文化もある。声は形而下（物質や生活）でも、形而上（思想や信仰）でも、人の営みの根本を成す特殊な音であることは間違いない。エジソンら発明家が楽器でも物音でもなく、まず声の再生を目指したのは、容易に理解できる。

本論ではあらゆる可聴音のうち、人の声の再生がフォノグラフ発明の出発点にあったことを重く見て、日本を例に、録音技術がその声の時空間的なありようを根底から変容させ、それは新しい聴き方と連動していたことを論じる。日本の声の近代化は明治に創られた話し言葉や書き言葉、そこから派生する朗読や戯曲の言語など多方面から解明されてきた。ラジオや映画やテレビなど複製テクノロジーの影響も忘れられていない。拡声器やイヤフォンについての論考もある。録音については、吹き込まれた演目や歌唱の表現など多岐にわたって考察されてきた。それは概して円盤録音が音楽を聴くメディアとして定着してからのことである。本論はそれ以前、これまで走り書きに留まった円筒録音の時期（およそ一八八〇年代―一九〇〇年代）に遡って、録音再生テクノロジーと声の生来のパートナーシップを論じる。この点について、既に社会学者吉見俊哉が、「われわれの『声』の変容そのもののなかに資本主義が作動していた」と述べている。音響的な複製技術の登場と声の文化変容は連動しており、それは産業革命や資本主義の結果というより、それ自体が資本主義を稼働させる本質だった、と。歴史学者ケリム・ヤサルはこれをひとつの足がかりに、電話、録音、ラジオのような音響テクノロジーが、日本の場合、「過去とのテクノロジーの面での断絶であり、かつ過去の実践の組み直しである近代性の典型」であると論じている。[4] 声と言葉のありかたが西洋とは根底より違っていて、西洋世界拡大の奔流に呑み込まれつつ、在来の社会構造や音感覚や言語運用によって、音声再生テクノロジーを独自のかたちで土着化・近代化した、と。本章では二人の考えを円筒録音に絞って再考してみたい。

4 吉見俊哉『声の資本主義――電話・ラジオ・蓄音機の社会史』（講談社、一九九五）三二一頁。Yasar, K. *Electrified Voices. How the Telephone, Phonograph, and Radio Shaped Modern Japan, 1868-1945*, Columbia University Press, 2018, p.8.

円筒録音時代とは、エジソンのフォノグラフ発明（一八七七）からエミール・ベルリナーの円盤録音発明（一八八七）とその実用化（二〇世紀初頭）に至る約三〇年間を指す。後述する理由から「初期録音」の時代とも呼ぶ。個人向け再生ソフトの販売、録音内容の聴取・鑑賞に重点が置かれる高度産業化時代の前史にあたる。円筒蓄音機の輸入と原始的な産業化の基盤のうえに、円盤蓄音機のより強固な（大資本が投入された）世界が作られ、一九二〇年代に足並み揃えて実用化したラジオとトーキーと手を組み、新しい形式・内容、場、メディア、観客・聴衆を創造した。円筒録音物自体はほとんど残っていないため、書かれた資料から歴史を追うしかない。円盤に移行してからのように、各社の音源とカタログ、その他関連資料を用いて、音によって裏打ちするような歴史記述はむずかしい。ディスコグラフィーにあたるシリンドグラフィーはありえない。芸能史家倉田喜弘著『日本レコード文化史』（東京書籍、一九七九）は、今もって最も頼りになる編年史だが、その一面的な技術理解には警戒を要する。本論は音響テクノロジーを聴く／聞く人や聴かれる／聞かれる空間、社会状況や言説の網目状組織から把握し直す最近の研究動向を踏まえて、最初の音響再生技術がどのように土着の声の文化に適応し、それを「文明化」したのかという点について考え、円盤録音時代（二〇世紀全体）の前史としたい。

蘇言機の登場

話し言葉の再生がフォノグラフの出発点であったことは、当初 talking machine と俗称されたことによく表れている。同じ発明品（とその改造品）は、日本でも最初の十年間は「蘇言機」「蘇声機」「写言機」「発声機」などと訳され、「ひとりでものをいふきかい」と宣伝されたこともあった。

フォノグラフの日本でほぼ最初の公開実験は明治一二（一八七九）年三月二八日、木挽町の東京商法会議所で、工部大学校のお雇いイギリス人理学者ジェームズ・アルフレッド・ユーイングによって行われた。エジソンの最初の公開実験（一八七七年一二月）と、ユーイングの公開実験の聴衆の反応はあまりによく似ている。

〔フォノグラフから出てくる〕これらの言葉は、われわれだけでなく、周りに集まった十数人の人たちに完全に聞き取れた。（中略）たちまち十数人の見物人が増えた。その数があまりにも増えたので編集者は床が落ちるのを気づかって実演を停止するよう訴えねばならなくなった（エジソン）[5]。

器械より発する声も、舌頭より出しものに少しも異ならざれば、満座拍手してその妙を称せり。それより、来観の人々も代わり代わりに邦語をもて試みしに、何れも又た奇と呼ばざるはなかりき（ユーイング[6]、傍点引用者）。

なぜ両者はこれほど似ているのだろうか。新発明のデビューに立ち会う驚愕は人類共通だから、新技術を巧みに見世物化したから、ジャーナリズムは事件の効果を誇張しがちだから[7]。他にも理由は考えられるかもしれない。ひとつ確実なことは、拍手をした満座の聴衆がその日、再生された音を聴いたことである。それは文明の驚異（奇、妙）として聞こえたが、実は聴覚の歴史を一新する音でもあった。日米の記者は、実際に聞こえてきたはずの音の印象ではなく、それまで発せられては消えるはずだった音が、機械により再生されうるという技術的可能性について書いた。これは聴覚上の印象ではなく、複製技術との接し方に関わる。ヤサルは「音響［オーディオ］好きのプラセボ効果 audiophile placebo effect」[8]と呼んでいる。記者は音響再生に対して好意的で、実体験以前から「原音そのもの」が聞こえると信じ切っていた（信じる者に偽薬《プラセボ》が効くように「原音」が聞こえる）。つまり複製技術を支える思想信条は、国境を超えて忠実度の概念を本来含んでいる。記者は一様に驚愕し、人類の一大進歩を確信し、発明者の知性を讃えた。録音技術は初めから、たぶん世界中どこでも、原音忠実を

5 ジェラット、前掲書、一五頁。

6 四七頁参照。

7 公開実験は技術史的には実験者の成果発表の「着地点」、社会史的には出席者側が属す社会へ新しい技術が埋め込まれる「離陸点」であると、初期テレビジョン史のなかで飯田豊は考えている（『テレビが見世物だったころ―初期テレビジョンの考古学』青弓社、二〇一六）二六頁。蓄音機の場合にも当てはまる。

8 Yasar, *op. cit.*, p. 111.

謳うよく似た論調を生み出した。[9]

エジソンが「メリーさんの子羊」を朗誦したように、ユーイングは「英国の歌謡」を披露し、日本人は「一つとせ節」などを試した（一八七九年三月三〇日付『朝野新聞』）。二人は音響史家ジョナサン・スターンのいう「上演者 performer」だった。[10] 雑音混じりであったとしても、その歌声は日本の音（楽）のありように新しい一頁を開いた。ユーイングは「人の語言を蓄えて千万里の外又十百年の後にても発することを得る器械」と、言葉の音声保存の意義を強調したらしい。当時、東京日日新聞社主だった福地源一郎はこの時、「こんな器械が出来ると新聞屋は困る」と吹き込んだらしいが、心配は杞憂に終わった（大正末のラジオの登場まで持ち越された）。

『朝野新聞』はまた機材の形状を、文明の利器たる外見を強調するような語彙で説明している。

器械は長さ一尺四五寸計りにてその器械の真ン中に鉄の円胴あり。其の表に線条を刻み長き軸棍を以てこれを貫き軸の一端に廻手《かえて》あり。その他の一端に一輪あり。廻手を旋転すればその輪も従って動き円胴の運転を助く。円胴の前に方二寸計りなる円板の銅嘴《どうし》あり。以て発声を容るるの用と為す（句点引用者）。

「円胴」「線條」「軸棍」「廻手」「旋転」のような非日常的技術用語は、おそらく工部大学校周辺であわてて編み出された（もしくは中国語より借用された）のだろう（これらを「シリンダー」「グルーヴ」「スピンドル」などと表記すれば、現代の広告文に通じる）。さらにこの器械の発声原理を以下のように解説している。

扨之れを使用するに薄き錫を円銅へ貼り着け廻手にて胴を回転しながら口を以て銅嘴に付け発声を為すに銅嘴の中は小さき太鼓の様なるものにて其の裏に銅鉄の小針あり。声音の清濁大

9 スターン、前掲書、二七九、三二四頁。
10 スターン、前掲書、三二四頁。

小に従うて針は小点を錫箔上に点す。由て再び之れを運動すれば小点の針に当る度に銅嘴中の器械を以て声音を発するなり（句点引用者）。

記者はユーイングの説明を注意深く聞いたのだろう。重要なのは、声音の振動「に従うて」小針が箔の表面に点を残し、後でそれを「運動すれば」針が振動を再現して「声音を発する」という音響↓物質↓音響という画期的なプロセス—音の〈書き込み〉と〈読み取り〉、エンコーディングとデコーディング—を、ごく当たり前のように書いていることである（音が空気の振動によって発生することは、この会に参加したり新聞を読むような啓蒙階級には常識だった）。「文明」用語満載の解説は、「文明の伝道者」を売りにする後の大道蓄音師の呼び込みにも応用されたはずだ。

しかし日本でも海外でもフォノグラフは一瞬の衝撃に終わり、エジソン社の事業プロジェクトからも一時外れた。この発明は音響再生の可能性を実証したが、発明者が想定した使途に応えるだけの性能を持っていなかった。数年後、現在の台東区下谷にあった製煉社が、輸入品に劣らぬ「蘇音器」を売り出し中という記事を読めるが、その輸入品についても、同社製品についても報道はない（一八八五年一〇月一四日付『時事新報』）。同社は顕微鏡も販売しているので、ごく一部の理科の授業で用いられたのかもしれない。

蝋管蓄音機の産業化——文明の見世物

録音技術が再び脚光を集めるのは、スズ箔の代わりに蝋管を書き込み媒体に採用し、耐久性を増したグラハム・ベルの改良モデル、グラフォフォンが発明されてからである。明治二二（一八八九）年一月二〇日、井上馨が鹿鳴館に伊藤博文をはじめ、森有礼、榎本武揚、前島密ら有力な官僚や政治家を招いて、その試聴会を催した。井上に宛てたワシントン在住陸奥宗光公使のメッセージを再生したところ、言葉の内容どころか「音色さえ紛う方なき」ため、「恰も陸奥氏に面話の心地したるなる可し」（同年一月二一日付『時事新報』。同年一月二二日付『東京日日新聞』も参照）と一同は驚愕した。その場で録音再生したそれまでの実験と違い、時間も場所もかけ離れた知人の声を聴かせるデモンストレーションは、技術の効用を宣伝するうえで効果的だった。井上は「取次の代用、音声ある手紙、遺言、唱歌、何くれに無上の便益を与うる霊妙の器械」というような説明をしたらしい（一月二二日付『東京朝日新聞』）。わずか二銭の円筒で一千語を吹き込めることも売りだった。[11] 鹿鳴館という舶来物として最高の劇場を得、首都の主要紙はこぞって報道し、地方紙も関心を示した。[12]

この機材は福沢諭吉周辺の開明派人脈の要、交詢社の社員、長谷川武次郎《ぶじろう》（一八五三―一九三八）の商店が代理店となって、ベル・グループの傘下にあるグラフォフォン社から輸入した製品だった。彼は数日前、時事新報社を前宣伝のために訪れ、詩の朗吟を録音して三度再生して暗記して自ら謳ったり、口笛を吹き込んだり、紙腔琴（手回し式の小型オルガンのような機具）で「春雨」や「宵やまち」をかけて吹き込んだり、その場で歌をつけた（一月一九日付『時事新報』）。ただし「玩弄物にあらず」（一月一九日付『時事新報』）というのが、売る側の姿勢だった。

ベル側の攻略は鹿鳴館で終わったようで、その後広告や実演の記事は見ない。代わって蝋管蓄音機の市場を独占するのは、エジソン側である。[13] これはアメリカ国内の両社の競争力に関係するだろうが、ベルと長谷川商店の関係がなぜ途絶えたのかは分からない（長谷川は三年後に蓄音機国産製造化に関与した）。エジソン側は横浜のフレーザー商会を代理店とし、たとえば鹿鳴館の会の半年後、後藤象二郎の私邸でアメリカ人技師二人を連れて乗り込み、アメリカ録音の語りやピアノ、横浜録音の長唄、三味線、笛太鼓、そしてその場で吹き込んだ声を再生した。例によって「言語調子毫も真に違はず、最も妙味を覚えたり」（一八八九年六月二日付『郵便報知新聞』）。アメリカ録音は機材の「文明度」を聴衆に印象づけ、横浜芸者の音曲は機械に対する情感を増し、その場の録音は音響再生がたやすい

11 アメリカでは録音をオフィスで使う途が開かれたが、日本では皆無に等しかった。鹿鳴館の実験と同じ日、速記法研究会の新年会も開かれ、「文明の二要機」を同時に見聞したと寿ぐ記事がある（一月二二日付『東京日日新聞』）。エジソンは「速記の代用」をフォノグラフの大きな効用と認めていたが、日本でも声と筆記の技術革新として、両者を相結ぶ発想があったことは（実現は別にして）興味深い。

12 四七頁参照。

13 倉田喜弘『日本レコード文化史』（東京書籍、一九七九）四一頁以下。

操作で機能しうることを証明しただろう。

大道蓄音機——ゴム管とラッパ

エジソン社が日本への攻勢を強めるなか、蝋管蓄音機はビジネスや教育などの実用ではなく、物珍しい舶来品を賞でる上流階級から購入されたと推測するが確証はない。蓄音機が話題になるのは、明治二三（一八九〇）年、浅草花屋敷の奥山閣《おうざんかく》で見世物に供せられてからである（一八九〇年七月一六日付『読売新聞』）。奥山閣は浅草公園の一角にその数ヵ月前に建てられた五階建の人気スポットで、「ひとりでものをいふきかい　蓄音器　一名仮色器械」展示の広告を打った（一八九〇年六月三〇日付『読売新聞』）。かなりの評判を取り、風俗記者の鶯亭金升《おうていきんしょう》は「扨《さて》も扨も面白し。一つの管を耳に挿めば、忽ちにして団十郎、菊五郎の声色をそっくり聞、或いは『角力甚句』、或いは『活惚《かっぽれ》』『春雨』など、心を浮す音楽に耳を楽しましめ、眼には園中の草花を詠めて、耳のうちは劇場や宴席にのぞむ思いあらしむ」と大いに満足した（一八九〇年九月二七日付『団々珍聞』）。[14]「仮色器械」の売り文句にあるように、声帯模写は人気の的で、もうひとつ受けたのがお座敷の俗曲だった。前者は蓄音機の特性を最も活かした内容だからであり、後者は浅草へ出かける庶民層の間で最も好まれた曲目だからである。このふたつは後述する大道の見世物でも定番だった。

金升は「御銘々が、いろいろな隠し芸をも己と吹き込み、己と聞〔く〕事も出来る」楽しみを挙げている。後のテープレコーダーやスマホと同じく、蝋管蓄音機はその場で録音再生が可能で、声を聴き直すことが技術的驚異だった。蝋管の音質と耐久性から考えて、声を長く保存する意図はあまりなく、ほぼその場限りの消費形態だった。蝋管蓄音機の家庭利用があまり記録されていないのは、もちろん本体が輸入に頼り（国産機は試作どまり）、相対的に高価（一八九八年の天賞堂の広告で三三円

14 倉田、前掲書、四六頁より引用。

と四八円、一九〇〇年の三光堂の広告では二〇円から六〇〇円まで）だったことが大きいが、もうひとつ、声や楽器の録音が商業用であれ、教育用であれ、家庭用であれ、用途を持つような文脈が整っていなかったことも考慮しなくてはならない。三味線を吹き込む若い女性の図もあるが、どれほど現実的だったのかは分からない（『風俗画報』二〇一号、一八九九年一二月一五日号、裏表紙）。速記術は実用化されず、声のメッセージを活かす生活も生まれなかった。例外は英語学習で、明治の録音済蝋管の新聞広告で唯一、値段が明記されている（一九〇四年三月六日付『大阪朝日新聞』。三〇本セットで、吹込み教師による独習書無料進呈とある）。話し声の反復聞き取りの効果が最初に認められた用法で、学習者は自ら声を発して再生音を模倣する一種の鸚鵡となることを求められた。外国語の録音教材は今日まで一定の市場を維持している。

奥山閣での人気を受けて、街頭で蓄音機をかける見世物が明治二〇年代から三〇年代にかけてはやった。この時、蓄音機は最も輝き、また最も嫌われた。蓄音師（と仮に呼ぶが）は一銭を払った客がゴム管の数だけ（五人から一〇人ほど）集まると、二分ほどの音源を聴かせた。競合する大道芸人や物売りと同じく、大げさな前口上で通行人の気を引きつけた。書生上がりの風体で立ち、「蓄音機を前にして咳一咳の後ち《ママ》、半漢半俗という一種彼れ独創の口調で、蓄音機の巧妙なることを説」き、自ら「聴音器を一方の耳朶に付して、名妓の端歌とか、名優の音色とかを、僅か一銭で聴かせ」、「職人又は小僧」連中に歓迎された[15]。蓄音師は映画解説者と同じように、「一頭地を抜いた文明の宣伝者」であるかのように振舞ったと回想されている（吉村冬彦〔寺田寅彦〕「蓄音機」一九二二年四月六日付『東京朝日』）。日本で最初のレコード史は「香具師」にたとえている[16]。既存の大道芸と異なり、視覚性を伴わず聴覚に特化した見世物で、料金を払った者以外には音すら聞こえず、ただゴム管を耳にはめた客がそこにいるだけだった。ラッパを使うと未払い者に「タダ乗り」されてしまうので、呼び込みに使われただけだった。録音の内容よりも、再生音聴取という新奇な体験が売り物だった。

円筒録音は、物語よりも実写性を売り物にした初期の活動写真と比較できる。その観客が何よりも

15 高橋柯亭「大道所見 其の五 蓄音機」『風俗画報』二一六号、一九〇〇年九月一〇日、八-九頁。

16 山口亀之助『レコード文化発達史』（丸善、一九三六）八一頁。

映像が動くこと自体に魅せられたように、蝋管の聴き手は音が再現されること自体に驚き楽しんだ。映画学者ミリアム・ハンセンによれば、映像世界の物語法を確立し、鑑賞の産業を築いた一九一〇年代の古典映画成立以前には、奇術やアクロバットのようなライブ・パフォーマンスを混ぜた在来のボードビルの上演形態や、楽士や解説者の存在によって、映像は全体的な知覚に対して開かれていた。したがって「観客に及ぼす効果は、完成された生産物、国際的／国内的に流通する商品としてのフィルムというよりも、むしろある特定の興業のコンテクスト、個別のショーによって規定されている」[17]。大道蓄音機の場合もまた、録音内容よりもメディアの新奇性のほうが観客には重要で、初期映画同様、複製技術を利用したライブ・パフォーマンスという面が強かった。複製技術と受け手との関係に関して、ゴム管対ラッパの対立構造は、覗き見式対映写幕と比べうるだろう。動く映像をスクリーンに投影するキネトスコープの実用化によって、その映像が映される／観られる対象としても、ビジネスとしても大きく変貌したように、ゴム管が廃止されラッパが唯一の発音源になって、録音の内容も聴衆の期待も、聴衆の社会的性格も、聴く空間も、すべてを取り巻く言説や価値観も変わった。

同じ一八九〇年代、欧米各地に数台の蓄音機を備え、それぞれ数名で囲んでゴム管で聴くフォノグラフ・パーラーが登場していた。客はリストから希望の音源を選び、小銭を払って二分間の楽しみを数名と分かち合った。娯楽場に既にあったコイン投入式の遊具（アメリカでいうニッケル・イン・ザ・スロット）の応用で、録音技術の産業を（エジソンの元々の意に反して）音楽や娯楽に向かわせる推進力となった。そこで人気を得た俳優や歌手、コメディアンや楽団も現れたし、パリではオペラ・コミックの歌手が定期的に録音を更新した[18]。合衆国ではコロムビア社、フランスではパテ社が、パーラー向けの蝋管を積極的にマーケティングしたことが知られているが、日本の輸入業者が大道蓄音師をビジネス・パートナーとした記録はない。蓄音師が所有管のリストを持っていたのか、客がどうやって管を選んだのか、資料は語ってくれない。声を模倣された役者は別にして、人気録音者も知られていない。スターンが述べるように、フォノグラフ・パーラーは「私的な音響空間の構築と音自体の商品化

17 ミリアム・ハンセン「初期映画／後期映画」（瓜生吉則・北田暁大訳）、吉見俊哉編『メディア・スタディーズ』（せりか書房、二〇〇〇）二八三頁。

18 ジェラット、前掲書、第三章。吉見、前掲書、八一頁以下。

とのつながりをはっきり示している」[19]。入場の際に既に選別されたパーラーの客と、通りすがりの大道の客の間に違いがあるとはいえ、蓄音師興行にもこれはあてはまる。一銭（アメリカのニッケル・コインと同じ小銭の感覚）であれ、投資して楽しみの時間を買うことが始まった。それは機械仕掛けの大道芸であると同時に、その後、円盤録音が実現する家庭の音楽聴取の先駆と考えられる。それを楽しんだ人々が蓄音機を所有できたとは限らないが。

蓄音機販売業者が録音済み蝋管を売り出すのは、本体の商業価値を高めるうえで当然のことだった。業界大手の三光堂の目録では、八割以上が日本曲で五百数種類が並んでいたらしい[20]。京都十字屋の広告によると、録音済の数百種の蝋管（「義太夫・清元・端唄・詩吟・流行歌・楽隊」など）を八〇銭から一円二〇銭で揃え、録音していない新品の場合は五〇銭だった（一九〇六年六月一日付『大阪朝日新聞』）。録音にかける経費は円盤に比べるとかなり低い。演者への謝礼は低額だったに違いない。一回のパフォーマンスに対して最大一〇本程度のコピーしか製造できず、一本の蝋管はせいぜい数十回（品質と扱いによっては十数回）の再生で溝が摩滅した。大二五銭、小一〇銭で表面を削って再利用するサービスもあり、専用のシャープニング・ペンも発売されていた。蝋管は「上書き可能な」媒体だった。

路上芸の常として、教養層は蓄音師を嫌い、そのとばっちりは低俗な音源だけでなく、それをかける機材が受けた。「何にしろ欧州楽の最新の楽器は日本にも渡らないが、渡ったとて夫れを聴分ける程、我が国民の耳が一般に肥えては居ない。兎に角大道の悪声蓄音機が幅を利かす間は、音楽思想の発達は無論計れないのである」（一九〇一年六月二三日付『東京朝日新聞』）。文中の「音楽」は暗に西洋物を指す。洋楽推進論者にすれば、昨今やや洋楽熱が盛り上がっているが、大道蓄音機が国民の絶望的な文化水準を証明している。実際、同時期の「音楽」界の指標となっていた『音楽雑誌』（一八九〇年九月―一八九八年二月）は、蓄音機の存在を無視している。また、円盤録音への移行期になっても、関西音楽協会会長は、無教養者の演奏を「人格の卑《ひく》い素養の欠けた、つまり不具のやる芸」には「何

19 スターン、前掲書、二〇二頁。
20 山口、前掲書、八三―八六頁。

処かに賤しい響」があり、そのような人間は「蓄音機やオルゴールの仲間入りをして貰いたい」と軽蔑を露わにした。[21]

声帯模写の模写

これまで述べたように、蓄音機の見世物では歌舞伎役者の声色（仮声）、つまり声帯模写が人気で、狂歌にもなった。

松王の声色も出る蓄音器秋の最中に聞〔か〕んとそ思ふ
舞台よりまわす道具に俳優のその声色を聞く蓄音器
狂言も耳あたらしや蓄音器歌舞伎のせりふ今菊五郎
（『風俗画報』二〇一号、一八九九年一二月一五日、四三頁）

蝋管時代、歌舞伎役者は大劇場で毎日のように興行し、その声は全国的に最も認知度が高かった。大阪における蝋管蓄音機の初公開（一八九〇年一月、於商業倶楽部）では、人気役者自身の台詞がかけられた（同年一月一七日付『大阪毎日新聞』）。先述の奥山閣に初登場の際には、歌舞伎座出演中の役者当人に吹き込ませると予告された（一八九〇年一〇月三一日付『読売新聞』）。それが実現したにしろしなかったにしろ、名役者の声に比べると、義太夫や長唄でさえ観客数は概して小さく（一時的な人気者はいても）、お座敷芸者になると、ゴシップで名は知られていても、声の認知度はさらに小さかっただろう。それに三味線音曲の場合、蝋管の再生能力では、録音者を聴き分けることは難しかった。役者の台詞は物理的に、音曲よりも大まかな基準で人物や演目を認識できるため、歌い手よりも

21 北條静「和洋音楽家に望む」『歌舞音曲』一九〇八年一月号、六六頁。

声色芸が生まれる余地があった。

声色芸は元禄期より記録があったようだが、歌舞伎が人気を確立するや否や、座興として始められたに違いない。声色本（「鸚鵡石《おうむせき》」）と称して、名優の名台詞をその個人的言い回しの解説と木版画つきで集めた冊子がだいぶ出版された。これは役者絵の音声版として、舞台の実況中継のように売り込まれた。[22] 文字と図版から声を喚起する想像力を観客層は愛でた。鸚鵡は西洋の録音批判ではよく否定的な隠喩として用いられたが、鸚鵡石にそのニュアンスはない。声色芸と鸚鵡石は役者の声の表象ないし代理として、舞台産業のなかで一定の地位を確保していた。

文化文政期には大劇場の初日前に、題名と主役俳優の役割を声色芸人（木戸芸者と呼んだ）が発表する予告編のイベントが、「芝居を飾る花」として栄えた。[23] 落語家のなかにも模倣芸を得意とする者もおり、流しの芸人が決まった場所に立って声色芸で人を集めたり、お座敷に呼ばれることもあった。身振りや表情も模倣できれば、演じる機会も増える。明治半ばには川上音二郎や井上正夫ら新派役者が、声色芸人のレパートリーに加えられた。真似る俳優の名によって記憶されるのが、彼らのアイデンティティのねじれで、メディア学者加藤秀俊は「録音技術なき時代の、音の複写装置」と呼んでいる。[24]

模倣芸は「本物」に従属するお遊びと色物扱いされたが、自ら声色芸人の川尻清潭は、「声色は多くの物真似の中では相応に上乗なものです、声色を完全に巧妙に遣い得る者は、正に一個の芸術を所有する者と云って差支えないと思います」と誇りにしている。[25] 彼によると、この芸には二種類あり、ひとつは「役者の癖を誇大に取入れた」平凡な芸、もうひとつは「声色を芸術として、俳優の台詞の音声及び抑揚を其の儘写真に写したように遣う」突出した芸で、後者を優遇している。[26] 声色は「声の写真」[27]だが、ある写真がいつもと違う表情を捉えると、当人らしく見えないように、声色も役者の声の単なる再現よりも、ある台詞の本物らしさを表現して、「もう一人羽左衛門の通りの声の人が居る」芸を確立していると論じる。役者当人の声を傾聴すると同時に、模倣する師匠の技術を身につけることが大切だと、他の芸事に通じる発言もし、平凡な音声模写の先に、認識的なレベルの模写を芸の神

22 川尻清潭「音色研究」『演芸画報』一九二二年四月号、一二〇－一二九頁。

23 森暁紅「音色研究」『演芸画報』一九一一年九月号、九〇－九三頁。

24 加藤秀俊『見世物からテレビまで』（岩波新書、一九六五）一八四頁。

25 川尻、前掲記事（一九二二年四月号）一二六頁。

26 川尻清潭「音色研究」（三）『演芸画報』一九二二年七月号、四〇－四四頁、傍点引用者。

27 川尻、前掲記事（一九二二年七月号）四〇頁。

髄と見ている。最高の境地に達するには、役者が台詞に込めた精神まで学んで「なりきる」必要がある。写真評論で後にいう「リアリズム」と「リアリティ」の区別が意識されている。模倣した声の「リアリズム」を芸術と考えている。

川尻にとって声色芸は文字メディアである鸚鵡石を声で補完する。俳優の人気があればこそ、その模倣された声を劇場外で聴く体験もまた楽しまれた。「蓄音器へ羽左衛門自身が吹込んだる声よりも、肉声から出る生きた声色が芸術である」[28]。アメリカのボードビルでいう voice impersonator のように、声帯模写は各国大衆演芸の一種目だっただろうが、これだけ洗練された芸として確立していたとは思えない。歌舞伎の美学を体現する（造語すれば声現する）周辺的な芸といえるだろう。大道の蓄音師は役者当人のご挨拶と称して、声色芸人の録音をかけただろうが、客にもそれは納得済みだった。当人か芸人の区別は聴覚上、ほとんど区別がつかなかっただろうし、音声上、意味がなかった[29]。役者の声をコピーしてきた声色芸人は、蝋管録音の時代には録音のオリジナル、言い換えると、生きた蓄音機という二度ねじれた存在にひっくり返った。大道蓄音機の聴衆は声色芸を仲立ちにして、録音再生技術の根幹にあるオリジナル／コピーの関係を理解した。

ところで最初の日本吹込みの円盤として名高いフレッド・ガイズバーグ録音（一九〇三）では、全二七三面のうち「俳優声色」と分類されているのはわずか一〇面（雷門助六、三遊亭円右）で、歌舞伎役者自身の録音はない（新派役者の録音は一二面あり）。蝋管とはまったく異なる市場が待ち受けていることを、仲介にあたったイギリス人落語家快楽亭ブラックは理解していたのだろう（歌舞伎界とあまりつながりがなかったのかもしれない）。謡曲・琵琶・義太夫・長唄・三曲など当時の音楽（音曲）界を総ざらいする演目は、人気ある演者によって吹き込まれ、ブラックの顔の広さを語る証拠としてよく引用される。それ以降、誰が何を吹き込んだのかが商品価値として決定的な要素となった。録音者の名義が盤中央の「レーベル」に明記されたことが、円筒録音から円盤録音への最も大きな違いだったと私は考える（円筒では演目のみ手書きで記されることが多かった）。録音内容と商標・社名を記

28 川尻、前掲記事（一九二二年七月号）、四〇頁。

29 市川団十郎一座による歌舞伎座公演『勧進帳』の歴史的成功を祝う意味で、彼は出演役者を多数自宅に招いて、全幕吹き込ませたという（一八九九年五月一〇日付『東京朝日』）。しかしこの「本物の」録音は、売り物にも見世物にもならずに終わったようだ。

した「レーベル」が、レコードの換喩となったのは当然である。

円盤録音導入によりオリジナルの無限枚数のコピーが可能になり、謝礼ないし印税が発生すると、名のある演者を招くことが可能になった。三光堂、天賞堂のカタログには明治四一（一九〇八）年頃より、市川左団次、市川高麗蔵ら有名歌舞伎役者の名が並んでいる。当人の録音が現われれば、声色芸人の出る幕はない。円盤蓄音機は大道には現われず、公会堂やサロン、居間のような室内に置かれ、〈聴く〉メディアとして機能した。川尻が連載を発表した一九二〇年代には、人気役者自身の録音が出回っていたため、ライブ性に声色芸人の生命線を見出しているのは理解しやすい。ただし役者当人の録音も歌舞伎ファン社会の外では、二次的なアイテムでしかなかった。松井須磨子や人気浪曲師の録音との違いである。新劇や映画へ大衆の関心が分散するにしたがって、歌舞伎の勢いが衰えたことは大きいが、役者の台詞を家庭で聴くことに、人々はさほど動かされなかったようだ。

邦楽調査掛の古曲録音事業

蝋管の最後の大きな出番は、邦楽調査掛による古典曲の記録だった。[30] この機関は東京音楽学校内に明治四〇（一九〇七）年に創立され、古典音楽の曲節と詞章双方から、歴史的発展、各流相互関係を調査することを目標に掲げた。[31] 日露戦争後の音楽生活の急速な西洋化とバランスを取るように、「邦楽」の正統と認めうる古曲の保存が最初の事業で、楽譜への転写が目的に置かれ、その補助として録音が行われた。創立の翌年（一九〇八）には一三回の録音セッションを持ったが、その次の年には三回、その後は二回（一九一〇、一九一一、一九一三）と尻すぼみになった。しかし地方より録音者を学内に招聘したり―仙台の「奥浄瑠璃」（赤井沢龍の市、一九一〇年一〇月）、沖縄の「琉球歌」（金武良仁、同年一一月）、佐渡の「文弥節」（岡本文弥、岡本文嘉、一九一一年二月と六月）―、地方に出かけたセッ

30 東京藝術大学百年史編集委員会編『東京藝術大学百年史　東京音楽学校篇　第二巻』（音楽之友社、二〇〇三）五五八頁以下。以下の録音データは、薩摩雅登研究代表による二〇〇六―二〇〇八年度科学研究費報告書『明治期における音楽録音資料・蝋管の保存体制と公開手法の研究』（一六頁以下）参照。

31 無署名「邦楽調査掛近況」『音楽』一九一〇年三月号、二六―二七頁。

ションもある―京都の重太夫（田中キヌ他、一九〇一年二月）、銚子、水戸、宇都宮の民謡（録音者不明、一九〇八年四月と一九〇九年四月）、福岡の幸若（松尾源蔵ほか、一九一一年二月）のように。後者は日本における「フィールド録音」の走りと呼べるが、最近までその存在すら忘れられていた。「地方に散在する古曲中歴史的に価値あるもの、又は煙滅に瀕しつつあるもの」の保存・調査を意図していた。[32] 円筒から円盤への移行がほぼ完了した時期にあたるが、録音してすぐに再生できる特徴のために、旧式である蝋管が積極的に選ばれたのだろう。演奏や録音の失敗に際して、蝋管を削り直して再利用していることもそれを裏付ける（一九一一年六月以降、計三回は円盤が用いられているのは、蝋管が市場から消えつつあったことによるだろう）。

しかし録音する側もされる側も不慣れで、所定の成果を上げることは難しかった。館山漸之進（一八四二―一九一五）による平曲「那須与一」（一九〇八年三月）には、一本二円五〇銭の蝋管一七本を要し、三光堂の技師に日当を払い、その費用は六〇余円もかかったと言われる（数分ごとに演奏を中断させる演奏者泣かせの方法だっただろう）。[33] しかし大した成果を得られず、蝋管も腐食していると外から批判を受けている。[34] 他に豊後節系の祖にあたる一中節、その四代目菅野序遊（一八四一―一九一九）の採譜作業もうまく進まず、担当した北村季晴は彼が亡くなった後、村上直次郎掛長（兼校長）宛の報告書（一九二一年）で、作業の困難を訴えている。

先づ試しに序遊をして右の歌曲（「夕霞朝間ヶ嶽」）（中略）を吹込ましむる事と成りたる次第なるが、同人の声量不充分なりし為撮音明瞭ならず改めて再び吹込ましめんとの希望もありしが不幸にして同人は没したるが為止むなく前記不明瞭なるレコードを使用して調査を続行したり、従て割合永き時日と多大の努力とを要したるにも拘らず、十分満足なる結果を得る能わざりしを遺憾とす。されば右の楽譜はさらに序遊の三絃弾き西山吟平又は序遊直系の門下等に就き調査参考して之が完成を期すべきものなりと信ず。序遊は実に菅野一中節に於ける稗田阿礼なり。[35]

32 高野班山（辰之）、本居長世ほか「奥浄瑠璃合評」『音楽』一九一一年一月号、四三―五〇頁。

33 鈴木啓孝「交差する邦楽調査と唱歌編纂―明治四〇年代の東京音楽学校に着目して」、北原かな子・浪川健治（編著）『近代移行期における地域形成と音楽―創られる伝統と異文化接触』（ミネルヴァ書房、二〇二〇）二六四―二九七頁。

34 一九〇八年一〇月一四日付『工業新聞』、秋山龍英編『日本の洋楽百年史』（第一法規出版、一九六六）一九一頁。

35 東京藝術大学百年史編集委員会編、前掲書、六〇六―六〇七頁。

序遊を『古事記』の編纂者と信じられている稗田阿礼《ひえだのあれ》にたとえているのは興味深い。序遊が一中節の正統的な節回し、レパートリーをすべて記憶していたと讃えつつ、北村は自らを太安万呂《おおのやすまろ》に擬しているかのようだ。北村は序遊の不完全な録音を弟子たちによって補修して正統な節を書き残す意欲を示している。単に失われつつある曲を書き残すというよりも、譜面による正史作りに貢献する自負が仄めかされている。ただし、邦楽調査掛の遺産として長く評価を受けてきたのは、『近世邦楽年表』全三巻と『箏曲集』全二巻の出版で、録音事業は最近までほとんど忘れられていた。

採譜と録音だけでは「ちと喰足りぬ心地す」。調査掛創立の報を聞いた邦楽業界人が残念がっているのも無理はない。[36] 邦楽界が望む保存の本義とは演奏の保存であり、後継者作り、そしてあわよくば聴衆層作りに関わることで、今でいう「動態保存」だった。それに対して調査掛のいう保存は静態保存、モノのなかに表現を閉じ込める凍結（スターンのいう「剥製化」）に等しかった。

36 無署名「東京音楽学校の邦楽調査」『歌舞音曲』七号、一九〇七年一〇月、六八頁。

まとめ

蝋管録音から円盤録音への移行期、三光堂は「蓄音器の効用」として遺言の永久保存、声の手紙、語学学習、理科の補助教材、令嬢方の音楽独習、「心経質」療養の六つを挙げている（一九〇三年三月一二日付『読売新聞』）。話し声の記録中心はエジソンらと変わりないが、音楽について二項目を挙げて重視しているのが耳新しい。「心経質」は当時、「文明病」の最たるものと言われたが、音楽療法については「清良美妙の音楽を聞き自ら其心気を和らげ然る後医療其効を奏すべし」と特定されている。外国雑誌からの翻訳だろう。ただし、同社の目録が数百曲の主に邦楽曲を記していたにもかかわらず、鑑賞や娯楽としての効用は無視されている。「音楽」の語は西洋物を暗に指した。

新しい科学や技術が別の国に移動するとき、土地固有の資本や政治権力の利害関係を巻き込まないわけにはいかない。個人の采配を超える規模のシステムだからである。それと同時に、取り込みのプロセスには国境を超えて類似点も多い。文明化（その欧米外への進出に必然的な植民地主義）が、世界を同じ競争のゲームに巻き込んでいるからである。ヤサルはこれまで日本の近代化について、西洋との協力的な側面を強く描き、競合的な側面を軽く見がちだったと述べている。[37] この前提に立って、彼は日本の音声テクノロジー導入に際してはたらいた力関係と、発想の独自性と普遍性の両方の顔を見ている。

映画史では物語映画が映像の撮影や編集の語法として確立する以前の動く映像をよく「初期映画」と呼ぶ。その定義は論者ごとにずいぶん違うが、おおむね一八九〇年代半ばから一九〇〇年代末までの十年強を指す。その用法に倣い、私は蓄音機が音楽や語り芸を主に家庭で聴くために定着するまでの約三〇年間を「初期録音」の時代と呼ぶ。初期録音は技術史的には円筒録音を指す。雑音交じりのスズ箔、蝋管が高性能の平円板によって駆逐されたとレコード史には書かれてきたが、後者は音質と耐久性の向上という以上に、音響一般ではなく、音楽や語りを〈聴く〉目的で利用された点で、円筒録音とは別扱いすべき点が多い。さらに円筒録音がその場で再生できるうえ、音を消去して録音し直せる「上書き可能」媒体だったことは、円盤録音との技術上に重要な違いで（その機能の喪失はなぜか「退化」とは考えられなかった）、円盤録音の未熟な段階と理解すべきではない。単純な技術進化論を排しつつ「初期」の概念を立てることで、円盤録音以降の録音史をより鮮明に、批判的に問い直すことができるだろう。

他の章で論じられているように、円盤録音時代になると東アジア全体で、米独仏の大資本が国や地域ごとに異なる土着の音と声の文化の基盤のうえに、聴覚の近代を築いた。この技術は土着の（前近代的）聴覚に合わせるかたちで、近代の聴覚をつくり出した。円筒蓄音機を支えた資本主義と近代生活様式が、規模の大小はあれ東アジア全域に及んでいた以上、日本が例外的に円筒録音文化を持ったとは信じがたく、いずれは比較研究が望まれる。本章は事始め的興味に終わりがちだった円筒録音に

37 Yasar, *op. cit.*, pp.9, 14.

ついて、文明化、産業化、大衆化、声の模倣、古曲の保存という五つの観点から取り組み、人とモノと技術と言説が網目状に絡んだ図柄を描いてきた。この基礎の上に建てられた円盤録音の文化について、今までとは異なる視角から考えるヒントになればと願う。

〔注〕引用にあたって、原則的に現代仮名遣いに直した。

脚注

6 一八七九年三月二九日付『東京日日』。ユーイングはその四ヵ月前の明治一一（一八七八）年一一月一六日（於新栄女学校）、フォノグラフを公開実験した。二〇〇人ほどの客が集まる盛大な会だったらしいが、反応は記されていない（一一月二八日付『読売新聞』）。商法会議所の会の二週間後の四月一二日、啓蒙家江木高遠が洋学者の父鰐水の古稀祝いのために開いた宴席（於浅草・井生村楼）で、ユーイングは同機を実験した（四月一五日付『朝野新聞』と『読売新聞』）。エドワード・モース、フェノロサ、メンデンホール、それに洋学者、漢学者、外務官などが集まる盛大な会だったが、「ホノグラフ」は何も注目を受けていない。本当にセンセーショナルだったなら、ユーイング周辺で別の席が設けられてもよいのに、少なくとも新聞からは確定できない。商法会議所では新発明に注意を向けるような演出が行われたことが、聴衆の反応や記事の書きぶりの前提にあったらしい。まず各紙の記者を招いたことは大きい。よく言われるように、メディアの言語は、出来事を創る側の演出を書く主体がどう解釈するかに負うところが大きい。

12 鹿鳴館のデモンストレーションの効果は大きく、直後の『団団珍聞』は「撮音器ノ舶来」という巻頭記事を載せている（六八六号、一八八九年二月二日号）。それは亭主の遺言、妻の痴話、息子への説教、令嬢のお見合い資料、囚人への言葉の差し入れなど、もっぱら声の私的な（大っぴらにしにくい）記録装置を空想している。同種の風刺は同誌の戯文、「蓄音器」（六七六号、一八八八年一一月二四日号、一〇三八頁）、「蓄音筒」（六八七号、一八八九年二月九日号、一〇五一頁）にも見られる。さらに「今言〔う〕言葉を無にせぬ様に買て置〔き〕たい撮音器」（六九六号、一八八九年四月一三日号、一〇七三六頁）という都々逸もある。後述する奥山閣登場以前に、人々は文字の音声化をめぐる想像力をふくらませていた。

第2章　日本統治時代における台湾レコード産業と「台湾盤」の市場メカニズム

黄　裕元（訳：岡野〔葉〕翔太）

はじめに

二〇一四年一〇月一四日午前一〇時、台湾・台南の国立成功大学力行キャンパスにある台文講堂で、過去と現在が入り混じる音楽イベント――「台湾レコード産業の百年（台湾唱片工業一百年）」が開催された。オープニングセレモニーでは、デジタル化された百年前の楽曲「一串年」と「大開門」の二曲が流され、続いて台湾の戯曲演奏家らがステージに立ちこの二曲を演奏した。奏者たちは百年前のサウンドを再現すべく、日々繰り返しリハーサルに臨んでいた。しかし、もとのレコード盤には多くの雑音が入り込んでいたため、曲を再現しようにも、せいぜいゆったりと演奏することが関の山であった。また彼らが言うに、もとの音源にあるような流暢な境地を再現することは至難の業だったという。

「台湾レコード産業の百年」の「百年」とは、一九一四年五月に日本蓄音器商会（以下は日蓄）が、台湾の奏者らを東京まで招いてレコーディングを行った日を起点としている。多くの先行研究でも述べられていることだが、これは、日蓄より「ワシ印レコード」として発売された。これらの曲は台湾各地に鳴り響いていた。しかし、時代の推移と市場の変化、さらには史料の散逸により、この曲たちは台湾の空の彼方へと完全に消えてしまっていた。幸いにも近年に入り、何人ものコレクターが当時の曲を再度世に送り届けはじめた。加えて、学術界や博物館においても、自らが所蔵する音楽資料を世に還元する動きも出始めた。こうして、百年前に台湾の奏者らが東京で吹き込んだ音声は、今日の台湾の空気を響かせることが可能となったのである。

百年前の音声を再び蘇らせたことは、音楽文化の継承だけでなく、台湾社会の文化を後世に残していく点でも大きな意義を持っている。

百年の歴史とは言っても、この長い時間の間に、一般的に重視されず、むしろ徹底的に忘却されてしまった存在となっている。年配の台湾人であればおぼろげながらもLPレコードの記憶があるだろう。しかし、LPレコードよりも古い七八回転のSPレコードを蓄音機にかけて聴いていた時代などは、すでに忘れ去られたものとなっている。そうした傾向は、音楽史や歌謡史研究などの史料に基づく学術研究の分野においても見られる。事実、二〇〇〇年代以前の研究成果に限って見れば、SPレコードを資料として援引した論考はほとんど存在しない。これは台湾における、文化に関する世代間のギャップと記憶の欠落がもたらした結果といえる。

幸い、二〇〇〇年代に入って、その在り様に変化が生じた。例えば音楽研究者の李坤城と江武昌らが台湾の歴史的音源を『聴到台湾歴史的声音（訳者注：聞ける台湾の歴史的音声）』として整理し、次いで台湾の流行歌の歴史を紐解いたドキュメンタリー映画「跳舞時代」が公開された。また、同じく音楽研究者である林良哲によって流行歌と歌仔戯レコードの整理及び研究が進んだことも指摘しておかなければならない。そして、レコード収集家の林太崴は「桃花開出春風」という、黄士豪は「台湾留声機協会」というホームページを立ち上げて、歴史的な楽曲の数々をネット上にアップし、誰もが聴けるような仕組みを作った。そのほか枚挙に遑《いとま》がないが、台北市文化局の肝いりで進められた時代を彩った楽曲の復刻リリース、高雄の克朗徳美術館による歴史的に意義深い録音当時の音源を収めた出版物の刊行、大阪の国立民族学博物館と台湾の研究者が合同で進めた台湾コロムビアに関する研究、国立台湾師範大学音楽デジタルアーカイブスセンターが整備したウェブサイト「日本統治時期台湾レコードデジタルアーカイブス（日治時期台湾曲盤数位典蔵）」、国立台湾歴史博物館によるウェブサイト「台湾のサウンド百年（台湾音声一百年）」、国立台湾大学図書館の「傑作リバイバル－SPレコードのデジタル化（復刻経典－78轉唱片数位化）」といった研究成果が蓄積されている。

こうした民間と学術界が蓄積した研究成果によって、七、八〇年前の台湾エンターテインメント界の様相や創意、エネルギーに触れることが可能となり、またそれは私たちにとっても刺激的なものであった。その一連の音声資料の助けもあり、音楽学、文学、歴史学などの分野から流行歌、ポピュラー音楽、南管、北管、京劇及びレコードの発展に関する研究が蓄積されるようになる。また、私たち研究者にとっても、初期の音楽史料の発掘と研究を進め、それを社会へと発信し続けていくことは、台湾の歴史的記憶を再現し、それまで台湾に横たわっていた文化の断層を縮める一歩につながるのだと認識するきっかけとなっていった。

このようにSPレコードのデジタルアーカイブと研究成果は、おおよそ整いつつある。しかしながら、未だ多くの関連資料が散逸したままであり、さらに初期のレコード史の研究は主に記述されたものを対象としてきたため、レコードが実際に製作された時期に関しては不確かであることも多い。現存資料の検証を更に進め、再び整えてこそ、台湾レコード産業の発展のイメージをつかみ取ることが出来るといえよう。そこで本稿では、基礎史料に基づいて時系列的に台湾レコード産業の発展の流れを整理し、その発展を形作るに至った現象を論じてみたい。そうすることで、初期の台湾レコード産業史の展開および経営マネージメントの一端を把握することが可能となる。

また本稿の末尾に付した年表は、筆者が近年発表した研究論著の中より、重要かつ代表的な出来事を選んで作成したものである。初期の台湾レコード産業における各時代の傾向を掴むのに役立つものと思われる。併せて、研究を進めていく上での資料としても活用していただければ幸いである。

一　レコード市場の形成（一九〇六－一九三〇）

文献記録によると、台湾では一九〇〇年頃より円筒式の蓄音機が現れたという[1]。その後愛国婦人会、学校、各種講習会、研修活動など公式、非公式の場において、蓄音機が用いられるようになった。

一九〇六年には、民政長官の後藤新平がアメリカのコロムビアレコードより職員を台湾に招き、後藤自らがレコードに声を吹き込んだ。その内容は、後藤の著作や「新高山」、「世界の友」と題された詩歌を読み上げたものであった。これは台湾をテーマとした最初のレコードであると同時に、台湾の地で吹き込まれた初めてのレコードでもあった。このレコードはアメリカでプレスされたのち、計四八枚が台湾に送られ、それぞれ慈善婦人会や国語学校、第一・第二小学校などの文化団体や教育機関に届けられた[2]。

同時に、このころの台湾では宣伝目的から蓄音機を設置する商店、さらに貸しレコード屋が現れるようになった。台南の大手時計商「時敏斎」が当時出した新聞広告から、この時期の特殊な営業形態の一端が垣間見える。当時、蓄音機の価格は約三六円から七五円とまちまちであったが、高価であることに変わりはなかった。片面盤のレコードであっても一円から二円ほどの価格帯で、一般家庭はさることながら資金の余裕がない商店には手の届きにくい代物であった。そこで、大手商店が蓄音機を購入し、蓄音機の貸し出しや5銭でレコードの貸し出しを始めた。これらの蓄音機が商店間での貸し借りにより、あちこちで音楽を奏で、商業圏の日常において歓迎された存在となった[3]。

統計によると、一九〇七年の時点で台北と台南の両市には計六二台の蓄音機があり、その多くはレストランや時計店、クラブなどに集中していた[4]。このように、台湾における蓄音機やレコードは、公共的な性質を強く帯び、主として漢人社会の伝統音楽を吹き込んだ上海製レコードをかけていた。当時の台湾人にとって、北管、八音[5]あるいは戯曲音楽は祭礼活動に欠かすことの出来ない賑やかなサウンドであっただろう。

1 日本統治時代の詩人洪棄生は、蓄音機に関して記述を残している。彼が霧峰林家の林紹堂を通じて初めて「円筒型蓄音機」を見た際、「夜聴留聲箭，如聞山樂鳥。朝來聞鳥聲，箭音猶嫋嫋。（訳者注：夜に蝋管を聴くと、それはまるでを山楽鳥を聞いているかのようだ。朝に聞こえてくる鳥の声は、まるで嫋嫋たる蝋管の音のようだ）」という詩を書き残している。洪棄生「聴林三君紹堂留声器夜深即事」『寄鶴齋詩集』（国史館台湾文献館、一九九三）一五五頁。

2 『台湾日日新報』一九〇七年一月二三日、第二面

3 『台湾日日新報』一九一〇年八月九日、第四面。

4 「蓄音機の流行」『台湾日日新報』一九一二年一二日一六日、第五面。

5 台湾の漢人の伝統的な器楽曲である。「北管」は中国の北方系の音楽を起源とし、鼓、鑼、嗩吶などの楽器を高く響かせて演奏するのも特徴の一つである。「八音」とは八つの異なる材質の楽器を演奏することで、主に婚礼や祭祀、葬儀などの場面で用いられる。

その後一九一一年には、東京に本社を置く日蓄や大阪の朝日商会（以下は朝日）など、日本のレコード会社が台湾の各都市に進出した。一九一二年末の新聞に掲載されたレコード業界に関する記事によると、当時の台北において日蓄は出張所の他に三つの販売拠点を持っていた。またそのほかに販売所が、台南に三カ所、台中に二カ所、新竹、嘉義、高雄と屏東にはそれぞれ一カ所ずつが設けられた。台北と台中には日蓄と朝日の直営店があったものの、貿易商社がレコード販売業を兼ねることが多く、さらに時計店などがレコードの小売りや予約を請け負っていたという。

当時の新聞記事によれば、台湾で流通していた蓄音機やレコードはみな日蓄の商品であった。蓄音機は十数種類あり、市場価格は二〇円から数百円のものまで幅広く存在した。約六千種のレコードは浪花節が最もよく売れ、次いで義太夫、琵琶小唄の順で売れたという。また、台湾全土には一七〇〇台から一八〇〇台ほどの蓄音機があり、その大半は日本人公務員の家庭で所有されていた[6]。なお、この時分、最も流行したレコードは奈良丸の歌った《赤垣》であったという[7]。

奈良丸の独特な節回しは、はるか遠くにある故郷を思い起こさせる。それが人気を博したことは、在台日本人社会特有の現象であった。その一方、台湾人コミュニティにおいて、蓄音機とレコードは依然として公共の場における演目で使用される機材であり、店や商店街のなかでよく流れていた。

また同時代の新聞からは、台湾におけるレコード市場の勢いが見て取れる。この頃はまだ、前述の企業以外は台湾に進出しておらず、撫台街にある日蓄の台北出張所が、台湾のレコード市場を実質的に独占していた。このような状況の中、日蓄の出張所を主管する岡本檻太郎は、台湾人市場の将来性と台湾音楽に早くから目をつけ、台湾本土の音楽のレコーディングを試みた[8]。

そして一九一四年、日蓄は台湾の演奏家による「北管」、「客家八音《はっか》」[9]、客家語（中国・広東省の東部をルーツとする客家人が話していることから、当時は一般に広東語と呼ばれていた）による「採茶歌」、台湾語（中国・福建省の閩南《びんなん》地方の言葉であったことから当時は彰泉《しょうせん》音、あるいは台湾語と呼ばれた）による「歌仔」などを吹き込んだレコードを発売した。

6 「家庭趣味―蓄音機の流行」『台湾日日新報』一九一二年四月一二日、第七版。

7 『台湾日日新報』一九一二年一二月一六日、第五面。奈良丸は一九世紀後半より活躍する著名な浪曲家で、「吉田奈良丸」の名で知られる。一九一二年に奈良丸の名を襲名した。

8 一九一二年四月一二日発行の『台湾日日新報』では、「撫台街」（現、延平南路）に日蓄があることを強調していた。その後、日蓄の出張所は移転し、一九一五年一二月には「府後街」（現、館前路）に出張所が置かれた。一九二二年に台湾貯蓄銀行が開業すると、同行の広告を掲載した新聞紙面には「府前街元日本蓄音器商会跡」とアクセスの紹介が記されていた（府前街は現在の重慶南路の書店が立ち並ぶエリアである）。そして、一九二六年栄町に移転し、一九三〇年に「台湾コロムビア」となってからは本町にも進出し、本町と栄町双方を拠点とした。

9 「客家八音」は客家音楽を指す。「八音」は漢族の伝統的な音楽的概念であり、宴や祭祀で奏でられる楽器のことを言う。それに使われる主な楽器に、嗩吶や銅鑼などがあり、

図1：1914年に日蓄「ワシ印レコード」より発売されたレコードと袋

そのレコード袋には「ワシ印レコード」と記されている。レコード番号の記録から推察するに、当時、一一八以上の曲が吹き込まれ、一式六〇枚組で販売されたと考えられる。[10]

しかしながら先行研究によれば、多額の投資をしたにも関わらず、レコードの売れ行きは思わしくなかったという。[11]それから一九二六年までの一二年間、日蓄で商業用レコードが製作されたという記録は残っていない。当時、日本全体のレコード産業は、一九一四年ごろより海賊版と著作権侵害の問題が横行しており、業界全体の勢いに陰りが見え始めていた。当時の日本では業界の版権を守る制度がなかったため、海賊版を手掛ける業者は虎視眈々と海賊版販売の機会をうかがっていた。そのため、業界側には録音原盤を作成しても実際のプレス量を減らすか、或いは発売計画そのものを取りやめるといった動きも見られた。[12]のちに岡本樫太郎は台湾の音楽市場から手を引く。これは日本のレコード業界自体の低迷も要因の一つとして考えられる。

一九二六年、台湾のレコード産業は再び活気づく。これは尼崎にある特許レコード製作所に日蓄が本部を設置したことと関連している。

一九二六年のはじめ、幾人かの台湾の実演家が大阪や神戸一帯に赴き、レコーディングを行った。その様子は同年九月以降に新聞で報じられるのだが、主な曲目は陳石春ら

演奏される曲目は北管曲牌のものが最も多い。そのほか、南管や地方の音楽などもあれば、竹楽器による合奏、説唱、民間小曲、福路戲、西路戲、客家採茶戲や歌仔戲などで伴奏される音楽も奏でられる。

10 林良哲『臺灣流行歌日治時代誌』（白象文化、二〇一五）六二一六三頁。

11 呂訴上「台湾流行歌的發祥地」『台北文物』第二巻第四期、一九五四年、九三頁。

12 倉田喜弘『日本レコード文化史』（東京書籍、一九七九）一三二頁。

図2：金鳥印のレコード

図3：1926年から1930年の間に発売された
ワシ印レコード

が吹き込んだ「台湾歌仔」、「台湾風俗歌」、客家語で歌った「改良採茶」、京音（清の官僚が用いる言葉で、戯曲のなかではこの言葉のみが使われた。）で歌った「小曲」、そして「歌仔戯」、「南管」、「北管」（或列為「子弟」）、さらに中国の京劇、京調、また少ないながらも数枚のレコードに収録されていた日本内地の小唄である。[13]

台湾の演劇研究者呂訴上によると、当時、最もよく売れたレコードは陳石春の歌う地方の小調（比較的短い曲調の歌。小唄に相当する）であった。陳石春は全盲の歌手で、一部の曲は現在の許昌街にある写真館でレコーディングされたものだという。[14]

一九二六年になると、日蓄は台湾音楽のレコード製作を手掛けはじめた。そして、かつての東洋蓄音器株式会社のレーベル「オリエントレコード」（一九一二年に成立、一九一九年に日蓄が吸収）名義でも、戯曲のレコードが相当数リリースされた。一九二六年一二月、日蓄は「オリエントレコード」の宣伝をするべく、『台湾日日新報』の紙面上で、汪思明と温紅搭が肩を並べた写真と併せて「新到歌仔曲唱盤 通全島有名之蓄音器店発售（訳者注：新しくリリースされた歌仔曲レコードが、全台湾の著名な蓄音機店にて発売中）」、「発音明確、品質優良」と銘打った広告を掲載した。価格は一円で、《呂蒙正》、《雪梅教子》、《相

13 曲目については『台南新報』一九二六年九月五日、第一面と『台南新報』一九二七年二月二六日の第一面に詳しく掲載されている。

14 呂訴上、前掲書、九三頁。

褒歌》、《白扇記》、《陳三五娘》、《三伯英台読書記》、《安童売菜》などの曲が収録されていた。[15]

ここで、レコーディングの流れについて触れておきたい。おおかた奏者たちは台北でレコーディングを行うのだが、日蓄や尼崎の特許レコード製作所は台湾にレコーディングスタジオを設けていなかった。そのため各レコード会社は、録音技師を現地まで派遣し、設備も現地で整えた。そして録音後、日本でレコードのプレスを行った。日蓄が一九二六年五月と一九二七年の四〜五月に行った二回のレコーディングと、それまでに特許レコード製作所が台北で行ったレコーディングは、上記の方法で行われたものであった。このほか、日蓄は先述した一九一四年のレコードも「オリエントレコード」名義で再版した。[16]

日本・台湾間でのレコード製作の流れについては、図4の表を参考にしてもらいたい。

一九二六年から一九三〇年にかけて、レコード業界が飛躍したことは、貿易の統計資料からも見てとれる。一九二五年、台湾における蓄音機とレコードの総移入額は六万七千円ほどだが、一九二六年に

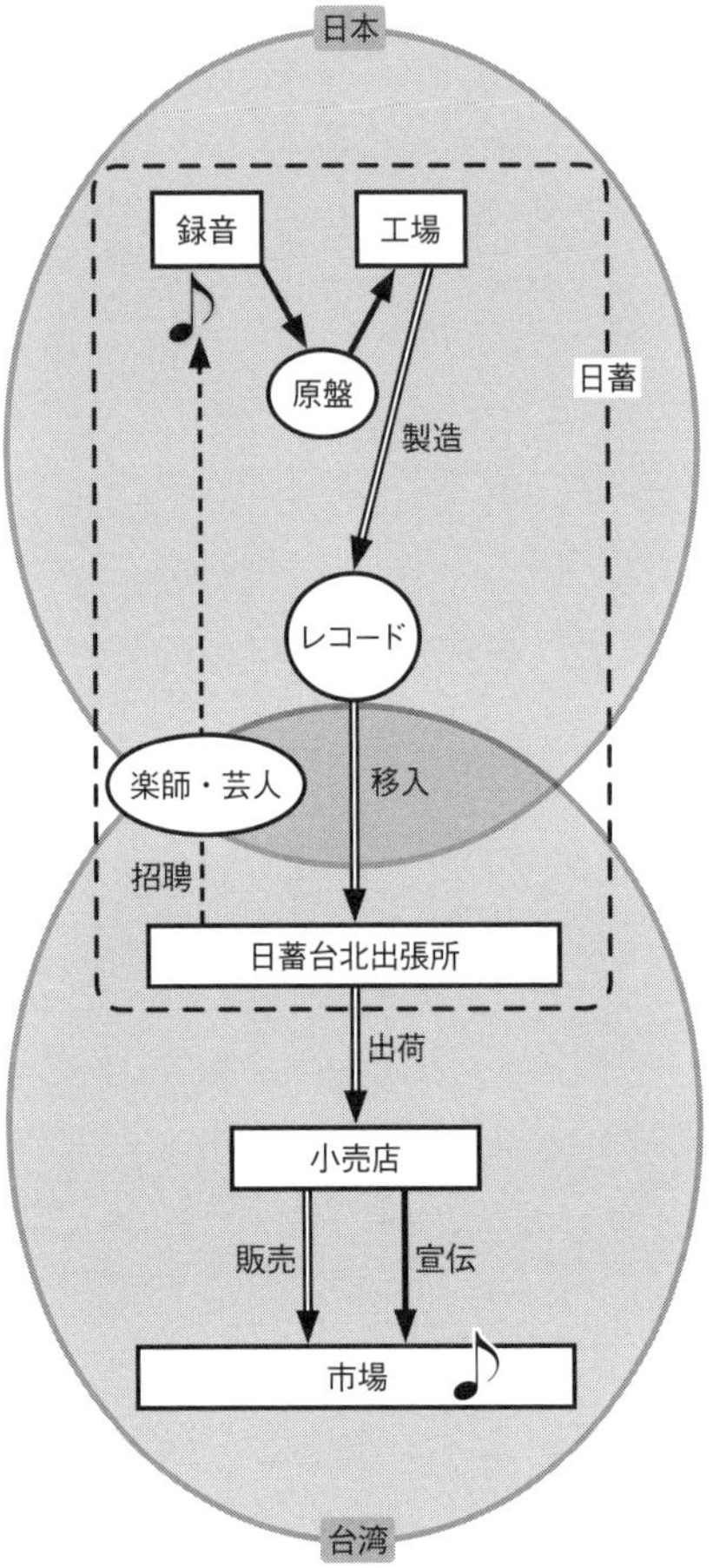

図4：初期の台湾レコードに係わる製作までの流れ

15 曲目については『台湾日日新報』一九二六年一二月一七日、第四版掲載の広告を参考に記した。

16 林太崴『玩樂老臺灣』(五南書局、二〇一五)二八頁。

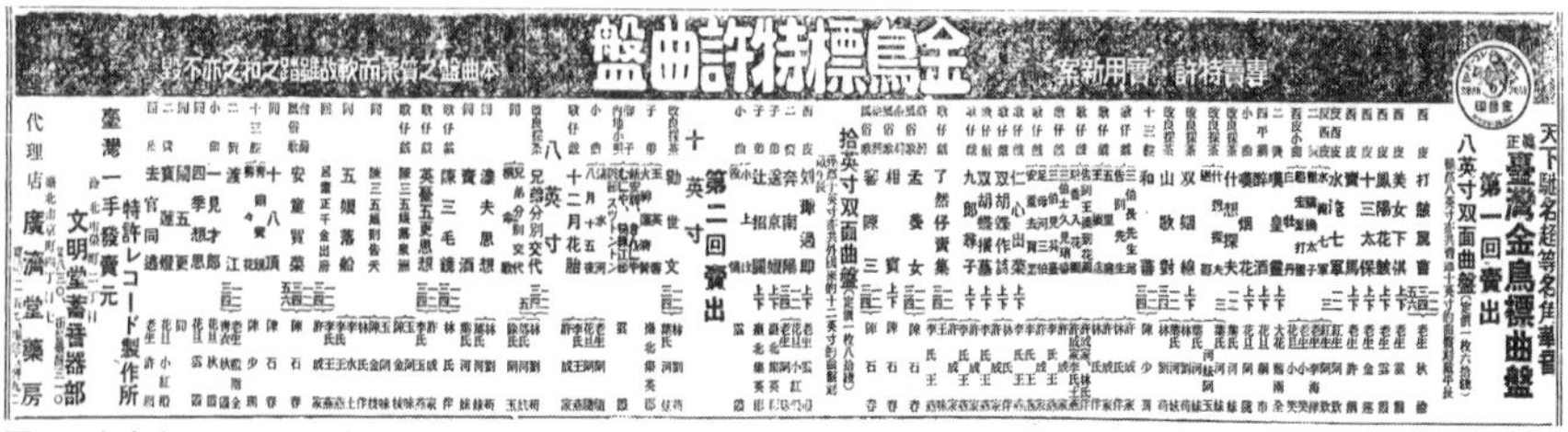

図5：金鳥印レコードの広告

は二二万八千円にまで増加した。その二年後も二〇万円代を維持していたが、一九三〇年には四〇万円まで増加した。[17] これはまさに、一九二六年と一九三〇年の二つ年度における、各レコード会社競作でのレコード販売点数の増加も反映している。

また、こうした台湾盤は、基本的に台北のレコード業者が先導した。さらに彼らは、台湾本土の奏者を集め、曲のレコーディングを進めた。こうして、多くの曲が市場に出回ることとなり、数回にわたって台北のレコード業者の広告が出された。例えば、一九二六年には金鳥印レコードが八インチレコードを三〇セット、一〇インチレコードを三セット、そのほか南管・北管の七インチレコードをおよそ二〇セットほど製造した。また、ライバル会社である日蓄は、わずか二か月で二〇二曲をレコーディングした。同年一〇月の『台湾日日新報』に掲載された同社の広告の中では、レコーディングの曲が全てリスト化され紹介されていた。[18]

以上の録音やレコード製作の経営モデルは、旅費やレコーディングスタッフに係る経費の節約と関係がある。さらに、これらのサウンドは時代が経過しても色褪せないものとみなされていたことも重要である。そのため、レコード会社は過去の音源の中から「価値ある音楽」を探し販売を行ったのである。このことによって、余剰在庫の処分にも繋がり、在庫切れになったレコードは再版され、また世に送られるという仕組みが出来上がった。

台湾のレコード音楽は始めの頃、台湾で盛んであった戯曲である南管・北管が主であったが、やがて説唱や歌仔戯などの戯曲が重要な地位を占めるようになる。《三伯英台読書記》（一九二六年一二月に発売された歌

17 黄裕元『流風餘韻：唱片流行歌曲開臺史』（國立臺灣歴史博物館、二〇一四）二六頁。

18 当時の日蓄のレコーディング状況については、本書第三章に訳出された王櫻芬「作出臺灣味：日本蓄音器商會臺灣唱片產製策略初探」『民俗曲藝』第一八二期、二〇一三年、二五－二八頁に詳しい。

仔戯のレコード）を取り上げた徐麗紗と林良哲の論考によると、《三伯英台読書記》はレコード八枚組からなっており、その内容は「七字仔（台湾の漢人が常用する歌唱法で、一句に七語、四句で一段落となる。「四句聯」とも言う。）」と呼ばれる語り口で、途中のセリフも含め収録時間は一時間ほどのものであった。これは、レコードの黎明期おいて歌仔戲を最も完全に収録した記録といえる。[19]

これまでに述べてきたレコードの内容から、当時のレコード市場の微妙な変化を伺い知ることが出来る。初期の台湾のレコードは神を迎える祭事、商店の宣伝あるいはムードを盛り上げるための楽器演奏が主であった。そして、一九二六年以降、特許レコード製作所や日蓄が民間向けの娯楽として、芸旦（訳者注：いわゆる芸者・芸妓に相当する）や歌仔戯を演じる伝統芸人の歌う歌を収録したレコードを製作するようになった。これは、蓄音機が次第に家庭のなかに普及し始めた社会状況を反映したものといえる。

このとき、汪思明、温紅塗などの芸旦がレコードの吹き込みに携わった。彼らは台湾初のレコード歌手ともいえる。

二 「台湾盤」の製作（一九三〇ー一九四〇）

一九三〇年代以降、台北栄町（現在の中正区衡陽路）にあった日蓄は「コロムビア」（漢字名「古倫美亞」）の名称を使用するようになる。当時の支店長栢野正次郎は台湾人向けのレコード製作に力を注ぐ。このとき栄町の支店には会計部、営業部、出荷部、文芸部、修理部などの部署があり、蓄音機やラジオの販売は建物三階の文芸部のなかで行われていたという。[20] 一九三三年一月、コロムビアは台北市京町（現在の衡陽路以北にある博愛路）にて、レコードの移入販売を専門に行う台湾コロムビア販売株式会社を別に設けた。[21] 一般的に台湾コロムビアとして知られる会社は、日蓄の台湾部門を指す。では、レーベルはどうだろうか。台湾コロムビアは一九三〇年より音符マークのロゴを用い始める。

19 徐麗紗・林良哲『従日治時期唱片看臺灣歌仔戲下冊（資料篇）』（國立傳統藝術中心、二〇〇七）七七頁。

20 コロムビアの台湾事務所は「栄町二丁目二六番地」（現在の重慶南路近くの衡陽路あたり）に置かれていた。当時、栄町は「台北銀座」とも呼ばれ、台北を代表する繁華街でもあった。このエリアを少し進むと菊元百貨、公会堂などがあり、当時の台湾における流行文化の発信地でもあった。

21『会社銀行商工業者名鑑』昭和十年版を参照。同書には「台湾コロンビヤ販売株式会社」の住所として「京町一丁目五〇番地」の場所が記されている。このエリアは現在の博愛路（中山堂）辺りで、酒町にあった台湾コロムビアともさほど離れていない。

図6：台湾コロムビアのロゴマーク

そして、一九三三年にはコロムビアのセカンドラインとして「リーガル」が立ち上がる。「リーガル」は初期の録音原盤をもとにした、再版レコードの製作を手掛けたブランドであった。また一九三五年初頭から、コロムビアは従来の黒リーガルに対して赤色ラベルの赤リーガルの販売を開始した。その価格は一枚あたり一円一〇銭ほどだったという。[22] 会社としては依然として「日蓄」の名が保たれていたのだが、市場では音符をトレードマークとした「コロムビア」、そして「黒リーガル」と「赤リーガル」という三種のレーベルを抱える台湾最大のレコード会社であった。

コロムビアは同時に、台湾盤の製作を真っ先に手掛けた会社でもあった。同社による台湾盤のリリースは、マネージャーである黄韻柯が音頭を取って進めたという。一九三三年には同社の文芸部部長に陳君玉が招かれ、翌年には周添旺がそれを引き継ぎ、以降、一九四〇年に台湾盤のリリースが停止されるまで、周はコロムビア文芸部長職を務めた。[23] コロムビアの販売ルート及び販売数は、いずれも一九三〇年代の台湾レコード業界において首位の座についていた。レコードに収録された曲目も、長篇の歌仔戯、流行小曲、そして童謡に至るまで、実に幅広いラインナップを取り揃えていた。

また、横浜に本社を置く「日本ビクター蓄音器株式会社（以下は「日本ビクター」）」は、コロムビアとともに台湾市場の一角を占めていた。台湾へは、一九二八年に板橋林家の家族経営であった「日星商会」が日本ビクターの販売代理店となったことで、市場進出を実現させた。日本ビクターは主に高級蓄音機の販売を手掛けていたこともあり、同社の台湾進出によって、台湾で安定的な西洋音楽の市場が形成された。[24] 一九三四年以降、

22 ワシ印、コロムビア、リーガルの年代について、研究者の間では「ワシ印（Eagle）として の期間が一九二九―一九三〇で、その後はコロムビアが導入された」とする李坤城による説が最もよく引用されている。しかし、本書第三章注19（九四頁）を参照すると、改良ワシ印より出品された最も初期のレコードは、確認できるもので一九三一年にリリースされたものであるという。黒リーガル（T100から始まる）の出品開始時期についても諸説があり、コロムビア所蔵の資料から確認することは出来ない。ただ、劉麟玉は一九三二年に開始したと推察しており、一方で林太崴は一九三三年に開始したとの立場を取っている。本書第四章に訳出された劉麟玉「従選曲通知書看臺灣古倫美亞唱片公司與日本蓄音器商會之間的訊息傳遞：兼談戰争期的唱片發行」『民俗曲藝』第一八二期、二〇一三、七〇―七一頁。林太崴、前掲書、二八―二九頁に詳しい。

23 陳君玉「日治時期臺語流行歌概略」『臺北文物』第四巻第二期、一九五五年、二二―二三頁。

24 『台湾日日新報』一九二八年一二月一四日、第二面。『台湾日日新報』一九二八年一二月二一日、第二面。

日本ビクターは台湾語の流行歌と歌仔戯のレコードにも参画する。いずれにせよ、日本ビクターの台湾進出によって、台湾で高品質なレコードの市場が開拓されたことは注目に値する。

早期に台湾市場へ進出していたアサヒ蓄音器商会（本社は名古屋）は、一九三〇年より台湾盤の製作を手掛け、鶴印の商標でレコードの販売を行い、主に南管・北管と歌仔戯のレコードを扱った。兵庫県の今津町（兵庫県東南部にあり、現在の西宮市今津町）に本社を置いた「太平蓄音器株式会社」（タイヘイレコード）は、一九三二年五月より台湾でレコードのリリースを開始した。同社は主に歌仔戯のレコードを手掛けていたが、流行歌市場にも注目していた。その後、一九三五年にタイヘイレコードは大阪の「日東蓄音器株式会社（ニットーレコード）」によって買収される。それまで、ニットーは台湾レコード産業に参入していなかったが、タイヘイを買収することで、同社は台湾に販路を持つことになり、次第に台湾レコード産業において大手の一角を占めるようになった。

コロムビア、ビクター、タイヘイ、ニットー、アサヒ（鶴印）は、日本統治時期における台湾盤の主要メーカーである。また同時に、台湾人も実演家としての出演あるいは裏方としてだけではなく、自らが出資し、会社を立ち上げ、製作拠点を整備するまでレコード制作に関わっていた。

いわゆる台湾本土のレコード会社はどうか。これには、一定の製作規模を持つものもあれば、特定の人のみが製作に携わる小規模な会社もあった。また、場合によっては日本のレコード製造会社にレコードのプレスを委託した際、その時々でレーベル名を定めたものもあった。つまり、様々な商標名称が見られたとはいえ、それは台湾人による数社のレコード会社が手掛けたものであった。[25]

一九三一年末ごろに、永楽町（現在の台北市大同区迪化街一段と甘谷街附近）で旗揚げされた「陳芳英商行」は、わずかながら「羊印」レコードを世に送り出した。その後、一九三三年にはレーベル名を（Okeh. 台湾では奥稽と訳されている）に変更した。レコードの製造は大阪の「帝国蓄音器」（略称「テイチク」）に委託し、とりわけ歌仔戯のレコードで成功を博した。荘乾（戯劇研究者呂訴上は江添寿がオーナーであったとしている）がオーナーを務める文声曲盤公司は、太平町（現在の台北市

25 台湾人が立ち上げたレコード会社について残された資料は非常に少なく、おもに陳君玉や呂訴上の論考に基づいている。その後、コレクターが資料の整理を行い、各レーベルについて初歩的な検討を試みたものとして、李坤城「不插電聽唱片的時代」『聽到臺灣歷史的聲音：1910-1945臺灣戲曲唱片原音重現』、七－八頁、林良哲「日治時期歌仔戲的唱片出版」徐麗紗・林良哲、前掲書、一六－二二頁をあげることができる。

大同区延平北路一段から三段あたり）に店を構え、レコードの製造は陳芳英商行と同様にテイチクに委託し、流行歌と新歌劇のレコードをリリースしていた。そして一九三八年には、作曲家陳秋霖が東亜唱片を立ち上げ、商標に虎のマークを使用した。一説によれば、当初、東亜は京都の福永レコードにレコードの製造を委託していたというが、福永はまもなくテイチクに編入される。そのため、以降は「テイチク」の名を冠したレコードが直接台湾の市場で出回っていく。いずれにせよ、これらのレーベルは台湾人が中心となって立ち上げられたものである。そして会社やレーベル名は違えども、そのレコード盤は大阪のテイチクで製作された後、台湾に送られたものであった。

ほぼ同じ頃、アサヒも幾人かの台湾人の事業者よりレコードの製造を委託されていた。その一つに、歌仔劇の演出家として知られる汪思明の鶴標唱片公司（以下、鶴印とする）がある。呂訴上によると、鶴印は一九三〇年に佐藤喜久間が日新町（現在の大同区甘州街と華亭街付近）で立ち上げた会社である。やがて拠点を嘉義に移し、高塔、月虎、声朗、思明、三栄などの名義でレコードを出品した。そして、一九三四年前後より、汪思明が運営に携わっていく。

そのほか、一九三四年に茶商・同栄商会の二代目経営者郭博容が立ち上げたポピュラー（博友楽唱機唱片股份公司）も、数はさほど多くないが歌仔劇や流行歌のレコードをリリースしていたほか、文芸部や専属歌手を持つなど、台湾盤を手掛ける会社としては比較的大きな規模を誇っていた。当時、新進気鋭の歌手であった簡月娥の回想によれば、彼女はポピュラーよりデビューしてすぐ、代表に連れられ、歌手仲間や楽団のメンバーとともに京都までレコーディングに赴いたという。一通り吹き込みを終えると、彼らは台湾へ戻り、小売店のオーナーを招いて「試聴会」を実施した。その場ではレコードの受注も併せて交渉していたという。ここから代表の経営姿勢の在り方が垣間見える[26]。しかし、同社の経営は長く続かず少量のレコードを発売して幕を閉じた。その後同社の保有していた原盤は、のちに台湾へ進出したニットーレコードへと移譲された（図7を参照）。

ここまで見てきたように、台湾本土で発売されたレコードには、台北・大稻埕を拠点とする事業者

26 徐麗紗・林良哲、前掲書、四五四－四五五頁。

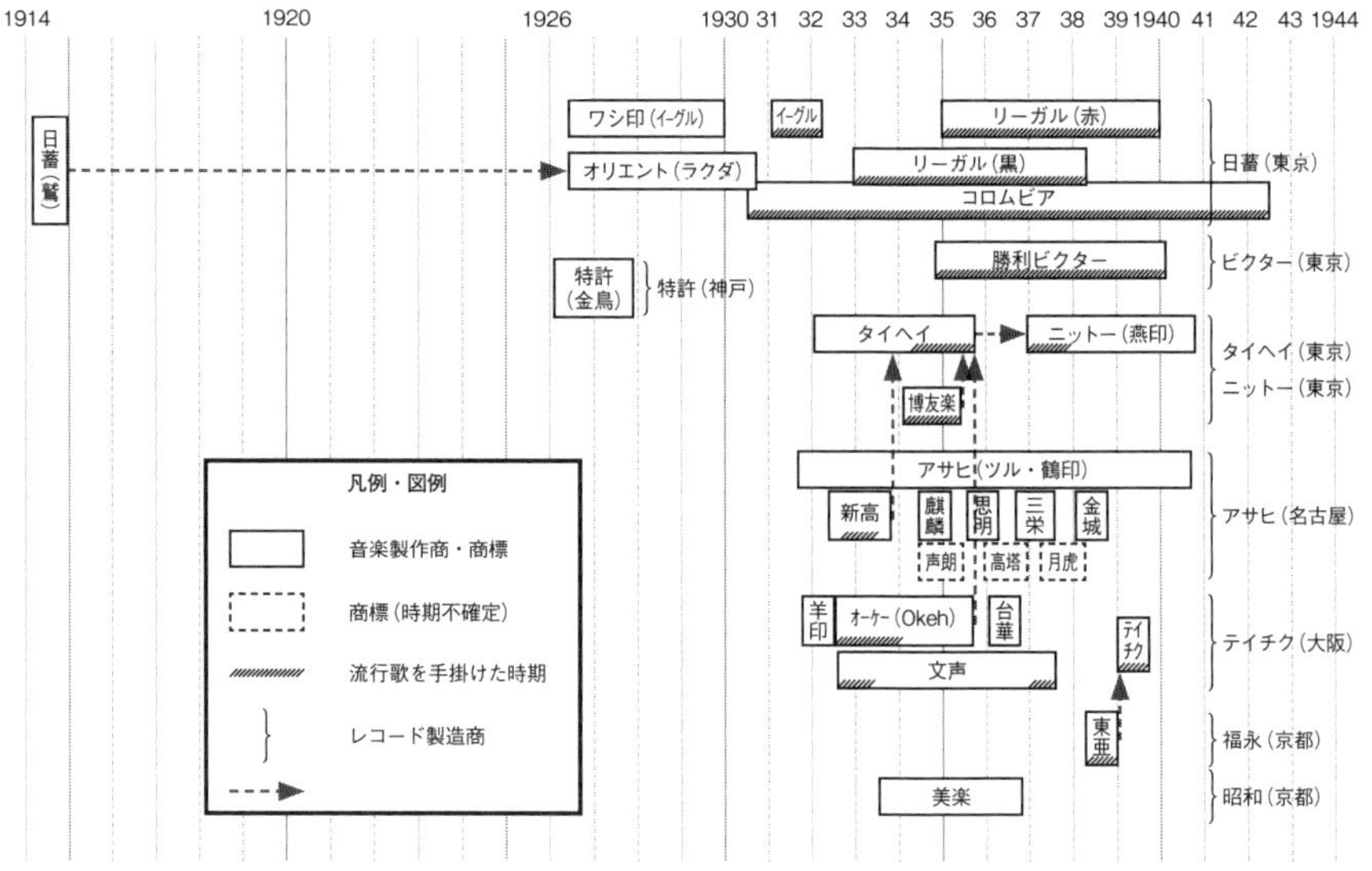

図7：日本統治時代における主要レコード会社のトレードマークとその使用年

や小売商、さらに実演家たちがその製作に関わっていたことが分かる。また、永楽町、太平町、港町などを拠点とするレコード業者もこれに加わっていた。[27] 以上のことから、呂訴上は大稲埕を「台湾流行歌の発祥地」と呼んでいるが、この地を「台湾本土レコードの発祥地」と言い換えることもできるだろう。

ところが、一九三七年下半期に入ると、レコード業界全体の売り上げに陰りが見え始める。『台湾貿易概覧』をもとに分析するならば、その理由の一つは蓄音機の普及がある程度進んだことで、市場が飽和状態に入ったことによる。そして、もう一つが日中戦争の勃発である。ただし、台湾語の曲や歌仔戯のレコードは好調な売り上げを記録していた。[28]

とはいえ、やがてレコード盤の製造に欠かすことの出来ない原材料が不足し、娯楽市場の景気は低迷する。その結果、一九四〇年以降には日本のレコード会社が、台湾に置いていた関連会社を次々に閉め、

27 「大稲埕」は今日の民権西路以南、忠孝西路以北、重慶北路以西、及び淡水河畔以東（現在の環河北路）のエリアを指す。日本統治時代に同エリアの行政区画が改められ、港町、永楽町、太平町、日新町となった。なお、当時のレコード会社の本社所在地をみると、台湾本土の人によって立ち上げられたレコード会社はおおむねこのエリアに点在していた。

28 台湾総督府編印『昭和十二年及十三年台湾貿易概覧』（台湾総督府、一九三九）三五九頁。

台湾盤の製作は事実上打ち切りとなる。販売ルートも、日本本社の一部に組み込まれ、台湾市場は日本レコードの市場と一体化していく。この時期《サヨンの歌》や《白蘭の歌》などがヒットしたように、台湾は日本語歌曲の時代へと突入していたのである。

一九四三年、台湾コロムビアは自社で保有していた原盤をもとに、「台湾の音楽」と題するレコード全集をリリースした。この全集を最後に「台湾コロムビア」という商標が使われることはなかった。

三 一九三〇年代における「台湾盤」の製作

当時のレコード製作の記録を見ると、台湾現地の会社と大手のレコード会社とでは、レコーディングと販売に至るまでの過程に、多少の差異が認められる。以下の、図8と図9に「台湾盤製作の流れ」を記したので参考にしていただきたい。

図8であげた大手レコード会社は、主にコロムビア、ビクター、タイヘイであり、これらの会社による製作手続きを参考にした。日蓄の資料によると、曲のレコーディングは同社の文芸部がその担い手となっていたという。曲の吹き込みは、台北あるいは演奏者・歌手が東京まで赴いて実施された。そして、レコードの原盤は日蓄の川崎の工場でプレスされ、同時に試聴盤も作成された。その後、台湾コロムビアの社内において曲の試聴と検討が行われたあと、審議結果をもとに、曲目を「選曲通知書」に記し、東京本社に送付した。こうした手順を踏んで、レコードにされたものが台湾へと送られ、市場に流通したのである。[29] 以上の試聴と選曲の制度は、日蓄内部で一九三六年以降に構築されたものである。

この大手のレコード会社と台湾本土のレコード会社によるレコード製作の流れには、共通点が見られる。それは、レコーディングと生産を日本本社が請け負っている点である。ただ、レコード製作の

29 第四章、一〇七―一一〇頁。

面で見ると、台湾人も主体的な役割を担っていたことが分かる。このように一九三〇年代に入り、台湾の音楽業界の人びとは次第に頭角を表すようになっていた。もちろん、一定規模のレコード産業を確立するには至らなかったが、台湾現地の商人と音楽業界の人びとは、日本本社との協力関係を通して、産業間の間隙《かんげき》のなかで自身の地位を築いた。

コロムビア、ビクター、タイヘイは、いずれもレコードの大手販売会社といえるが、同時に音楽制作も手掛けていた。それは比較的小規模な台湾現地の業者も同様であった。レコーディングを行いつつ、レコードの販売も手掛けていた。その業者としては、汪思明の所有する「思明」がある。流行歌「白牡丹」の作曲家としても知られる陳秋霖も、東亜唱片というレコード会社を設立した。一説によると、

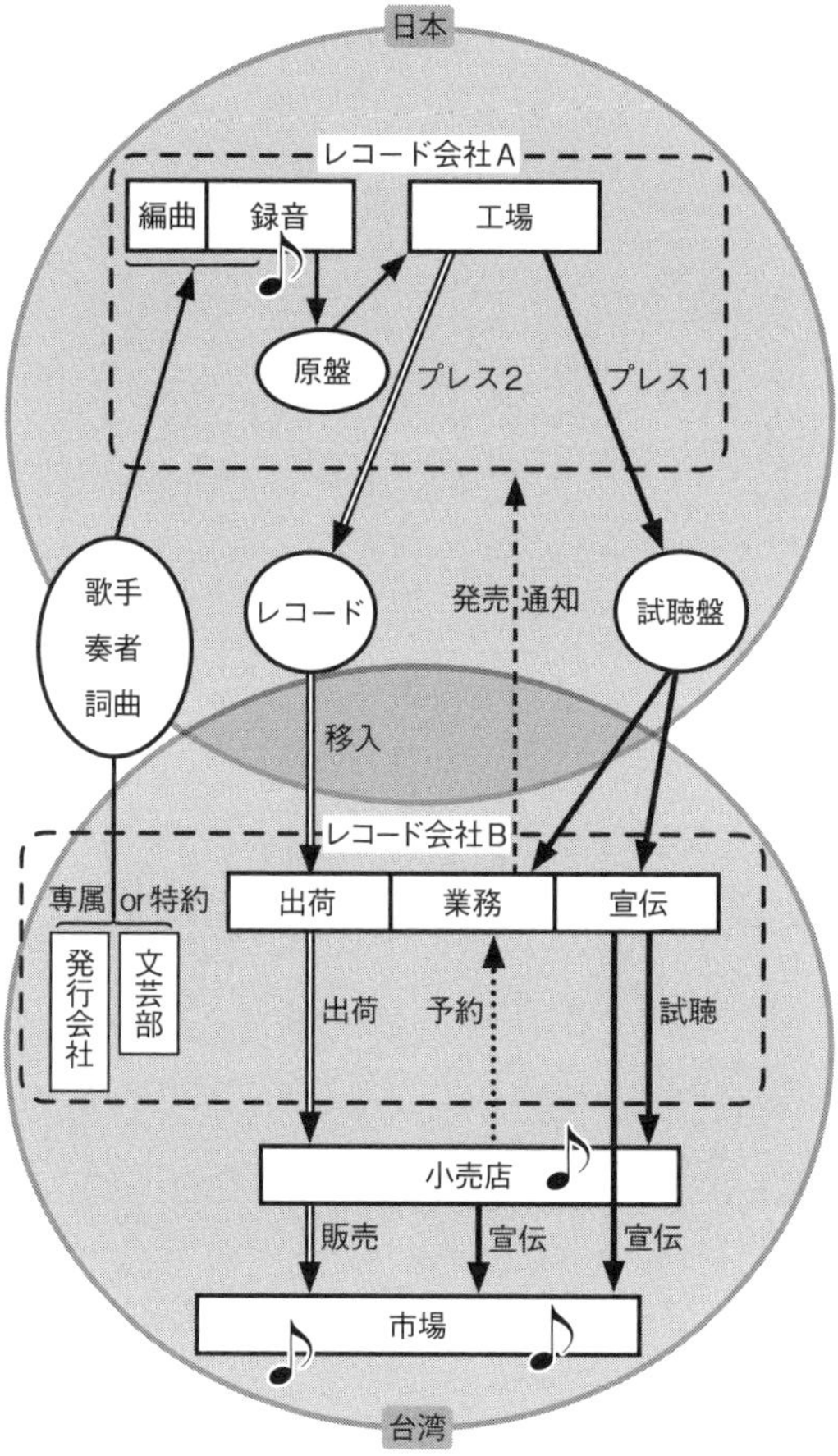

図8：大手レコード会社による「台湾盤」製作までの流れ

彼はレコードのプレス工場を視察するために日本まで足を運んだことがあるという。さらに、戦況の悪化などでレコードが台湾に届かなかった際には、自力での製造も視野に入れ、実現に向けて試行錯誤していた。なお、戦後の主要なレコード会社の一つである「麗歌」は、陳秋霖の力添えで、台湾のレコード生産の拠点となった。[30]

一方で、こうした側面はレコード会社間の競争を深刻化させた。一九三三年にタイヘイがコロムビアを告訴したことは、商業面での競争が激化していたことを表面化させた出来事といえよう。それまで、タイヘイ、オーケー、鶴印、新高、文声など五つの会社は各地の販売拠点をまとめて「台湾レコード協会」（臺灣唱片協會）を立ち上げ、商品の融通に関する協議や販売網の確立を行っていた。同協会は台湾コロムビアの商品をあえて取り扱わず、コロムビアとの対決姿勢を打ち出していた。このころコロムビアはというと、新たな歌仔戯と流行歌の制作を手掛けていた。そこで、コロムビアはこれ

30 陳雅芬「我的外公陳秋霖」『自立早報』一九九三年二月一六日、第一五面。

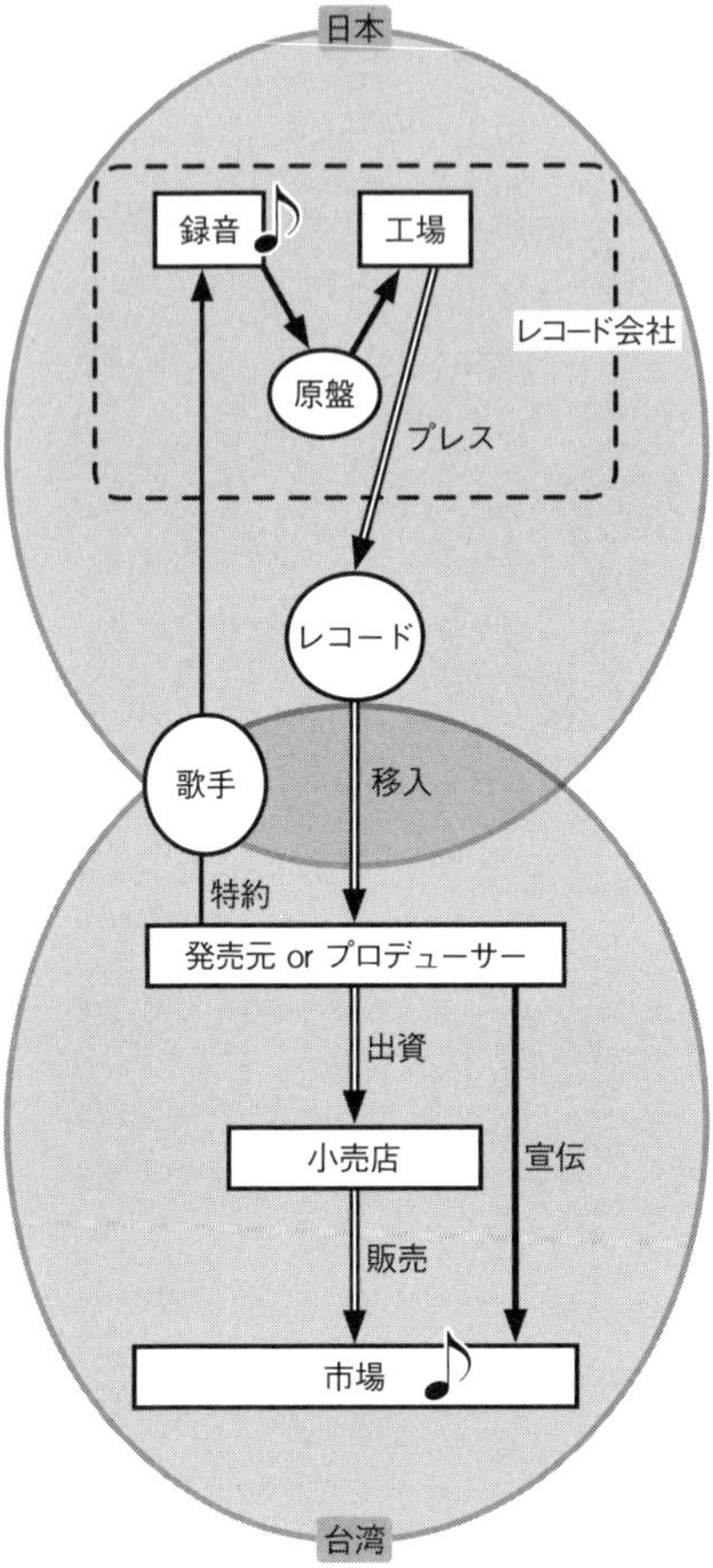

図9：台湾現地の会社によるレコード製作の流れ

まで文声で流行歌を手掛けていた作曲家の鄧雨賢、歌手の青春美など多くの歌手や奏者を次々に自社へと引き抜いていく。これをタイヘイ側はコロムビアによる「営業妨害」だとみなし、訴訟を起こしたというわけである。[31]

以上のような商業競争が発売元の間で熾烈になるにつれ、小売店の役割は一層重要性を増すようになってきた。新しくリリースされたレコードの宣伝だけでなく、市場のニーズに対応して、一九三六年以降は小売店でも予約制度を設けることとなった。このようにして、小売店は顧客との最前線に立つこととなったのである。[32]

このころ、各レコード会社の経営は総じて安定していた。ただ、そのなかにあって、娯楽文化は本格的な変化を遂げた。レコード会社は、新しい歌手や新譜のプロモーションに力を入れ、新たな曲調やテーマを取り込もうとした。さらに業界はブームのきっかけ作りを視野に入れた宣伝活動を展開した。こうしたことから、レコード市場は「流行文化」の体をなしていく。実演家たちもレコードのリリースや予約、宣伝などで商業活動に組み込まれ、つねに「市場」との相互関係に立たされた。例えば、舞台で観客の声援に応える劇団員がいるように、企業家が奏者をサポートすることで、彼らの音楽や文学そして戯劇の才能に磨きが掛かっていく。

また、弁士（無声映画の解説員）として知られる詹天馬は、映画解説版レコード『可憐的閨女』（コロムビアレコード番号80151）のレコーディングを一九二九年四月から五月にかけて台北で行った。同名の映画は一九二五年に上海で封切りされたものであるが、同映画が台湾で上映されるのに合わせて、映画解説のレコードを製作したことは、映画とレコードの結びつきが流行文化のプラットフォームに乗った一例といえる。[33]

当時の流行文化は、上海あるいは東京から台湾へと流れていた。しかし、これは同時発生的なものではなく、台湾現地の映画プロデューサーやレコード業界が重要なファクターとなる。彼らは、録音からプロモーションにも携わっている。そして台湾の観衆にしてみると、東京や上海の映像は台湾の

31 林太崴、前掲書、一二〇－一二二頁。

32 戦争期、コロムビアに従事していた台湾人従業員の回想や当時のレコード販売店店主の口述資料においても、こうしたことが語られている。徐麗紗・林良哲、前掲書、四七四頁を参照。

33 『台湾日日新報』一九三〇年四月七日、第四版。

劇場或いはレコードの音声によって心の中に広がっていったのである。特に、一九三二年に映画の主題歌「桃花泣血記」がヒットして以降、一九三三年には歌手が劇場で歌う興行形式も始まるなど、レコード業界と台湾の映画業界の結びつきが増していく。

以上のような経営上の構造によって、多くの事業者がレコード製作に参画し始め、市場の動向や情報のあり様に変化をもたらした。また、新旧の映画作品が順番で上映されるようになり、加えて日本や上海の流行歌には時代の流行りもあった。そのため流行歌の市場は常に新しいものを追い、さらに変化を求めていくような環境へと歩みを進め、あわせて生産コストを抑えながら、動的環境のもと利益を獲得していくような経営スタイルを求めていくようになった。

さらにレコード業界では台湾語の流行歌のほか、戯曲レコードの内容の見直しや改良も進められた。そして新旧の音楽と劇場の要素を織り交ぜ、新たに編集・編曲しなおした「新款歌仔戯」が登場する。ニットーがこうした歌仔戯のレコードを五、六枚組セットで発売したところ、好調な売れ行きを見せた。こうしたレコードによって、地域の枠を越えて親しまれる歌仔戯スターが登場していく。

当時の台湾盤のサウンドを知るには、純純（歌仔戯では「清香」の名で活躍）のものが参考になろう。彼女は台湾盤に収録された歌い手としては代表的な人物である。純純の本名は劉清香（一九一四－一九四三）といい、その一家は路上で麺料理をこしらえながら生計を立てていた。純純は一三歳のときに公学校を辞め、歌仔戯の勉強を始める。そして、一九三〇年前後に「清香」の名でコロムビアや鶴標より歌仔戯楽曲のレコーディングを行い、レコードをリリースする。一九三二年には「純純」の名で映画主題歌《桃花泣血記》をレコーディングし、瞬く間にその名声が広がる。それと同時に、純純はコロムビアにおいて台湾本土流行歌を歌う専属歌手となった。彼女はまた、「清香、梅英、琴伶、愛卿、百花香、滿臺紅」の名で、歌仔戯や民謡小曲のレコードを相次いでリリースする。これまでコロムビアからは、流行歌のみを見ても二五〇以上の曲がリリースされてきたが、そのうち、九七曲が純純によるもので、会社全体を見ても、三八%を占める。そして、ニットーの資料でも、リリースされた二八曲のうち、彼女の曲は全体の三割を占めていた。一九三〇年代に各レコード会社からリリースされた台湾語流行歌のうち、二割を純純の曲が占めていたのである。その数や知名度からみても、まさにスター級の存在であった[34]。

初期の純純の歌唱は朗らかかつ奔放でのびのびとしており、高らかな声で歌ったりと「唸歌」のスタイルを取っていた。これは標準的な歌仔戯の歌い方であったが、次第に歌い方が変わり、高音の節回しも安定し、感情表現も豊かなものとなっていく。こうして純純は「酸喃声（弱々しくも人びとを感動させる発声）」の歌い手として知られるようになった。

その歌い方や伴奏の変遷をたどると、初期はジャズの原形のようなものであったが、次第にシンプルな編曲スタイルの流行歌の形を取るようになった。さらに改良された本土の漢楽が取り入れられ、やがて感情豊かな歌仔戯も導入された。以上の変遷からは歌い手の持つ「声」や伴奏に台湾人がこだわり、追究していたことが見て取れる。

図10：歌仔劇スターとしても活躍した純純

図11：流行歌歌手としての純純
（黄士豪氏 提供）

34 純純の多彩なエンターテイメント性については、林太崴、前掲書、二六二頁、黄裕元、前掲書、一四一－一四二頁を参考にされたい。

おわりに

日本統治時代における台湾レコード産業は、大稲埕や台北城内において相次いで成立したレコード会社やその文芸部が基軸となって発展した。そして、ここでは歌い手、奏者、芸人、レコード会社の経営者などによる一種の「文芸界」が作り出された。つまり、日本と台湾の二つの文化・芸術環境によって、台湾における娯楽市場の二元性が作り出されたといる。「文芸界」に身を置くかれらは、それぞれで異なるレコード制作の現場環境に身を置き、場所により作詞作曲の習わしなどもが異なってもそれに合わせ適応した。

また、レコードの移入数の記録をみると、一九三二年時点では台湾の各世帯における市場占有率は二五％にしか過ぎなかったものが、一九三二年に台湾流行歌の市場が開拓されると、その比率は年々大きくなり、いくつかのヒット曲が出た後の一九三七年には、全体の四〇％を占めるほどの規模にまで成長したことがわかる。当時の台湾の市場状況を考えても、日本人のほかに日本の楽曲や西洋音楽のレコードを購入するのは、台湾本土の知識層 ― 例えば医者、弁護士、教師など比較的地位のある人びとであった。一般的にレコードは個人の娯楽の為に家庭のなかで使われるものであったが、台湾人のレコード消費者は少し異なっており、私用のほかに祭事で使用するなど、より公共的な使い方をしていた。

台湾本土の音楽は、レコードの総数を見ても決してメジャーではなかったが、年々拡大傾向にあり、社会や文化に影響をもったコンテンツとしては、ほかの音楽よりも群を抜いていた。

こうした過程の中で、歌仔戯などで活躍するスターが台頭していく。さらに、知識青年たちが流行歌に参画し、新款歌仔戯なども生み出したほか、伴奏で使用する楽器にも工夫を施し「漢楽」などを編み出した。かれら先駆者の音楽は、今日まで残された台湾盤からうかがい知ることができる。台湾はこのように多くの芸術や音楽の文化が培われていたのだが、私たちはいつの間にかその全てを忘れてしまっていた。一時に失われたサウンドの数々は、資料として収集された台湾盤によって、少しずつ蘇りはじめ、未来へと継承されようとしている。

附録：日本統治期における台湾レコード関係年表

年		主な出来事	ディスコグラフィー[35]
1904	10/21	台北で「慈善大音楽会」開催。ここで大型蓄音機が使用される。	
1906	12月	後藤新平が米国コロムビア社を台湾に招き、「新高山」と「世界の友」のレコーディングを行う。これは台湾初の台湾をテーマとしたレコードであり、プレス後は各学校と愛国婦人会に配布された。	
1910	10月	株式会社日本蓄音器商会（日蓄）が東京で成立	
1911	◇	日蓄の台北出張所が台湾でレコードの代理販売を行う旨を記した広告を新聞紙面上で掲載する。	
1914	5月	日蓄台北出張所の岡本檻太郎が新竹出身の客家八音および採茶戯の演者を集め、東京・芝区桜田本郷町（現在の港区西新橋）の営業所3階録音室にて、アメリカ人録音技師の指導の下、レコーディングを行う。このとき、客家八音、採茶戯、歌仔戯などの曲を百あまり吹き込み、それらは日蓄の「ワシ印レコード」より発売された。	•「器楽独奏、鼓吹楽：一串年／大開門」（日蓄イーグル 4000–4001） •「点灯紅」（日蓄イーグル 4060–4061）
1924	◇	日蓄台北出張所が台湾日蓄商会へと改称（台北市栄町）。直接販売店にレコードを出荷するなど、日蓄の卸機能を担う。	
1926	年初	台湾の演者が尼崎の特許レコード製作所でレコーディングを行う。このとき吹き込まれた曲には、陳石春の歌った地方小調がある。	•「鼓吹楽：漢中山／十八摩」（日蓄オリエントレーベル、台特 4006–4007）
	5/16–7/27	日蓄が録音技師を台北に派遣し、台北の「麦酒楼」でレコーディングを行う。	•「小曲：嘆烟花」（日蓄イーグル F77, 阿挿、小紅緞）
	9–10月	日蓄が「イーグルレコード」のプロモーションを行う。	•「台湾風俗歌：孟姜女」（特許金鳥印 5551, 陳石春）
	9–11月	金鳥印の代理店文明堂と広済堂薬房が「金鳥印」の宣伝用として7インチレコードを発売する。	
	12月	日蓄が「オリエントレコード」のプロモーションを始める。	
1927	2月	金鳥印が7インチのカラー盤レコードを発売する。	•「歌仔戯：十二月花胎」（特許金鳥印 6511）
	4–5月	日蓄が台北で二回目のレコーディングを行い、南管、京調、小曲などを吹き込む。	•「台湾俗歌：安童買菜」（特許、陳石春）
1928	◇ 11/22	台北放送局開局。台湾でラジオ放送が始まる。 日東レコードの流行歌《道頓堀行進曲》が大ヒットする。	

35 本年表は筆者がこれまで関連資料を整理してきた見識に基づくものである。レコードの出品年については、作品発表時期が明確である台湾語楽曲のほか、コロムビア所蔵の資料を参照した。また、レコード番号から類推したものも含まれている。皆様方のご批判とご教示を乞う次第である。

年	月	事項	レコード
1929	4-6月	日蓄が台北にて台湾初となる電気録音を実施する。このとき、洋楽、漢洋折衷の和楽の楽曲が吹き込まれたほか、劉清香がレコーディングチームとして参加する。	
	4月	蔡培火が台湾語詞による楽曲《咱台湾》を発表する。	
	5月	中山晋平作曲の《東京行進曲》が大ヒットする。	
	8月	日蓄が「コロムビア」レーベルより「台湾新民謡」（台湾教育会徴集歌曲）を発売する。収録された楽曲は日本語によるものであった。	
1930	5月	日蓄が東京で台湾盤のレコーディングを行う。このとき、台湾語による伴奏のついた小曲や流行歌及び中国の流行歌が収録される。	•「相褒：病子歌」（コロムビア 80044–80046, 梁松林、高氏桂花） •「台湾小曲：十二更鼓」（コロムビア 80094, 秋蟾）
	8／2	台湾イーグル蓄音機販売株式会社（主幹は黄玉対）成立。同社のレーベルは「イーグル印」として知られる。	
	9月	「台湾コロムビア販売商会」の名称が日蓄の『日蓄新聞』上で初めて登場する。同社はコロムビアレーベルとオリエントレコードの販売代理店であった。	
1931	1-3月	日蓄が「台湾コロムビア」名義で、多量の日本や中国の流行歌のレコーディングを行う。	•「益春留傘」（コロムビア 80140, 躍鱗琴、有鳳音、百花香） •「流行歌：烏貓行進曲」（イーグル印 19005） •「小曲：雪梅思君」（イーグル印 19009–19010, 幼良） •「流行歌：跪某歌」（イーグル印 19019, 阿快）
	2-6月	日蓄が「イーグル」として台北で多数の流行歌、宣伝歌、小曲のレコーディングを行う。以降は主にコロムビア、イーグル印レーベルより曲が発売される。	
	2月	台湾放送協会成立。受信料はひと月あたり1円であった。	
	7月	「酒は涙か溜息か」が日本で大ヒットする。	
	6月	日蓄が第二弾の「台湾の歌」と「台湾新民謡」のレコードを発売する。	
	10月	アサヒより鶴印レーベルの台湾盤レコードが発売される。	
	12月	陳英芳が合資会社陳英芳商行を立ち上げ、レコード製作を始め（後に「羊印」のレーベルを付して販売する）、同時に陳加走などがレコード界に参入する。	
	◇	台湾イーグルの「イーグル印」よりリリースされた《雪梅思君》が大ヒットする。	
1932	2月	「桃花泣血記」が台北の永楽座で上映され、台湾語の主題歌が巷で流行する。	•「愛玉自嘆」（コロムビア 80167–80168, 純純、玉葉） •「映画主題歌：桃花泣血記」（コロムビア 80172, 純純） •「黒猫黒犬俗歌」（鶴印, 汪思明） •「男女対答：三伯遊西湖」（文声 1013, 江野鶴、幼緞）
	3-4月	日蓄が東京にて多数の歌仔戯、北管、客家音楽楽曲のレコーディングを行い、《桃花泣血記》など映画主題歌の曲も収録される。	
	4月	台南放送局がラジオ放送を始める。　レコード「桃花泣血記」が発売される。	
	5月	タイヘイレコードより同社初台湾盤が発売される。同レコードには汪思明の《新烏猫烏狗俗歌》や《肉弾三勇士》などの楽曲が収録された。	
	8月	呂王平が「新高唱片」を立ち上げる。	
	◇	江添寿が「文声曲盤」を立ち上げ、レコードの製造をテイチクに委託する。同時に鄧雨賢や青春美などの作曲家・歌手を招聘する。同社より《大稲埕行進曲》などの流行歌が発売され、《三伯遊西湖》がヒットする。	
	◇	台湾のレコード移入総数が44万7992枚に達する。その中で、台湾語レコードの枚数は11万枚あまりで、全体の25.35％を占めていた。	

1933	1/26	台湾日蓄商会が「台湾コロムビア販売株式会社」（略称「台湾コロムビア」、台北市京町）と改称し、日畜傘下の子会社となる。	•「主題曲：倡門賢母的歌／懺悔的歌」（コロムビア 80207, 純純） •「流行歌：青春怨」（コロムビア 80214, 愛卿、省三） •「流行歌：紅鶯之鳴／跳舞時代」（コロムビア 80273, 林氏好／純純） •「流行歌：珈琲！珈琲！／月夜愁」（コロムビア 80274, 青春美／純純） •「流行歌：都会夜曲／過去夢」（オーケー F3113, 麗鶯）
	年初	陳君玉が台湾コロムビアの文芸部長に就任する。同時に作曲家の鄧雨賢、姚讃福や歌手の林氏好、青春美、王福なども台湾コロムビアに加入し、同社内の蘇桐、純純とともに流行歌の制作を手掛けていく。	
	2月	汪思明の吹き込んだレコードが、三勇士を侮辱するものと判断され当局より発売禁止処分となる。	
	4月	タイヘイ専属の演者が台湾コロムビアに引き抜かれたため、タイヘイの日本でのレコーディング計画が頓挫する。よって、タイヘイが台湾コロムビアを告訴し、台湾レコード協会（鶴印、オーケー、文声、新高、タイヘイ等で構成）と台湾コロムビア間で対立関係が生ずる。	
	5月	「倡門賢母」が台北で上映され、その主題歌を純純が歌う。	
	6月	新高とタイヘイが合併し、その記念レコードが台湾蓄音器合資会社より発売される。台湾蓄音器合資会社はタイヘイの台湾での総代理店である。	
	7月	麒麟曲盤が台湾蓄音器合資会社より販売される。	
	8月	《東京音頭》などの曲が日本で大ヒットする。	
	8-9月	日蓄の陳君玉が半年以上の準備期間を経て、東京にて台湾楽曲や童謡などの大規模レコーディングを行う。その主な曲目には《一個紅蛋》、《望春風》、《雨夜花》、《蓬萊花鼓》などがあり、林氏好、純純、鄧雨賢などがレコーディングに携わった。	
	11月	台湾コロムビアが艋舺、大稻埕にて「紅鶯之鳴／跳舞時代」のプロモーション活動を行う。	
	◇	台湾コロムビアが「黒リーガル」レーベルを立ち上げ、過去にワシ印唱片よりリリースされた楽曲を再版する。このほか、同レーベルは歌仔戯曲、京音、笑話、北管、流行小曲などを中心にレコードを発売する。	
	◇	陳英芳商会が商標を「OK唱片」（オーケーレコード）と改め、主に周添旺や王文龍が手掛けた台湾語流行歌をリリースする。	
	◇	「美楽唱片」が歌仔戯、北管及客家音楽のレコードをリリースする。同社は少なくとも1936年まで営業を続けていたと思われる。	
1934	3月	作詞家李臨秋が同栄商会（博友樂唱片［ポピュラーレコード］）との間で専属契約を結ぶ。	•「流行歌：一個紅蛋」（コロムビア 80282, 純純／林氏好） •「流行歌：望春風／単思調」（コロムビア 80283, 純純／青春美） •「流行歌：雨夜花／不敢叫」（コロムビア 80300, 純純／張伝明） •「広東流行歌：仰頭看天／流行歌：瓶中花」（黒リーガル T230, 玉梅／青春美） •「主題歌：人道／流行歌：蝴蝶夢」（ポピュラー F503, 青春美／徳音）
	4月	大稻埕の茶商・同栄商会の陳君玉が楽曲と歌手を募る。そして簡月娥、青春美、春代によって「人道」がレコーディングされ、「ポピュラーレコード」の名を冠してレコードがリリースされる。	
	7月	『先発部隊』が博友樂、タイヘイなどの広告に使用される。	
	9-12月	日蓄が東京で歌仔戯、流行歌、新歌劇の楽曲をレコーディングする。その内、11月以降に静韻、雪蘭、嬌英、福財、曉鳴、愛愛などの歌手がレコーディングを行った。	

1934	12月	タイヘイに林氏好などの歌手が加わり、《街頭的流浪》、《美麗島》などの楽曲をリリースする。	• 「流行歌：花前雁影／街頭的流浪」（タイヘイ82003, 青春美） • 「民謡流行歌：美麗島／啊小妹啊」（タイヘイ82004, 芬芬） • 「流行歌：春風／新小曲：路滑滑」（勝利F1001, 王福／賴氏碧霞）
	◇	台湾コロムビアが「赤リーガル」レーベルの販売を開始する（レコード番号T1000より始まる）。同レーベルからは主に歌仔戲、流行歌、北管の楽曲が出品された。	
	◇	台湾コロムビアの《一個紅蛋》、《都会的早晨》、《城市之夜》、そしてポピュラーの《人道》といった楽曲が巷で流行する。	
	◇	台湾コロムビア文芸部のマネージャー周添旺が就任し、さらに簡月娥（愛愛）も加わる。	
	◇	ビクターが台湾楽曲の制作チームを立ち上げ、張福興のもとで《路滑滑》などのレコードがリリースされる。	
	◇	ポピュラー、オーケーより謎の歌手が吹き込んだ流行歌のレコードがリリースされる。	
	◇	同年中に台湾が移入したレコードの総数が73万5349枚を記録し、1932年の1.64倍に達する。そのなかで台湾語レコードは20万枚あまりで、全数量の27.5%を占めていた。	
1935	年初	台中蓄音器商組合が成立する。卸売業者が販売に重きを置くレコードのプロモーション活動を強化し始める。このことにより小売業がレコード業界に影響力を持つようになる。	• 「流行歌：蓬来花鼓／無酔不歸」（コロムビア80307） • 「流行歌：青春花鼓／河邊春夢」（コロムビア803-2） • 「流行歌：碎心花／和尚行進曲」（コロムビア80330） • 「流行歌：対花／春宵吟」（赤リーガル T1007）
	2月	警察当局が《街頭的流浪》を発禁処分とする。	
	3月	陳君玉、廖漢臣らによって台湾歌人協会が成立される。これは流行歌制作の担い手たちによる初めての同業組織であったが、後世に続くことはなかった。	
	6月	在東京の台湾人留学生によって組織された「台湾郷土訪問音楽団」が台北、新竹、台中、彰化、嘉義、台南、高雄で巡回コンサートを行う。	
	◇	オーケー、博友樂がそれぞれ台湾盤レコードの製作を終了する。両社が保有していた原盤をタイヘイが購入するも、後にニットーに吸収合併される	
	9月	タイヘイとニットーが合併し、大日本蓄音器株式会社を設置する。以降、呂王平が台湾盤の製作業務を担当する。	
	10月	台湾大博覧会が開催される。博覧会を記念し、コロムビアより余興楽曲などを収録した特別版レコードが出品される。	
	◇	ビクターでの流行歌制作を王福が引き受ける。同時に台北にレコーディングルームを設け、西洋音楽風の「流行歌」と漢楽の「流行小曲」を一枚に収めたレコードの販売策を打ち出す。[36]	
	◇	ビクターの手掛けた「流行小曲」が成功を収める。	
	◇	汪思明が「思明唱片」を立ち上げ、民謡を収録したレコードをリリースする。	

36 陳君玉（一九五五）によると、一九三五年に張福興がビクターで「台湾盤」レコードの製作を行い、翌年、王福がビクターの文芸部長職を引き継いだ。また林太崴の研究によれば、張福興は一九三四年よりビクターで流行歌の制作を担い、旧暦の一九三五年を迎えたあとに王福へとバトンタッチし、さらに陳達儒を同社に招いた。陳君玉は当時、業界で活躍した人物で、年代の把握などその記憶に曖昧な箇所も見られるが、曲の順番や人的関係など参考になる部分も多い。これに付け加えていうならば、ビクターの流行歌は《街頭的流浪》がヒットして以降の、一九三五年六月『風月報』に張福興の作品が多数掲載された。そのため張福興がビクターで活躍していたのは一九三五年の可能性が高いと思われる。そのほか、莊永明が陳達儒に行った聞き取りによると、陳が張福興に作詞した歌詞をビクターから発表するようすすめたという。莊永明『台灣歌謠　我歌我唱我寫』（臺北市文獻會、二〇一二）二一四–二一五頁。

1936	3-6月	日蓄が台北で流行歌、新小曲、新歌劇、南管曲などの楽曲のレコーディングを行う。	・「流行歌：我的青春／流行小曲：夜來香」（勝利 F1073）
	7月	レコード検閲制度が始まる。	・「流行歌：桃花郷／流行小曲：白牡丹」（勝利 F1075）
	9月	三栄唱片が成立し、孔雀印のレーベルで歌仔戯、京調、流行歌などのレコードが発売される。	・「流行歌：心酸酸／流行小曲：雙雁影」（勝利 F1076）
	10月	台湾コロムビアより新小曲のレコードがリリースされる。	・「流行歌：悲恋的酒杯／流行小曲：三線路」（勝利 F1080）
	◇	この時期に始まった宣伝盤、視聴会、予約盤制度が、レコード業界の底上げと市場の拡大に有益な結果をもたらす。	・「簷前雨」（文声）
	◇	呉徳貴が「台華唱片」を立ち上げる。陳君玉の文芸より、流行歌と戯劇のレコードが一回きりながら発売される。	
	◇	陳君玉、陳秋霖、蘇桐、陳水柳、潘栄枝らによって台湾新東洋楽研究会が結成され、漢楽の向上と舞台出演などを中心に活動する。	
1937	◇	年上半期に台湾コロムビアよりリースされたレコードの総数が大幅に減少、1月に新譜をリリースしたのみであった。	・「流行歌：雨中鳥／流行小曲：搭心君」（勝利 F1083）
	◇	大日本蓄音器株式会社がニットーレコードのレーベルで台湾盤を発行する。歌仔戯、流行歌、新民謡などのジャンルが含まれる。	・「流行歌：欲怎様／流行小曲：日日春」（勝利 F1086）
	◇	下半期に入ると、レコード業全体の売り上げが低迷し、出荷量も大幅に減少する。この年のレコード移入総数は58万5241枚で、そのうち台湾語レコードが23万3985枚を数え、全体の40.0%を占めていた。	・「新小曲：望郷調／新民謡：農村曲」（日東 W2512）
	◇	著名な台湾語流行歌《望春風》と同名の映画が上映される。	・「桐花江／新民謡：田家楽」（日東 W2516）
1938	4月	台湾総督の小林躋造が台湾総督官邸において「島民に告ぐ」を吹き込み、そのレコードが発売される。	・「四季紅／不願煞」（日東 A101）
	◇	陳秋霖が東亜唱片を立ち上げる。同社のレコード製造は福永レコード工場に委託された。	・「愛国流行歌：送君曲／慰問袋」（日東 A102）
	◇	金城唱片が成立、主に歌仔戯のレコードを出品する。	・「処女花／姐妹愛」（日東 A105）
			・「歌仔戯：白虎堂」（日東 N-2040・N-2045）
			・「恋愛的列車」（東亜）
1939	5月	純純、愛愛、艶艶が東京でレコーディングした《満面春風》などの楽曲が日蓄よりリリースされる。	・「流行歌：満面春風／不可憂愁」（赤リーガル T1161）
	◇	陳秋霖が自社のレコード製造をテイチクに委託する。以降、テイチク名義でも流行歌のリリースが始まった。	・「流行歌：阮不知啦／心忙忙」（テイチク 30006）
			・「流行歌：港辺惜別／南京夜曲」（テイチク 30009）
1940	7月	日本商工省及び農林省より「七・七禁令」が施行され、娯楽品とぜいたく品の販売が実質的に禁止された。	・「流行歌：何日君再来／青春嶺」（勝利 F1086）
	◇	台湾でのコロムビアとビクターの営業が終了する。	・「流行小曲：白蓮花／流行歌：月夜嘆」（勝利 F1094）

1943	1/7	歌手劉清香（純純）が急逝する。享年29歳。	
	2-4月	作曲家の黒沢隆朝が台湾にて民族音楽の調査と録音を実施する。	
	7月	台湾コロムビアが「台湾日蓄株式会社」へと社名を変更する。	
	8月	台湾日畜より「台湾の音楽」がリリースされる。	
	9月	厚生演劇協会が舞台「閹鶏」を演じ、同時に民謡採集歌を発表する。	

説明：

一　「高塔」、「月虎」など比較的小規模なレーベルはその製造年度や会社の創立年が明らかになっていない。林太崴、前掲書、一六四－一六七頁を参照のこと。

二　この表は主に台湾市場の動向を中心にまとめたものである。さらに台湾の演者や台湾音楽のレコードがリリースされた年などを含めた。

三　『台湾日日新報』、『台南新報』、『先発部隊』、『風月報』、『台衛新聞』、石黒生「昭和十二年本島レコード界を顧る」『台湾警察時報』二六六頁及び各レコード会社の広告並び会社所蔵の資料（『日蓄新聞』やビクターの伝票）。コロムビア所蔵の資料（レコード目録、録音記録、選曲通知書）などを基に作成した。

第3章　台湾テイストを作り出す

——日本蓄音器商会の台湾レコード制作の戦略を探る[1]

王　櫻芬（訳：長嶺　亮子）

はじめに

株式会社日本蓄音器商会（以下、日蓄と略称）は、台湾でレコード産業に最も早く積極的に取り組んだ、日本のレコード会社である。日蓄は一九一〇年に東京で設立された後、翌年九月に台湾出張所を設置した。[2] 一九一三年、日蓄は初となる台湾音楽レコードを制作した。しかし、売上げは振るわず、ほどなくして制作中止となった。[3] 一九二六年、日蓄はあらためて台湾レコードの制作と販売に乗り出した（後述する）。日蓄台湾出張所は栢野正次郎の責任のもとに運営された。一九三〇年半ば、栢野は台湾コロムビア販売商会を設立、台湾レコードの制作と発行を続けた。一九三三年一月、栢野と日蓄の共同出資により、台湾コロムビア販売株式会社（以下、台湾コロムビアレコードと呼称）が設立された。[4] 一九一四年から一九四三年までの間に、日蓄（台湾コロムビアレコードも含む）は二千面以上（すなわちレコード枚数にして一千枚以上）の台湾音楽レコードを発行し、その数は当時台湾にあったレコード会社の中でもトップであった。[5]

1 本稿は筆者が二〇一三年に学術誌『民俗曲藝』で発表した論文から一部抜粋し、また若干の加筆修正を加えたものである。日本語版の刊行にあたり、『民俗曲藝』の同意に感謝する。本稿で「制作」と記す場合は、主にレコードの録音制作のことを指す。実際のところ、レコードの録音制作という行程は録音を行う前の段階も含んでいるが、資料の不足に加えて字数に制限があるため、録音前の作業段階については本稿では取り上げない。

2 「出張所開設御披露」『台湾日日新報』一九一一年九月二四日八版を参照。当時の台湾出張所の住所は撫台街二丁目六三番地だった（撫台街二丁目は現在の台北市博愛路、中華路、漢口街、武昌街の間）。

3 九四頁参照。

4 川添利基編『日蓄（コロムビア）三十年史』（日本蓄音器商会、一九四〇）七四頁。Hollandのインタビューの文章を提供してくださったHugo Ströbaum教授に感謝申し上げる。

5 九四頁参照。

さきがけ且つ最大手の存在であっただけでなく、日蓄は現在のところ、資料が最もまとまった形で残されている日本のレコード会社である。第二次世界大戦の期間、川崎にあった日蓄の工場は幸いなことに難を逃れ、戦火の影響を受けずに済んだため、工場内に多くのレコード原盤や書類資料の一部が残されたのである。

戦後、日蓄は日本コロムビア株式会社と名称を改めた。[6] 一九八〇年代の始めに日本コロムビア株式会社は、日蓄が戦前に日本の植民地で発行したレコードの原盤をコピーしたオープンリールテープを、大阪の国立民族学博物館（以下「民博」と略称）に売却し、同時に六八〇〇枚の原盤を民博に寄贈した。[7] 民博はこれらをデジタル化し、コンパクトディスク形式で保存している。ただし、残念なことにこれらのレコード資料は収められたままで、簡単に見ることはできない。[8]

二〇〇一年、筆者は幸運なことに民博のこれらの資料に携わる機会に恵まれた。筆者は台湾コロムビアレコードが一九三八年に出した総目録（以下「一九三八年レコード総目録」と略称）の資料内容を民博に提供し、[9] また民博所蔵資料のうち台湾レコードの部分を共同で整理することになった。しかし、当時は多くの資料が不完全で、加えて筆者自身も日本統治期台湾の音楽史研究を開始したばかりで、なかなか思うように進まなかった。

二〇〇三年、音楽学者の細川周平が、民博の研究員である福岡正太ほか十数名の日本の音楽学者とともに、民博所蔵のレコード資料の整理に取り掛かった。その目標は、日本コロムビア外地録音ディスコグラフィーの出版であった。この計画は、台湾と朝鮮および中国のレコード目録を編纂する以外に、[10] シンポジウムを三度開催し、日本の植民地におけるレコード産業史について日本と中国、韓国、台湾などの学者が一緒になって検討し合うという目的のもとに行われた。[11] 幸いにも、筆者はこの共同プロジェクトにも引き続き参加することとなり、二〇〇八年に第三回目のシンポジウムを台湾で開催することができた。

レコード目録の出版とシンポジウムの開催のほかに、この研究プロジェクトの重要な成果は、日本

6 九四頁参照。

7 福岡正太編『日本コロムビア外地録音ディスコグラフィー台湾編』（国立民族学博物館、二〇〇七）二頁を参照。

8 九四頁参照。

9 九四頁参照。

10 台湾レコードの目録は劉麟玉が担当した。目録の詳細は前掲『日本コロムビア外地録音ディスコグラフィー台湾編』を参照。

11 三度のシンポジウムの開催日ならびに開催地は次の通り：二〇〇六年二月（民博）、二〇〇七年二月（民博）、二〇〇八年一二月（国立台湾大学）。

コロムビア株式会社から二つの戦前の貴重な資料を入手できたことである。一つは、台湾コロムビアレコードの台湾レコード部が日本の本社に送った「新譜販売決定通知書」（以下では「通知書」と略称）[12]、もう一つは歌詞カード原本である（借用のみ）[13]。

レコード目録と通知書および歌詞カードは、日蓄から台湾レコードが発行された過程と結果を示す重要な資料であるが、通知書と歌詞カードは一部分が現存するだけである。またレコード総目録も一九三八年に販売された台湾レコードが主で、それ以前に発行された日蓄の台湾レコード全てが含まれているわけではなく、またレコードの発行日も記されていない。そのため、レコード発行の全貌そして各レコードの制作過程を教えてくれるものとは言い難かった。近年は台湾のレコードコレクターも増え、情報を提供してもらえるようになったが、コレクターが所有する日蓄台湾レコードにも限りがあり、やはりまだ全てを補完できるようなものではなかった。

このような困難な状況が続いていたが、二〇一二年五月、筆者が日本コロムビア株式会社アーカイビング部を訪れた際に、ついに突破口が見つかった。二〇〇六年に設置されたこのアーカイビング部は、社の歴史資料の収集と保存のほか、歴史的音源のデジタル化と再利用化に取り組んでいる。

筆者と劉麟玉が日本コロムビア株式会社を訪れた際には、責任者の斉藤徹が我々を温かく迎え入れてくれ、二つのまだ日の目を見ていない貴重な資料を提供してくださった。一つは日蓄の台湾レコードの原盤一覧リスト（以下では原盤リストと略称）、もう一つは日蓄台湾レコードの録音日誌（以下では録音日誌と略称）である。この二つの資料を入手し、先に述べた通知書が加わることで、筆者はついにコロムビアレコードの制作過程について、理解の突破口を得たのである。

本稿の目的は、これら三つの資料を用いて台湾コロムビアレコードの制作過程についての分析結果を示そうというものである。ただし、この三資料は未公開の資料であったため、資料についての説明と、レコード制作過程の研究に関しても解説を加える必要がある。しかし、レコード目録研究（discography）という研究領域はそれなりの積み重ねがあるにもかかわらず、音楽学の範疇ではまだ

12 「新譜」とはすなわち新しいレコードのことで、「新譜発売決定通知書」とはつまり「どの新しいレコードが発行されることが決まったかを通知する文書」であるが、実際には初期と後期の資料ではその呼び方が異なり、「新譜発売決定書」を基本として、「台湾」「選曲」「通知」などの文字が時々付け加えられる。本稿では、この基本の名称に「通知」の二文字を加えて「新譜発売決定通知書」とし、「通知書」と略称する。

13 この二つの資料は日本コロムビアの職員からの提供である。情報を提供してくれた福岡正太によると、この二つの資料は日本コロムビア倉庫で見つかった。

ほとんど見かけることはなく、例外的に韓国大衆歌謡研究家の李峻熙による韓国植民地時期におけるレコード制作の研究や、[14] 音楽学者のグロノウが中心となってグループ研究を進めているドイツのレコード産業のリンドストローム社に関する研究[15]がある程度である。よって、本稿は分析結果を示す以外に、これらの資料を用いたレコード制作産業研究の過程と方法を紹介することで、今後続くであろうこの類の研究の参考になればと思う。

本稿は、二つのパートで構成されている。第一部は研究材料および研究方法について述べる。筆者はまず、この三種の資料の内容と現状について紹介し、そこから検討すべき問題を指摘し、また現段階で本稿が解決すべき問題について述べる。続けて、三つの資料の使用方法を説明し、その他の資料と結びつけることで筆者が導き出した答えを示す。第二部では、分析結果を報告し、議論をおこなう。特に、度重なる録音場所の変化が制作過程に与えた影響について、そしてその背景にある制作の策略についても推考したい。

14 李峻熙「一九四五年以前の韓国語レコード録音の多語性-東京と大阪、そして京城」谷川建司、王向華、呉咏梅編『サブカルで読むナショナリズム：可視化されるアイデンティティ』(青弓社、二〇一〇)一一四-一三二頁。

15 Gronow, Pekka, and Christiane Hofer, eds. *The Lindström Project: Contributions to the History of the Record Industry*. Vol. 1-9 Wien: Gesellschaft fur Historische Tonträger, 2009-2017.

一 研究材料と分析方法

先に述べたように、本稿は原盤リストと録音日誌および通知書を、主な分析対象とする。これら三点の資料について解説する前に、七八回転レコードの制作過程について説明しておく必要がある。

七八回転レコードはシェラック製のレコードで、毎分七八回転のスピードで再生させる。片面につき約三分で、レコード一枚は通常二面である（初期は片面のみのものもあった）。レコードが出来上がるまでには、幾つかの段階がある。まず初めに音声を蝋盤に刻みこみ、その蝋盤をもとにマスター盤（master）を作成、マスター盤からさらにマザー盤（mother）を、マザー盤からスタンパー盤（stamper）を、そして最後にスタンパー盤を用いてレコードをプレスする。この「蝋盤 - マスター盤 - マザー盤 - スタンパー盤 - レコード」という五つの段階は、「凹 - 凸 - 凹 - 凸 - 凹」の順に溝を刻むことになる。

先に述べた三つの資料について、話を戻そう。

1　三つの資料の内容

1．原盤リスト

原盤リストとは、録音が完了したものをレコード会社が記録したリストである。リストは録音した曲の原盤の通し番号順に並んでいる。発行するものにはレコード番号を記してあり、また大部分にはその発行日も書かれている。一部分の原盤には、その録音内容についても記録がある。幾つかはアウトテイクについても記されており、また僅かながら録音された日が記された原盤もある。それ以外に、原盤リストにはいくつかの重要なキーワードが明記されている。例えば、録音された場所（台北あるいは東京）、録音の方法（例えば電気録音の開始）、録音番号が異なる系列のアルファベット略号である（例えばF.O.、F.T.、F.E.など）。写真1をご覧頂きたい。[16]

我々はこの原盤リストから、録音された原盤の数、各原盤の録音の順番、各原盤が実際に発行されたかどうか、発行されたレコード番号、発行の日付、録音された場所、録音日など、日蓄台湾レコードの録音状況について大方を把握することができるのである。[17]

16 アルファベット略号ごとに意味も異なる。例えば、F.O.は台湾録音、F.T.は東京録音、F.E.はFormosan Eagleとなる。ただし、原盤の多くに記されているのはFだけで、これはFormosanを意味する。

17 訳者注：中国語の原文では、その数の単位を原盤は「枚」、レコードの数は「張」と明確に使い分けているが、本稿の日文翻訳版では、どちらも「枚」で示す。

2. 録音日誌

録音日誌は、録音技師が記録していた録音の作業日誌で、上部には録音スタジオで行われる毎日の録音の内容と作業の状況が細かに記録されており、原盤番号、テイク目、曲目、演唱者、演奏者（楽器も表示）、編曲者、録音順番号、録音スタジオ、録音日と時間、録音技師、録音ディレクター、原盤の数、その他の注意事項などが記され、録音の現場がどうであったかを忠実に映し出している。写真2は流行歌の録音日誌で、写真3は歌仔戯の録音日誌である。この二つから、流行歌の記録は比較的詳細なのに対して、歌仔戯の記録は簡略的であることがわかる。写真4の上部には re-recording すなわち「再録音」と記されており、これはおそらく先に行なった録音の質があまり良くなかったため、再度録音したことを示していると考えられる。

この録音日誌は、録音現場に最も近い記録であり、我々はこの資料から、各曲が録音された時の人や場所、物、楽器編成といった様々なことを知ることができ、またさらに、再録音された時の詳細についてもわかるようになる。

3. 通知書

通知書とは「新譜発売決定通知書」のことで、これは台湾コロムビアレコードが日本の本社に送った内部文書であり、何月何日にどの新譜を発行する予定か告知するためのものである。その資料には、一九三四年一二月以前の通知書は手書きで、レコードの発行予定日と各レコードの基本情報、すなわち商標、レコード番号、原盤番号、録音順番号、録音日が記載されている。[18] この期間の通知書に記されている商標は、一九三二年一二月には Columbia Formosan（コロムビア）と Orient Formosan（オリエントのラクダ印）があったが、この二つの商標にある「Formosan」は共に台湾のレコードであることを表示したもので、コロムビアは高価格帯、オリエントは低価格帯のものであった。ただし一九三三年の二月からは、オリエントは「リーガル黒盤レコード」（以下、黒リーガルと略称）に取っ

18 それ以外に、T.C.H.あるいはK.という記号が記されており、これらはおそらく録音場所または原盤の保管場所を意味すると考えられる。T.C.H.は東京、K.は京都と思われるが、これはまだ推測の域を脱していない。

て代わられる。

一九三四年一二月からは、台湾コロムビアレコードは新たに中価格帯の「リーガル赤盤レコード」（以下、赤リーガルと略称）の販売を開始し、コロムビア・赤・黒（高・中・低の価格）による発行モデルを確立した。それぞれの価格は一円五〇銭、一円、八〇銭である。[19] この時期、通知書もタイプ打ちの二部式となっており、最初の部分は台湾コロムビアレコードの台湾レコード部が日本の本社へ宛てた手紙で、発売予定日やその他の注意事項、例えば音量調整の要請や試聴盤の送付希望、間違いの修正希望などが記されている（これについては、本書の第四章を参照されたい）。それに続いて「新譜発売決定通知書」があり、そこには各商標から発行されるレコードが列記されている。各レコードの情報、つまり title no.（レコード番号、すなわち record catalogue no.）、wax no.（原盤番号、すなわち matrix no.）、sub no.（すなわち take no. のことで該当レコードが何テイク目の録音なのか）、曲種（音楽や劇のジャンル）、曲目（作詞者、作曲者を含む）、演奏者（演唱者と楽団名を含む）についても項目が立てられ記されている。

このタイプ打ちによるリスト以外に、一曲ごとに録音順番号が手書きで書かれている。筆者は、これは探しやすくするために付けられた番号と考えるが、残念ながらこの注意書きは一九三六年になると見られなくなる。通知書には各原盤の録音日と録音順番号が明記されており、原盤リストと録音日誌の関係資料の情報を補完することができる。録音日の記載がないものも、通知書の送信日から、可能性のある最も遅い録音完了日を考えることができる。通知書に記された情報は、制作過程の重要な手がかりを提供してくれる。録音順番号から推測できる録音日の役割に関しては、以下で具体的に話を進めていく。

19　九五頁参照。

4．三つの資料を総合的に整理する

これら三つの資料がカバーする時期は一致しておらず、またそれぞれの資料は不完全である。

現段階で残されている原盤リストは原盤番号F.1からF.2320までで、録音時期でいうと一九二六年から一九三八年の期間だが、現在把握できている最後の台湾レコードの録音は一九三九年五月一〇日から一七日にかけて行われた原盤番号F.2509までである。[20]言い換えると、現在のところ原盤リストの原盤番号F.2321からF.2509が欠けているということになる。それ以外に、原盤リストは一九一三年に初めて作られた台湾レコードの原盤に関する記録が含まれておらず、また一九二六年に録音制作された台特系列（TW）の原盤も欠落しており、[21]F系列の録音のみである。

現在確認できる録音日誌は、一九三三年九月七日から二八日（録音順番号TF073～089、原盤番号1501～1565）、一九三四年九月三日から一二月一三日（録音順番号TF090～150、原盤番号F1566～1885）、及び一九三九年五月一〇日から一七日（録音順番号なし、原盤番号F2462～2509）である。

通知書は現在、四十五件の新規発売の通知書簡と、四件の訂正通知の書簡が残っている。その発売期日から言うと、一九三二年一二月一五日から一九四〇年一月一〇日までに発売された台湾レコードのほか、一九四〇年五月二〇日と一九四一年三月一〇日に発売された厦門市歌と華南音楽使節団のレコード、そして一九四三年八月発売の「台湾の音楽」という全集である。[22]

これら三つの資料それぞれが押さえる時間の範囲を合わせてみると、一つひとつの資料の情報が不完全であっても、ある部分で重複している時期があり、またそれが一九二六年から一九三九年であることもわかる。

総合的にみて、原盤リストに通知書の情報を加えると、録音と発行の全貌がみえてくる。原盤リストに録音日誌の情報を足すと、つまりそれは録音の過程であり、原盤リストは私たちにマクロな録音過程の状況を、録音日誌はミクロな録音過程の状況を提供してくれる。

20 一九四〇年五月にはもう一つF系列の原盤番号をもつ録音があり（番号F2510‐2570）、これは華南音楽使節楽団による演奏で、内容は広東音楽である。この楽団は台湾の音楽団体ではなく、南京の汪精衛政府が派遣した音楽団体で、台湾と日本での「日華親善」交流活動を目的としていた。まず華南から台湾を訪問し、台湾から東京へ行った後、再び台湾へ寄り、中国へ戻った。日本へ行く前後に必ず台湾を経由して行ったため、日本の録音では台湾レコードと同様にF系列の原盤番号へと振り分けられたと考えられるが、その実態は台湾レコードとは言えない。この団体に関する報道は、「日華交驩の音楽会を催す」『台湾日日新報』の一九四〇年五月一七日夕刊二版と、「華南音楽使節団再び寄台」一九四〇年六月七日七版の二回ある。

21 九五頁参照。

22 合計八枚のレコード（レコード番号80419～80426）あり、これは既売の台湾レコードの各ジャンルから選曲して特別構成されたもので、まさに日蓄台湾音楽レコードの集成といえよう。

2　三つの資料の初歩的な観察

これらの三つの資料から、私たちは以下のような、いくつかの初歩的な観察を得ることができる。

1. 録音と発行の関係

まず、私たちは、録音数が発行数を上回ることに気づく。言い換えると、録音されたうちの幾つかは、発行されなかったということになる。次に、録音の順序と発行の順序が一致しないことに気づく。つまり、先に録音された曲でも時間をおいてから発行された可能性があり、その逆もあるということだ。第三に、録音はいくつかのグループ分けて行われ、集中的に録音した後、徐々に発行された。第四に、同じ回に録音したものでも異なる商標（例えばコロムビア、赤リーガル、黒リーガルなど）で発行する可能性がある。

では、結局のところ、コロムビアはどのような原則のもとに、それら録音をいつ発行するか決めたのだろうか。どの商標で発行するのかは、どう決めたのか？　さらに言えば、ボツとなったり保留されることになった録音物は、どれくらいあるのだろう？　選抜の基準は？

2. 録音場所

我々はこれまで、オーラルヒストリーから受けるイメージによって、日蓄台湾レコードの大半は日本で録音され、台湾での録音はわずかであると認識してきた。その中で、一九二六年五月に台湾で録音されたと新聞に記載されて明確になっている以外に、[23] 台北市にある当時の公会堂（現在の中山堂）近くの朝風珈琲室と双連にある別館で録音が行われたと言われている。[24] しかし、原盤リストは、録音場所に対するこれまでの認識を覆した。原盤リストの注記に依拠すると、原盤番号の1から746までは台湾で録音され、747から808までは東京で録音、809では再び台湾に戻ったが、その後の録音場

23 「台湾の歌と曲を蓄音器に芸妲や音楽師が大童で演奏」『台湾日日新報』一九二六年五月一九日第五版を参照。

24 前者は鄭恆隆、郭麗娟『臺灣歌謠臉譜』（玉山社、二〇〇二）四八頁および郭麗娟『寶島歌聲之壹』（玉山社、二〇〇五）二一頁を参照。後者は杜蚶のご子息である杜雲生氏へのインタビューによる。徐麗紗、林良哲『從日治時期唱片看臺灣歌仔戲　下冊』（國立傳統藝術中心、二〇〇七）四六七頁を参照。

所についてては特に注記はない。

では、台湾レコードの録音は、いったいどこで行われたのだろうか。日蓄がレコード原盤番号747から808の録音場所を、台湾から東京に移した理由は何であろうか。809番以降の録音場所はどこだろうか。録音場所の選択は、どのような生産システムと制作上の戦略を反映しているのだろうか。

これらの問いに答えるためには、まず録音された日付と場所を見直すことが必要で、その中の運用パターンと発展の傾向を再確認した後、その背後にある制作の仕組みと戦略の仮説をたて、後続する研究の基礎とする。

では、この第一歩はどのように行うか。以下に、筆者が用いる研究材料と分析方法を示す。

3　材料と方法

本稿では先にあげた三つの主要な研究素材以外に、いくつかの補足資料を用いる。まず一つに視聴覚資料と文物資料で、これには民博の金属原盤、録音音声データ、写真、楽譜が含まれる。二つめは新聞資料で、レコード広告、ラジオ番組、録音や公演に関するニュースなどが含まれる。三つめは、オーラルヒストリー及びそのほか文字に記された史料（例えば学校史など）である。

では、前記の主要な資料と補足資料をどのように利用して録音日付と録音場所を再構成するのか、方法を説明する。

録音日付に関して、もっとも重要な資料の情報源は、当然のことながら、レコード原盤リストと録音日誌、そして通知書の上部に記載されている録音日である。ただし、いくつかの録音日が確定できないものに関しては、次のような幾つかの情報源に頼る必要がある。

通知書と録音日誌に記された録音順番号は重要な資料の情報源となる。

録音順番号と録音日及び録音場所を照合することで、録音にかかったおおよその日数を割り出すことができる。目下確認できる録音日誌の録音順番号は、一日に一つの番号が振られており、つまり同じ日の午前と午後の録音は同じ番号となる。また、違う回の録音も、その番号が連続している。例えば、一九三三年九月の録音は九月七日から二八日に行われているが、その番号はTF73から89である。また翌年（すなわち一九三四年）九月三日に別の録音が始まったが、その録音順番号はTF90から始まり、また一九三三年九月二八日から一九三四年九月三日の間は別の音楽を録音していたが番号が途切れることはなかった。言い換えると、台湾レコードの録音は、それ独自の録音順番号を持っているということだ。このように、録音日の情報が明記されていない原盤であれば、録音順番号によって、録音にかかったおおよその日数を推測することができる。

それ以外の重要な補足資料の情報源は、原盤やマザー盤およびスタンパー盤に記された日付である。筆者が行った民博収蔵の金属原盤の分析結果に拠れば、マザー盤の外箱にある日付は、通常はスタンパー盤の制作日で、かつ、スタンパー盤はレコード発行日の数日前に作られるのが普通である。ただし、原盤の外箱に書かれた日付は、録音してから数日後の日付であることが通常である。ここから推測できることは、レコードの生産工程はおそらく録音が完了した後の数日内に原盤が作られ、発行の決定を待った後に、発売日の少し前にスタンパー盤を制作しながら、プレスも進める。したがって、原盤の日付からも録音のおおよその日付を知ることができる。[25]

録音あるいは公演に関する新聞記事は、異なる別の補足情報源である。録音については、例えば水社化蕃（現在の劭族）の録音や瀬野理蕃課長の録音に関するニュースなど[26]、また公演については、例えば上海の乾坤京班が一九二七年一月から三月にかけて行った台北公演に関するものである[27]。これらの報道は、私たちが録音された時間や場所を特定するための判断材料となる。特筆すべきものを一つあげると、水社化蕃の録音に関する報道で、台北の大和町（現在の延平南路付近）にある日蓄台湾出張所の録音室で録音を行ったとある[28]。この記事以前では、日蓄台湾出張所に録音室があるという話は

25 しかし、民博の金属原盤はこのように単純ではなく、原盤をいくつかの種類に分け、原盤（master）、ニッケル原盤（nickeled master）、黄色原盤（yellow master、銅メッキ盤のはず）などの種類があり、またマザー盤に書かれた日付は必ずしもスタンパー盤の製造日を記したものではなく、さらにいくつかの金属原盤にはいくつもの日付が記されている。したがって、金属原盤の性質と日付に関してはもう少し慎重に考える必要がある。

26 前者は「唄つた杵唄が蓄音機になつた」『台湾日日新報』一九二九年四月一五日七版に掲載、後者については同紙「蕃界勤務の歌をレコードに」一九三一年五月二六日七版に掲載。

27 この班（劇団）の台湾上演に関する報道は、最も早いのが「新竹／拾遺三則」『台湾日日新報』一九二七年一月二日八版で、最後に報じられたのが「永楽座三本臥龍崗」同紙一九二七年三月一六日四版である。

28 前掲「唄つた杵唄が蓄音機になつた」を参照。

見当たらず、その意味でこの報道は特に重要な意味を持ち、またそこから、当時の録音が台北で行われたことが証明されるのである。

もしも、これらの資料から録音の日付が一切わからないとしても、通知書に書かれた発送の日付は録音が完了した最後の日付の可能性がある。言い換えれば、通知書が出された時点で、録音はすでに完了しているのである。もしも発送日付がないのであれば、止むを得ず、発行日を録音が完成した最後の日付とする。ただし、現在確認できる通知書の情報は不完全で、通知書に書かれたレコードで未発見のものもあるが、新聞に掲載されたレコードの広告やラジオ番組から情報を補完することができるのである。新聞にレコード広告が出るということ、つまり、広告より前に録音は確実に完成しているのである。ラジオ番組では度々レコードを番組内で流しており、つまり放送で流される以前に録音は終わっている。それ以外に、レコードの吹き込み者がラジオ番組でレコードと同じ演目を演奏することが稀にあり、それはおそらく録音あるいは発行日からさほど時間が経っていない時と考えられるので、これもまた一つの参考とする価値がある。

録音場所に関しては、原盤リストの注記と録音日誌に記された録音順番号が、主要な情報となる。先に述べたような新聞紙面の報道も、重要な資料となる。

それ以外に、録音の音声、すなわち録音された伴奏者の演奏レベル、伴奏楽団の規模、録音そのものの音質も、録音場所が台湾か日本かを判断する手助けとなる（台湾での録音が日本での録音に比べて品質が劣ることについては、後述する）。この一部分は民博の録音データが重要な資料となった。民博に保管されている音源は金属原盤から直接複製しているため、レコードのアナログ音源をデジタル化したファイルより、録音された音が比較的はっきりと聴こえる。

録音現場の写真や録音に関するオーラルヒストリーも、重要な補足資料である。たとえば、筆者は録音現場の写真と関係者の証言から写真に写る人物の確認し、それと録音日誌を相互に照らし合わせ、またその他の写真も参照しながら、二枚の録音現場の写真がそれぞれどの録音の際に撮られたものかを突き止めた。

　それ以外に、いくつかの関係史料と楽譜もまた補填資料として用いることができ、たとえば、台北高等学校校歌の録音に関しては、学校のウェブサイトに録音日が明記されており[29]、またこの校歌の楽譜は学校が出版した『台北高等学校歌曲集』に収められている[30]。

二　分析結果

　先に挙げた資料を細かに見ていき、筆者は一九二六年から一九三九年までに録音された二五〇九枚の原盤の録音日付と場所を再構成した。録音の日付と場所は七つの段階にまとめることができ、また各段階では数回の録音が行われている。本稿にはページに限りがあるため、その詳細を述べることができず、録音場所と録音内容および吹き込み者の関係性について提示するに留めるが、さらに少し深めて、その背後にある制作の戦略についても言及する。
　まず、筆者は日蓄台湾レコードの録音場所と、それが日本が主であるとは限らないことを明らかにした。時代の古い順に挙げると、台北（一九二六年～一九二七年[31]）、台北と東京（一九二九年～一九三一年）、東京と大阪（一九三二年三月～一九三三年七月）、東京（一九三三年八月～九月）、東京（一九三四年九月～一二月）、台北（一九三六年と一九三八年）、東京（一九三九年五月）の七つの段階である。（付録を参照のこと）
　次に、筆者は台北と日本の両地における録音内容は明らかに異なることを示した。大まかに言って、台北で録音されたものの多くは伝統的なジャンルと歌仔戯で、ジャンルは日本よりも比較的多種にわ

29 台北高等学校は国立台湾師範大学の前身で、学校のデジタル資料館がインターネット上に開設されている。<http://archives.lib.ntnu.edu.tw/exhibitions/Taihoku/jp/chronology.jsp>を参照（二〇二一年一一月一五日最終閲覧）。
30 台北高等学校七星寮『台北高等学校歌曲集』（台北高等学校七星寮、一九四〇）二－五頁を参照。
31 一九二六年から一九二七年までの間に、また別のシリーズが大阪で録音され、その内容は歌仔曲と歌仔戯が主で、それ以外に各ジャンル（白字戯、相褒、北管、南管）が加わった。ただし、このシリーズ系列は原盤リストに記されていないため、本稿では取り上げない。

たり、吹き込み者の数も日本より多いが、西洋音楽のレベルとしては低い。日本での録音は、そのジャンルが台湾よりも限定されており、流行歌と歌仔戯が中心で、吹き込み者の数はあまり多くなく団体もほぼ固定している。西洋音楽のレベルは比較的高い。

筆者が推測するに、台湾はまだ西洋音楽の演奏や編曲者、それに録音技術とその設備が乏しく、日本の技術に頼る必要があったのだろう。コストを抑えるために、録音は同時進行で行われ、毎回一度に集中して行うことでストックをつくり、それを徐々に発売した。またその録音順序と発行の順序は一致せず、その中の流行歌の録音は主に一九三三年八月から九月、一九三四年一一月から一二月、そして一九三九年五月の三回に分けて行われた。同時に、人員を抑えるために、吹き込み者は必ず流行歌と歌仔戯、伝統ジャンルさえも兼任して演じながら、ジャンルと商標によって異なる芸名を用いた。この方法は、戦時期のビクターレコード会社でも採用されていたが、別のレコード会社では確認できない。ただし、ビクターの場合は、同一人物が異なる芸名でレコードを発行することはなかった。よって、この先に挙げた方法は、日蓄台湾レコードの特殊な経営方法であったとみることができるだろう。

第三に、その内容から言うと、一九二六年から一九二七年に発売されたレコードはすべて歌仔戯と伝統的なジャンルで、京調、小曲、北管、歌仔、南管などが含まれる。一九二九年に電気録音が開始されたが、その内容は依然として伝統的なものが主で、それに加えて客家採茶と相褒も含まれるようになったほか、いくつかの原住民音楽も録音された。ただし、新興のジャンル（例えば映画解説など）も登場し、さらに洋楽器による芸旦小曲の伴奏も行われるようになった。一九三〇年に東京で初めて集中的に録音された洋楽器伴奏による小曲と歌仔戯、および若干の京音（すなわち京劇）と台湾小曲（レコード会社が作りだした、民謡の旋律を用いた当時の流行り歌）は、中洋融合の試みが充分に発揮されている。一九三一年には二回分の録音が行われ、一回目はもともとF系列として制作されたもので、歌仔戯と伝統的なジャンルであったが、それ以外に流行歌の萌芽の形（すなわち中国と日本あるいは台湾の既存の旋律に新しい歌詞をつけたり、あるいは日中の流行歌をカバーしたもの、すなわち依然として「流行りの曲」に新しい歌詞をつける段階）もみられる。二回目の分は、Formosan Eagleという商標の新しい系列で、F.E. の番号がつけられている。その内容はほとんど洋楽器の伴奏を用いた伝統的な各種ジャンルで、言うなれば中洋融合の集大成である。その中も流行歌萌芽期の作品があり、更にジャンルとして最初の「流行歌」レコードもこの回に含まれる。一九三二年から一九三三年七月の間には四回録音が行われた。一回目には〈桃花泣血記〉など新作流行歌（ただし、歌詞構成は未だ伝統的な四句連の形式のままで、またこれらも録音のために詞と曲が新しく作られたわけではない）があり、その他にも、歌詞も曲も全て新作の「新型歌仔戲」がある。二回目の録音には、録音のために新作した流行歌が初めて登場し、新しいジャンルとして確立した上に、「新歌劇」という新しいジャンルも初めて登場した。三回目の分には北管と京調だけであり、四回目は新型歌仔戲と白字劇が主で、それ以外に改良採茶戲も加わった。一九三三年八月と九月の二回の録音には、新作の流行歌がはじめて大量に録音されたほか、童謡もあった。一九三四年九月初めから一一月中頃には、「新型歌仔戲」が多く吹き込まれ、他にも「新歌劇」が録音された。一九三四年一一月中旬から一二月中頃にかけては、ふたたび流行歌が多数録音された。一九三四年一一月中旬から一二月中頃にかけては、ふたたび流行歌が多数録音された。一九三六年と一九三八年は、伝統的なジャンルと歌仔戲に回帰すると同時に、新小曲（漢楽器を主要伴奏楽器に用いた流行歌）が初めて登場した。ただし、数は多くない。一九三九年五月中旬の録音は第三回目の流行歌の録音であると同時に、これは最後の一回でもあった。

第四に、吹き込み者について述べると、一九二六年から二七年は主に伝統音楽に関わる人によって行われていた。例えば、芸旦と楽師、北管子弟、劇団の役者などである。一九二九年から一九三一年までの間もまだ、主に歌仔戲の役者と伝統音楽の人によるものだったが、一九三〇年に東京で録音したのは清香と秋蟾の二人だけで、それ以前の吹き込みが大人数で行われていたのとは違いが明らかで、その目的は人員の削減にあることがうかがわれる。一九三二年から一九三三年七月までの四度の録音はすべて日本まで出演者を送っていて、それは依然として歌仔戲の役者と伝統音楽の楽人が主だったが、各録音の回ごとに中心となる顔ぶれがいた。一九三三年八月から一九三四年末の録音はまた日本で行われ、そのうち八月の主唱者は林氏好と陳秋代の二人、九月は清香と青春美がメインを務め、それ以外に鄧雨賢が加わった。一九三四年九月から一一月は、清香、碧雲、月娥、阿秀、永吉、東昇など歌仔戯の役者らによる吹き込みが中心で、一一月から一二月は嬌英、雪蘭、静韻、福財、暁鳴などの流行歌歌手が担当した。一九三六年と一九三八年に台北で行われた録音では、先述した清香らで構成される歌仔戯の役者が中心で、それ以外に各種伝統音楽の楽人が含まれる。一九三九年にふたたび日本で行った最後の録音では、純純（その実態は清香である）と愛愛（すなわち月娥である）、そして艶艶の三人の流行歌手が担当した。

第五に、伴奏の面から言うと、漢音楽はもちろん台湾の楽師が担当し、また、洋楽はというと、一九二九年に初めて登場した洋楽伴奏による小曲の楽師も台湾人だった。しかし、一九三〇年に東京で録音された中洋混合の編成では、洋楽器は日本人の楽団が担当している。一九三一年に台湾に戻ると、洋楽楽団は再び台湾漢人が担当し、一九三二年初めから一九三四年末は洋楽器はすべて日本人が、一九三六年と三八年は洋楽器なし、一九三九年に日本で吹き込まれた際は、また日本人が洋楽器の演奏を担った。

第六に編曲の面から述べると、洋楽器伴奏の編曲に関しては、台湾で録音する際は台湾人が、東京で録音する際は日本人が編曲した。現在確認できる唯一の台湾人編曲者は周玉當だが、潘栄枝が創作した新小曲〈春宵雨〉は南管音楽の要素を多分に用いており、潘栄枝本人も編曲に加わった可能性がある。日本人の編曲者では、奥山貞吉がかなりの数の台湾レコードの編曲に携わっている。歌仔戯の編曲に関しては、例えば歌仔戯の楽師である杜蚶や林石南や、南管と北管の楽師である潘栄枝や謝庚申なども、新型歌仔戯の編曲者を務めていた。[32]

筆者が実際に聴いた結果、台湾で録音されたものは、台湾漢人の洋楽の演奏レベルが低く、日本で録音されたものは、日本人の洋楽演奏のレベルが比較的高い。あらためてその内容と歌唱者から述べ

32 呂訴上によると、《李阿仙思君》の詞と曲は杜蚶によって記譜された。それ以外にも、杜蚶の息子である杜雲生は、自分の父親が台湾コロムビアのアレンジに携わっていて、創作した歌仔戯の新しい旋律も少なくないと述べている。前者は呂訴上、前掲「臺灣流行歌的發祥地」九四頁、後者は前掲『從日治時期唱片看臺灣歌仔戲 下冊』四六六頁を参照。

れば、台湾での録音は伝統的なジャンルや歌仔戯が多く、歌唱者の人数も日本より多く、ジャンルも様々である。日本で録音されたものは、中洋混合か、あるいは流行歌などの洋楽器による伴奏がつくジャンルのものが多く、歌唱者の人数はあまり多くなく、ジャンルも限定されている。

以下の表1は、先述した新たに発見した事柄について簡略的にまとめたものである。

表1、一九二六年から一九三九年間の日蓄台湾レコードの録音概況

時期	場所	内容	歌手	洋楽
1926-27	台北	伝統	多い	無
1929-1931	台北（1930 東京）	伝統（東京では漢洋混合を録音）	多い（東京は2人だけ）	台湾人
1932-1933.7	東京（1933.6-7 大阪）	伝統、漢洋（大阪では歌仔戯や改良採茶を多く録音）	多い、基本成員は同じ。	日本人
1933.8-9	東京	流行歌	2人（8月）、3人（9月）	日本人
1934.9-12	東京	歌仔戯、流行歌	基本成員は同じ。5人	日本人
1936.1938	台北	伝統、歌仔戯	多い、基本成員は同じ。	台湾人
1939	東京	流行歌	3人	日本人

以上から、日蓄が録音場所と派遣人員を決める時、洋楽あるいは漢楽器の楽師の演奏能力と録音の質の二点を重視し、その中でも洋中（漢）両方の楽師の能力を優先したと、筆者は推測する。漢音楽の人材を多く必要とする録音内容の場合は、録音技師を日本から台湾へ派遣し、逆に洋楽の人材を多く必要とする場合は、台湾の漢楽器奏者を日本へ派遣し録音した。一九三二年から一九三三年半ばに日本で録音された内容の多くは伝統的なジャンルだが、これは質の高い録音を求めたためと筆者は推測する。したがって、最小の人数で最も多く録音された最も良い録音物を、ストックしておき徐々に発売するのは、日蓄台湾の基本原則であると考えられる。また、録音場所の選択は、洋楽の人材と良

質な録音設備が乏しい台湾の実状に合わせているためである。更に、市場が求める新しい変化に応じるために、おそらく日蓄は録音内容をどのようにすれば良いかよく考慮したであろうし、それは録音場所と人員の選別にも大きな影響を与えただろう。言い換えれば、レコード産業が西洋から日本を経由して植民地台湾に伝わり、台湾はそれを受け入れたが、録音設備と洋楽の人材はまだ不足していたため、この地の条件を考慮した制作策略の調整と転換が必須だったのである。

まとめると、「漢音楽は主に台北で録音する。洋楽は主に東京で録音する。集中的に録音を行い、それらを徐々に発売する。一人で何役もこなし、何でも行う」。これが、日蓄台湾レコードの制作戦略と、筆者は考える。

録音場所、録音内容、演唱者、編曲や伴奏など各方面を具体的に決定する過程は、どのようなものだったのか。そしてそれは、当時の台湾と日本、さらには中国や世界的なレコード産業の動きとどのような相互関係にあったのか。例えば、一九三一年に中洋混合編成の試みが数多く現れたが、それは当時のレコードの発展と関係があったのだろうか。また、一九三二年に登場した台湾流行歌の型は、日本あるいは中国の流行歌の発展に刺激をうけたと言えないだろうか。一九三二年、三三年に台湾の歌仔戯と伝統的なジャンルを日本で高品質で録音することにしたのは、当時の台湾で新しく設立された複数のレコード会社（例えばタイヘイ、オーケー、文聲など）との競争があったからだろうか。[33] 録音後から発行までの過程はどう決められたのか。台湾の状況と、朝鮮および満州などの当時日本の植民地に置かれていた地域の状況は、何が同じで何が異なっていたのか。これらの問題は、今後のさらなる研究が待たれる。

最後に、筆者はこの予備的心得を共有しておきたい。まず、筆者は過程を理解することが重要であると思っている。過程を理解することだけが、結果を適切に生み出し、また根拠の理解へとつながる。次に、レコード制作過程の理解は、レコードとその中身に関わる人々を生き生きと蘇らせ、録音前、録音中、録音後に起きた様々な出来事を我々に想像させてくれる。もう一つ深く感じたことは、研究

33 徐麗紗と林良哲（二〇〇七上巻、八四-八九頁）の説明によれば、タイヘイ、オーケー、文聲などのレコードはすべて一九三二年に台湾でのレコード発行を開始し、それ以外にも台湾資本のレコード会社（例えば新高、美楽、高塔、月虎）もすべてその年に成立、さらに日本のアサヒレコードは一九三〇年にはすでに台湾に拠点を置き、ツルレーベルを発行した。そのほか、レコード収集家の林太崴が幾度か私に述べた、日蓄台湾レコードの品質はそれ以外のレーベルよりも格別に優れている、という意見も根拠となっている。

とはジグソーパズルで遊んでいるようなもので、時には鍵となるパーツが現れる奇跡の時を待たなくてはならず、他のパーツと繋がった時にようやく一つの完全な形になるのだ。幼い頃からパズルゲームが好きだった私にとって、これは研究の最大の楽しみでもある。[34]

34 九五頁参照。

脚注

3 これまでの研究では一九一四年と認識されてきたが、当時録音技師を担当していたGeorge L. Hollandのインタビュー記録から、筆者は一九一三年であることを発見した。しかし気をつけなくてはならないのは、インタビューの中でHollandはそれ以前にFormosanレコードを録音している点である。もしそうならば、一九一三年あるいはそれ以前に台湾レコードは録音されたのだろうか？　またそれ以外に、多くの人が「販売成績の不振」という呂訴上の論を引用してきたが、筆者はこれを明確に説明づけ、さらに有力な証拠となる一九二五年のある一つの記事を発見した。E.S.S.'Round the World for Records: A Recording Expert in the Land of the Rising Sun', The Talking Machine News 6(180), 1913, p. 468、王櫻芬「從報紙和唱片重建日治時期臺灣音樂史」『2017重建臺灣音樂史研討會論文集』(國立傳統藝術中心、二〇一八)一四一頁、呂訴上「臺灣流行歌的發祥地」『臺北文物』第二巻第四期（一九五四）九三-九七頁、「此頃のレコード一般の趣向は洋楽に傾いて来た」『台湾日日新報』一九二五年九月二三日五版を参照。

5 一九一三年から一九四三年の間に、日蓄の台湾レコードは種々の商標でレコードを販売していた。同一商標に異なるレコード番号の系列があり、その中には既売のレコードを復刻した物も含まれるため、総発行数の算出は複雑であり、ここでは詳細に述べることはできない。ここでは一九二九年から発行されたコロムビア(Columbia: 古倫美亜）のレコード番号80001-80426、一九三三年から発行されたリーガル(Regal: 利家)黒のレコード番号T1-422、一九三四年一二月から発行されたリーガル赤のレコード番号T1001-1173、全1021枚(2042面）を扱うが、それ以外にニッポノホンのレコード番号4000系列（現在は4000-4121があることがわかっており、一面に一つの番号がついている）とF系列(F1-F142)、ラクダ印の臺特系列(臺特1-95)、フォルモサイーグル(Formosan Eagle)の19000系列(19001-19052)、ヒコーキ印(19101-19122)などがある。

6 日蓄は一九二七年に英国のColumbia会社と合資し、一九二八年に日蓄の傍系会社として日本コロンビア蓄音器株式会社を設立した。前掲『日蓄（コロムビア）三十年史』五七-六二頁、または「日本コロムビア株式会社：【会社情報-会社沿革】」<https://columbia.jp/company/corporate/history/index.html>を参照（二〇二二年一一月一五日最終閲覧)。

8 これらの資料が民博に収蔵される前、一九八〇年に日本コロムビアレコード会社の七〇周年記念の際に、波多野太郎ら中国戯曲の専門家による監修で、詳細な解説書もついた中国編が復刻された。波多野太郎、村松一彌、三浦勝利監修『中国伝統音楽集成：史料としてのSP盤』（日本コロムビア、一九八〇）を参照。

9 筆者はその年、『聽到臺灣歷史的聲音（日本語訳：台湾の歴史の音を聴く）』（國立傳統藝術中心籌備處：二〇〇〇）の付録として一九三八年台湾コロムビアレコードの総目録を整理したばかりで、この目録を民博に提供したほか、書籍も寄贈した。この目録は民博が台湾レコードを整理する第一歩となった。

19 この三つの価格は、一九三四年十二月に赤リーガルの発売を開始した時の通知書に注記されたものである。ここから日蓄台湾レコードの商標の展開をみることができる。以下は、筆者が各原資料を比較して得た結果であり、先行文献の説明とは異なる。日蓄台湾レコードの最初の商標はニッポノホン（ワシ印）であった。一九一九年に日蓄がオリエントレコードを買収し（前掲『日蓄（コロムビア）三十年史』三五―三六頁）、一九二六年にオリエントレコードのラクダ印の商標で台湾音楽の低価格帯レコードを発行した。一九二九年に再びコロムビア音符印の高価格帯レコードを発行、それと同時にラクダ印の低価格帯レコードも継続して発行した。それ以外にも、ヒコーキ印（日蓄が帝国蓄音器商会を買収）があったが、発行の時期に関しては、斉藤徹氏によれば、当該商標の発行時期は一九一八年から一九三二年までであった。日蓄はまた一九三一年にFormosan Eagle（改良ワシ印）を出した。一九三三年に再び低価格帯の黒リーガルを出し、これをラクダ印と置き換えた。一九三四年末に中価格帯の赤リーガルを発行。これにより、コ、赤、黒（高、中、低価格）の様態が形作られた。以上の各商標は、徐麗紗と林良哲の著書『從日治時期唱片看臺灣歌仔戲　上冊』（國立傳統藝術中心、二〇〇七）に掲載されているカラー図版で見ることができる。

21 一九一三年のレコードは台湾音楽で初めて録音されたもので、東京で録音され、日蓄のワシ印の両面盤で発行された（実は、最初はシンホニー印とローヤル印の片面盤で発行したが、その後でワシ印の両面盤へ切り替えた）。レコード番号は4000-4121で、片面ごとに番号がつけられており、合計で少なくとも一二二面あると考えられるが、現在筆者が確認できた内容は四七面だけであり、残りは今後のさらなる調査が待たれる。ただし、例えば山口亀之助が示す一二二面、あるいは林良哲が挙げた三一面だけでないことは確かである。臺特系列（TW）とは一九二六年一二月に発売を開始したラクダ印の両面盤レコードで、新聞の最も早い宣伝掲載日は一九二六年一二月一七日、レコード番号は臺特1～55および臺紫56～95である。内容は歌仔曲が最も多く、それ以外に北管子弟などがあるが、いつ発行を止めたかまだはっきりしていない。原盤番号はTW001からTW324までだが、そのうちの一〇〇枚以上は、原盤はあるが未発行である。山口亀之助『レコード文化発達史第壹巻明治大正時代初篇』（録音文獻協会、一九三六）一九七―九八頁および前掲『從日治時期唱片看臺灣歌仔戲　上冊』七〇頁を参照。

34 本稿は長嶺亮子によって翻訳された。また、筆者の助手、王婕が校正作業に協力してくれた。繰り返し続いた原稿の修正過程で両氏にご協力いただき、より良いものとして本稿を仕上げることができたと思う。本稿の完成にあたっては、日本コロムビアアーカイビング部門責任者の斉藤徹氏に貴重な史料と知識をご提供いただき、初稿の段階では著者の誤認についてもご指摘いただいた。さらに、大阪国立民族学博物館教授福岡正太氏からは長期にわたり重要な史料の提供と多大なご協力を賜った。各氏に対し、ここに厚く御礼を申し上げる。

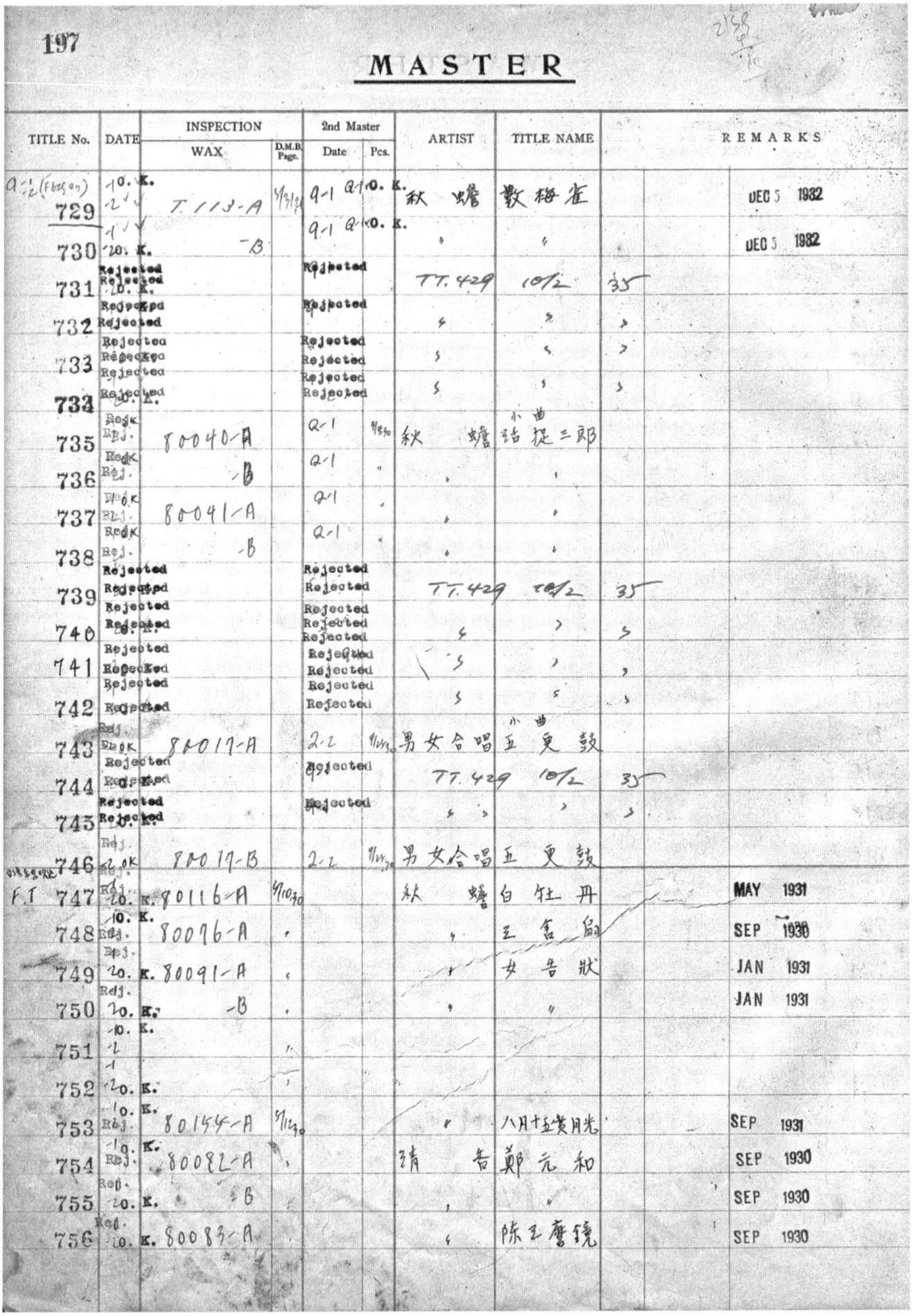

197

MASTER

TITLE No.	DATE	INSPECTION WAX	D.M.B. Page	2nd Master Date	Pcs.	ARTIST	TITLE NAME	REMARKS
729	10. K.	T.113-A		9-1	10. K.	秋 蟾	數梅雀	DEC 5 1982
730	10. K.	-B		9-1	10. K.	〃	〃	DEC 5 1982
731	Rejected			Rejected		TT. 429	10/2	35
732	Rejected			Rejected		〃	〃	〃
733	Rejected			Rejected		〃	〃	〃
734	Rejected			Rejected		〃	〃	〃
735	Rej.	80040-A		Q-1		秋 蟾	小曲 話捉三郎	
736	Rej.	-B		Q-1		〃	〃	
737	Rej.	80041-A		Q-1		〃	〃	
738	Rej.	-B		Q-1		〃	〃	
739	Rejected			Rejected		TT. 429	10/2	35
740	Rejected			Rejected		〃	〃	〃
741	Rejected			Rejected		〃	〃	〃
742	Rejected			Rejected		〃	〃	〃
743	Rej.	80017-A		2-2		男女合唱	小曲 五更鼓	
744	Rejected			Rejected		TT. 429	10/2	35
745	Rejected			Rejected		〃	〃	〃
746	Rej.	80017-B		2-2		男女合唱	五更鼓	
台湾東京吹込 F.T. 747	Rej. 20. K.	80116-A				秋 蟾	白牡丹	MAY 1931
748	10. K. Rej.	80076-A	〃			〃	三盒扇	SEP 1930
749	Rej. 20. K.	80091-A	〃			〃	女告狀	JAN 1931
750	Rej. 20. K.	-B	〃			〃	〃	JAN 1931
751	10. K. 2		〃					
752	1 20. K.		〃					
753	10. K. Rej.	80154-A				〃	八月十五賞月光	SEP 1931
754	10. K. Rej.	80082-A	〃			靖 杳	鄭元和	SEP 1930
755	Rej. 20. K.	-B				〃	〃	SEP 1930
756	Rej. 10. K.	80083-A				〃	陈三磨鏡	SEP 1930

写真1：原盤リスト。左から右に、原盤番号（右側にtake no.とあるが、これは同一曲の何度目の録音で、そのテイクが外されたか否かを示している）、レコード番号（発行された原盤では番号がつく）、2nd master（意味不明）、演者、曲目、一番右の欄が発行日。原盤番号747の左側に「台湾東京吹込」とあるのは、台湾から東京へ行き録音したことを示しており、その下にあるF.T.とは録音の系列の英語表記をアルファベットで表示したもので、747からはF.T.、つまりFormosa Tokyoの略。

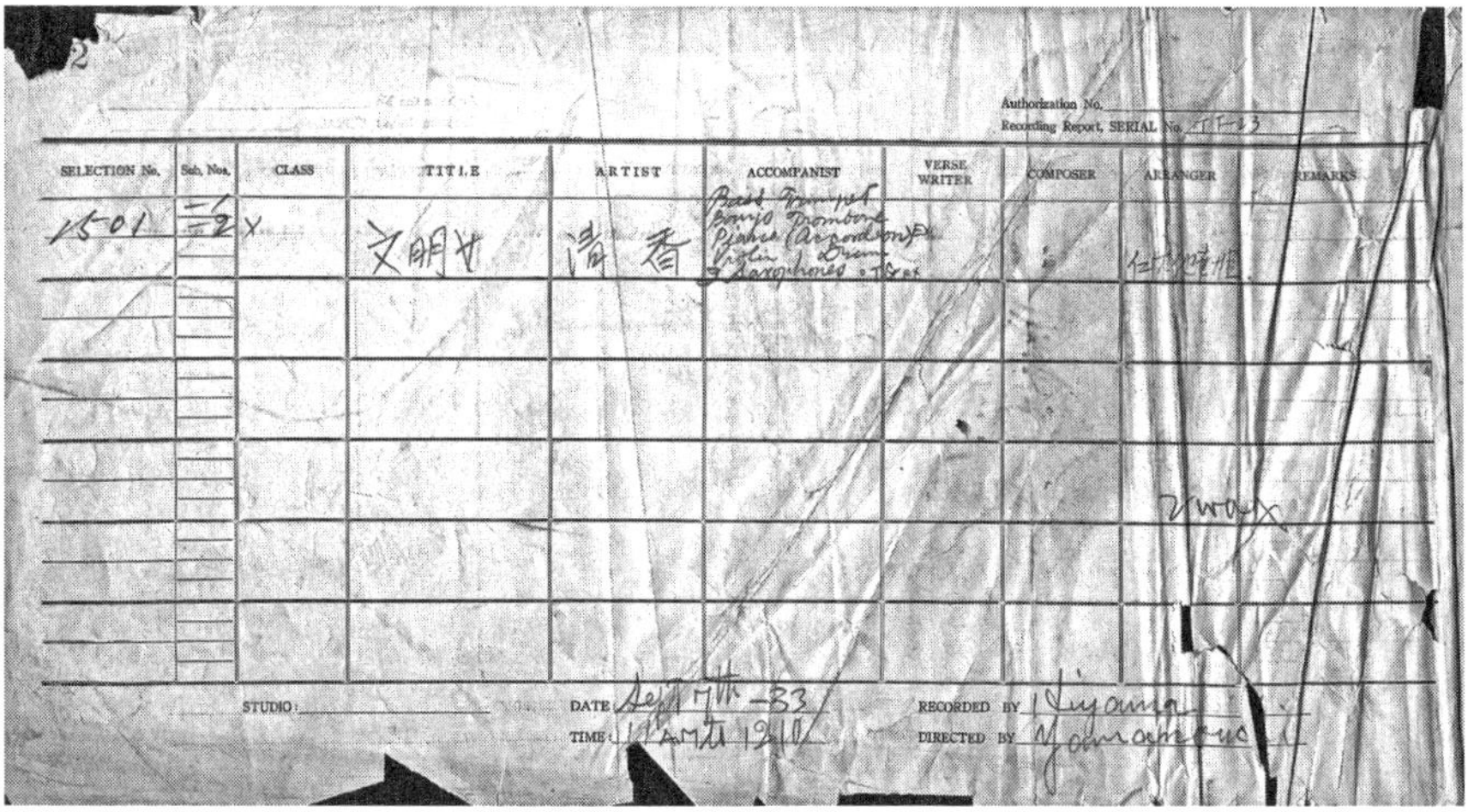

写真２：録音日誌（流行歌レコーディング）。一列目の左から右の欄に、原盤番号：1501、take no.：二回録音で二回目選、曲名：《文明女》（但し発行時には〈跳舞時代〉に変更）、歌唱：清香（発行時は純純に変更）、伴奏楽器：ベース、バンジョー、ピアノ、ヴァイオリン、サクソフォン２、トランペット、トロンボーン、アコーディオン、ドラム、編曲者：仁木他喜雄。右下；蝋盤二つ。下部中央；録音日付：1933年９月７日、録音時間：午前11時から12時10分。録音技師：檜山（保）、監製：山内（五郎）、右上角；録音順番号：TF-23。

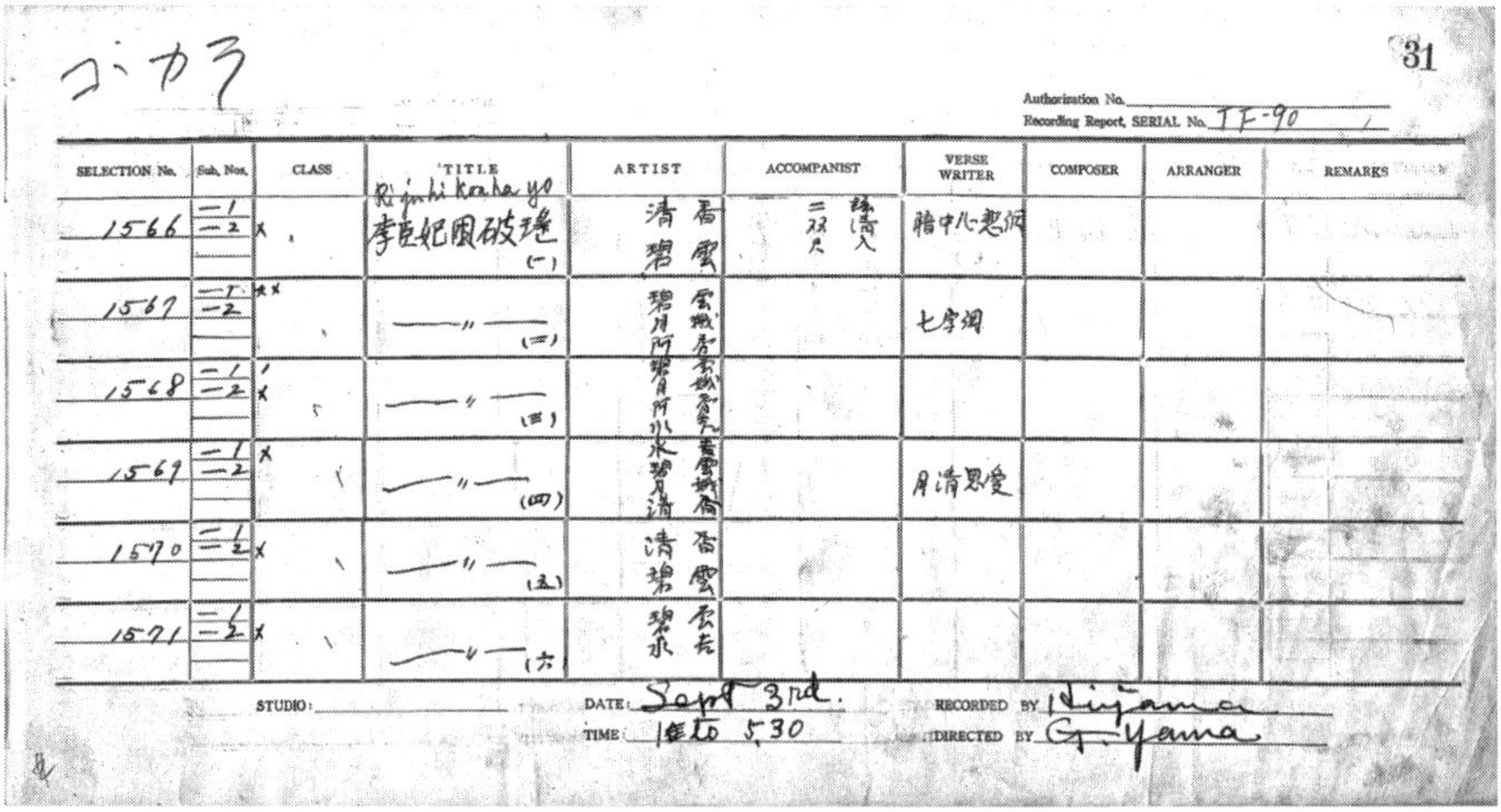

写真３：録音日誌（歌仔戯レコーディング）。一列目左から右に、原盤番号：1566、take no.：録音二回で二回目選、曲名：《李臣〔宸〕妃（困）破瑤（窯）（一）》、歌唱者：清香、碧雲、伴奏楽器：二弦、雙清、尺八、曲調：【暗中心悲調】、下部中央；録音日付：1934年９月３日、録音時間：午後１時から５時半、録音技師：檜山（保）、監製：山内（五郎）、右上角；録音順番号：TF-90、左上角；「ココカラ」すなわち1934年はこのページから始まる。

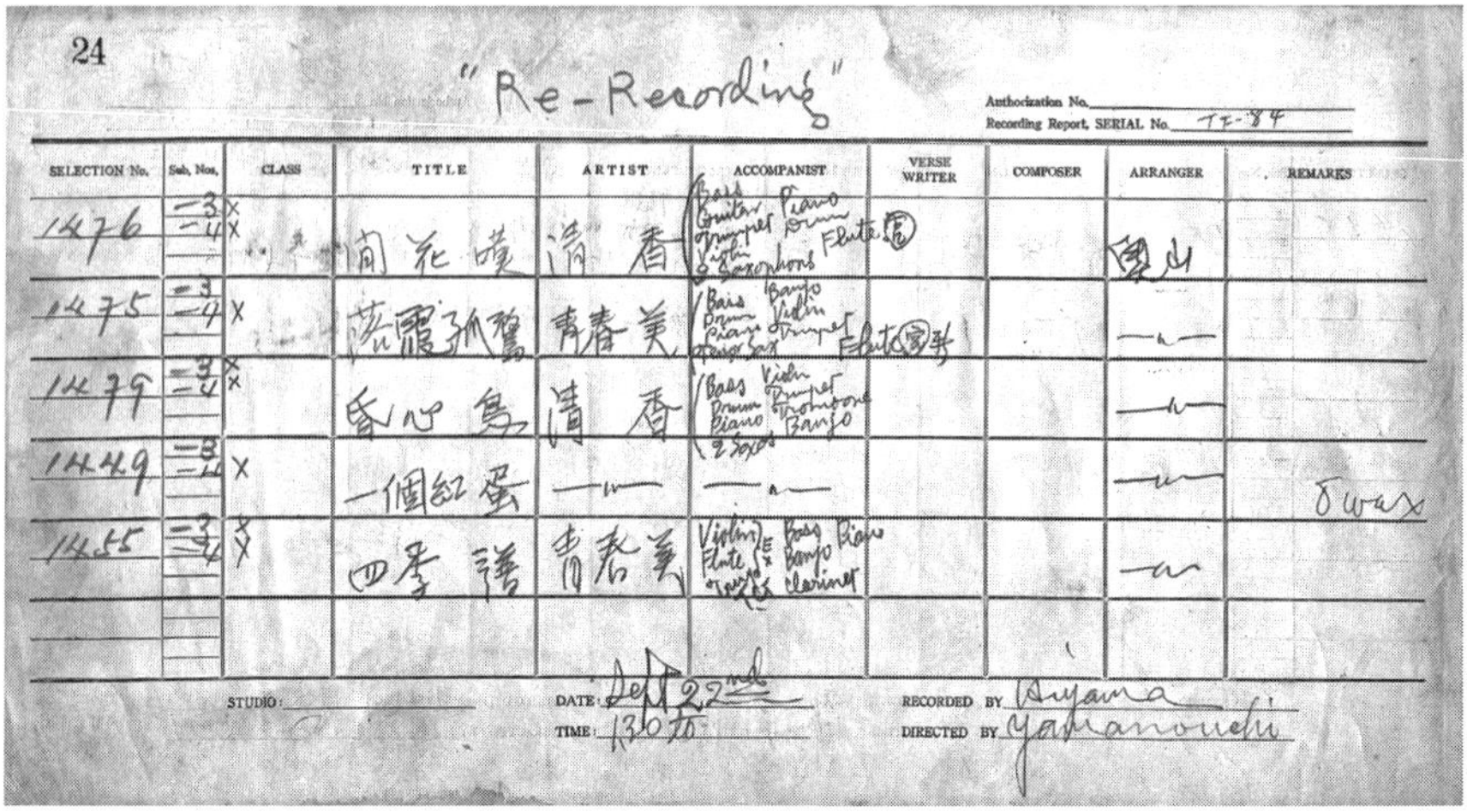

24

"Re-Recording"

Authorization No.
Recording Report, SERIAL No. TF-84

SELECTION No.	Sub. Nos.	CLASS	TITLE	ARTIST	ACCOMPANIST	VERSE WRITER	COMPOSER	ARRANGER	REMARKS
1476	-3 -4		闹花燈	清香	Bass Guitar Piano Trumpet Drum Violin Saxophone Flute			宮山	
1475	-3 -4		落霞孤鶩	青春美	Bass Banjo Drum Violin Piano Trumpet Saxophone Flute			—〃—	
1479	-3 -4		昏心鳥	清香	Bass Violin Drum Trumpet Piano Trombone 2 Saxes Banjo			—〃—	
1449	-3 -4		一個紅蛋	—〃—	—〃—			—〃—	8 wax
1455	-3 -4		四季譜	青春美	Violin Bass Flute Banjo Piano Clarinet			—〃—	

STUDIO:
DATE: Sept 22nd
TIME: 1:30
RECORDED BY Aoyama
DIRECTED BY Yamanouchi

写真4：録音日誌（再録）。最上部の "Re-recording" は「再録」を示している。表の一番左の欄の原盤番号は、新規レコーディングではなく再録であることを示すために赤色で表示されている。

付録　日蓄台湾レコードの録音場所の七つの段階

段階	回	日付	場所	原盤番号	ジャンル
Ⅰ	1	1926.5.16-7.27	台北	F.O. 1-202	京音、小曲、鼓吹楽、北管、歌仔曲
	2	1927.4	台北	F.O. 203-269	京音
	3	1927.4.28-5.13	台北	F.O. 270-412	南管、京音、北管、小曲
Ⅱ	4	1929.4-6?	台北	F. 501-746	南管、歌仔戯、笑話、高砂族、小曲、映画説明、京音、北管、採茶、相褒、流行新曲
	5	1930.5.10-5.16	東京	F.T. 747-808	小曲、歌仔戯、流行新曲、京音、皆洋楽伴奏
	6	1931.1-4	台北	F. 809-947	歌仔戯、流行新曲、歌仔曲、鼓吹楽、台湾青年歌、笑話、相褒、小曲、影片説明、京音
	7	1931.2-6	台北	F.E. 1-224	京調、流行小曲、歌仔曲、小曲、採茶、泉州什音、多くが洋楽伴奏
Ⅲ	8	1932.3.28-4.14	東京	F.948-1124	歌仔戯、笑話、北管、流行歌、雑類、跳舞音楽、一部洋楽伴奏
	9	1932.12.10-12.16	東京	F.1125-1207	雑類、調和楽、流行小曲、流行歌、客家勧世歌、滑稽曲、家庭笑劇、採茶、笑話、歌仔曲、新歌劇
	10	1933.5.15-5.24	東京	F. 1208-1294	北管、京音、白字戯、採茶
	11	1933.6.24-7.4	大阪	F. 1295-1444	歌仔曲、歌仔戯、北管、白字戯、採茶、広東流行歌
Ⅳ	12	1933.8.10-9.1	東京	F. 1445-1500	童謡、流行歌
	13	1933.9.7-9.28	東京	F. 1501-1565	流行歌
Ⅴ	14	1934.9.3-11.13, 11.15-16	東京	F. 1566-1819, 1826-1829, 1832-1833	歌仔戯、笑話、新歌劇、勧世文、流行歌、器楽独奏、北管、鼓吹楽
	15	1934.11.14-12.13	東京	F. 1820-1825, 1830-1831, 1834-1885	流行歌
Ⅵ	16	1936.?-7	台北	F. 1886-2309	歌仔戯、笑話、勧世文、新小曲、流行歌、北管、相褒、採茶、鼓吹楽、新歌劇、福州曲、福州什音、広東音楽、校歌
	17	1938.4.1-5	台北	F. 2310-2461	総督講演、歌仔曲、歌仔戯、笑話、新小曲
Ⅶ	18	1939.5.10-5.17	東京	F. 2462-2509	流行歌

第4章　「新譜発売決定通知書」を通してみる台湾コロムビアレコード会社と日本蓄音器商会の間の「対話」
――戦争期のレコード発売状況の調査を兼ねて（一九三〇～一九四〇年代）[1]

劉　麟玉

まえがき

台湾のレコード業界の嚆矢は、一九一〇年に日本で設立された株式会社日本蓄音器商会（日本コロムビア株式会社の前身、以下は日蓄と略記）が台湾に出張所を設立したことに遡ることができる。レコードコレクターの李坤城によると台湾出張所の設置は一九一〇年のことである。[2] 当時の台湾はすでに日本の植民地支配下に置かれており、様々な日本企業が台湾に進出した。日蓄がしばらく市場を独占したが、一九三〇年代に太平蓄音器株式会社や日本ビクター蓄音器株式会社、日東蓄音器株式会社などのレコード会社も植民地台湾にやってきた。他方、「思明」や「文声」など台湾人が経営したレコード会社もあるが、それらの会社の設立は一九三〇年代に集中している。[3] 従って、台湾のレコード業界の歴史を調べるにはまず日本のレコード会社、とりわけ日蓄との関わりを把握する必要がある。

先行研究の情報を含め、日蓄や日本ビクター蓄音器株式会社が台湾の在来音楽（以下は台湾音楽）を数多く製作したことは周知の事実である。本稿は日蓄が台湾音楽を製作・発売した経緯や、台湾音

1　本稿は台湾の学術誌『民俗曲藝』第一八二期（二〇一三）に掲載された論文「從選曲通知書看台灣古倫美亞唱片公司與日本蓄音器商會之間的訊息傳遞－兼談戰爭期的唱片發行（1930s-1940s）」（五九－九八頁）の一部を改稿したものであり、初稿は二〇一三年六月一六日に国立民族学博物館の共同研究会において発表した。

2　李坤城「不插電聽唱片的時代－日治時期臺灣唱片文化發展漫談」『聽到台灣歷史的聲音』（國立傳統藝術中心籌備處、二〇〇〇）六頁。

3　李坤城、前掲書、七－八頁、徐麗紗と林良哲の著書『從日治時期唱片看臺灣歌仔戲　上冊【探索篇】』（國立傳統藝術中心、二〇〇七）七九－八九頁、黄裕元『流風餘韻─唱片流行歌曲開臺史』（國立臺灣歷史博物館、二〇一四）七〇－七二頁を参照。なお、植民地台湾で発売されたレーベルを見ると、日本ビクター蓄音器株式会社は「勝利曲盤」、日東蓄音器株式会社は「日東唱機唱片股份公司」と記されている。

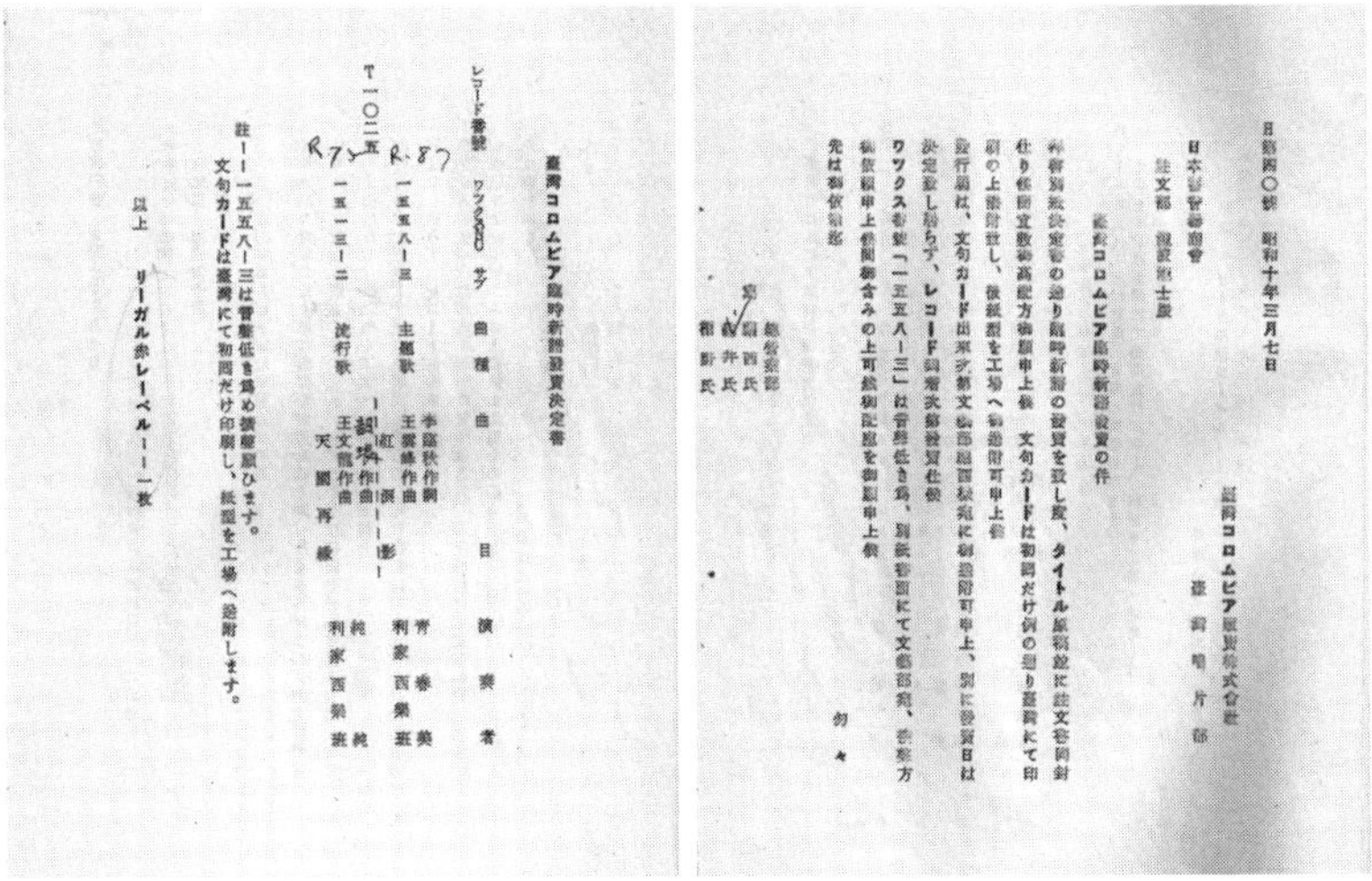
昭和十年三月七日

臺灣コロムビア臨時新譜發賣決定書

レコード番號　曲種　曲目　演奏者

一五五八一三　主題歌

一五一三一二　流行歌

以上　リーガル赤レーベル――一枚

図1　通知書の一例

楽の発売をめぐる日蓄本社と台湾支社の対話に着目し、「台湾新譜発売決定通知書」という史料を用いる。本史料は筆者が二〇〇三年に国立民族学博物館（以下「民博」）の共同研究プロジェクト「日本コロムビアの『外地』録音に関するディスコグラフィー的研究」[4]に参加した際、共同研究者間で共有したもので、主な内容として「台湾コロムビア販売株式会社」（台湾出張所の後身。台湾では「台湾古倫美亜」と表記される）が台湾音楽のレコード製作をめぐって本社の日蓄と交わした伝達用の文書である。文書は件名（「台湾コロムビア新譜発売の件」など）と、実際に発売する予定のレコード番号や曲名などを記載した発売決定書（「台湾コロムビア新譜発売決定書」、「台湾新譜発売決定通知書」など）がセットとなっているが、いずれも新譜発売に関連する内容である。本稿ではそれぞれ標題を用いず、この文書群をまとめて「通知書」と称す。

実際に確認したところ、紛失した一部を除いて一九三三年から一九四三年までの通知書がほぼ現存している。通知書の発信者のほとんどは「台湾コロムビア販売株式会社」であり、決定し

4 当時の研究代表者は国際日本文化研究センター教授の細川周平である。

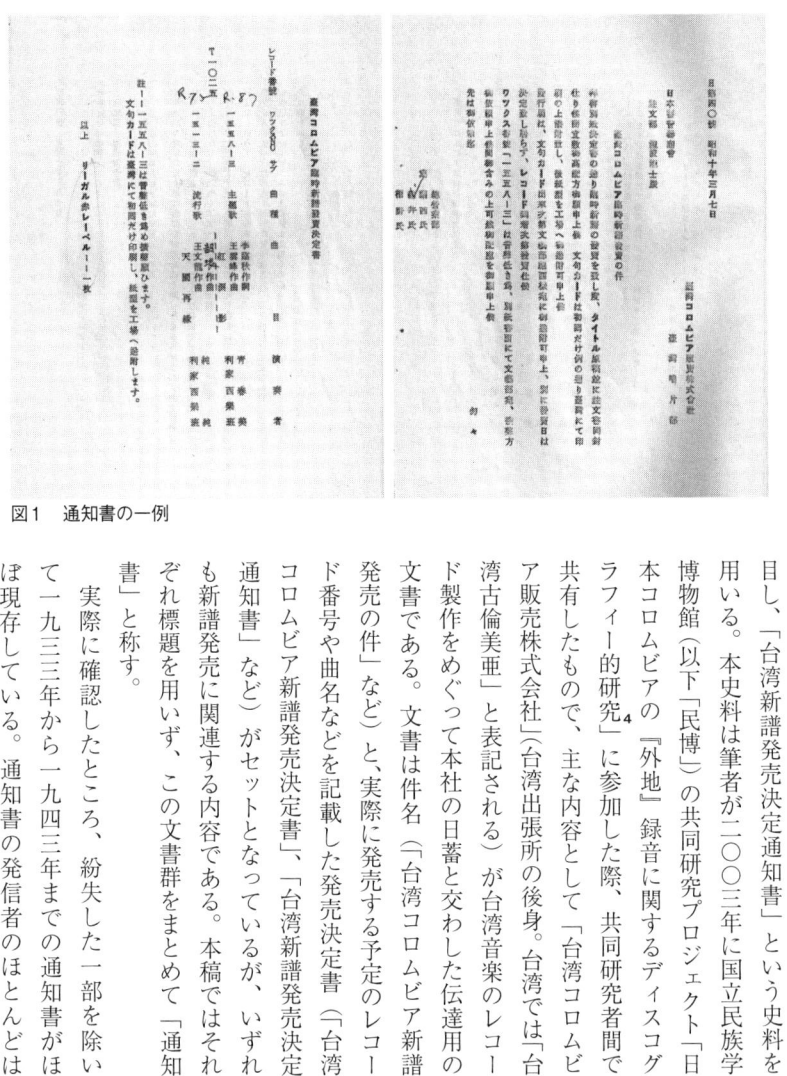

た発売レコードの内容を日蓄本社に知らせる文書である。その書式もほぼ決まっており、新譜の発売日、曲目、演奏者の氏名、発注数、特記事項などが記載されている。つまり、新聞広告やレコードそのものでは見られない重要な情報が通知書に含まれている。それらの情報を分析することで、台湾支店がレコードの発注をかけてから発売するまでの過程や日蓄との間の対話を垣間見ることできる。実際、それらの内容を分析したところ、次の事項が含まれていることが分かった。即ち、(一)発売作業に関わる社員たちの分業、(二)発売された音楽のジャンル、(三)レコードが発売されるまでの過程、(四)レコード発売のタイミング、(五)宣伝方法、(六)緊急事態への対処、である。上記の情報以外にも、新譜発売と時局との関連性を読み取ることができる。これらの「通知書」の発行時期は日中戦争前から太平洋戦争勃発後の間にある、いわゆる「十五年戦争期」の時期と重なっている。[5]そのため、新譜の発売計画は戦争期の統制により左右されることも確かである。

本稿の目的は、通知書から読み取れた情報を考察し、以下の状況を明らかにすることである。すなわち、(一)台湾コロムビア販売株式会社と日蓄との関係、(二)台湾音楽新譜の製作から発売までの過程、(三)新譜の発売と時局の影響、の三点である。なお、新譜の発売時期を検証するために、本論文では日蓄の当時の録音記録の一つであるマスターシート[6]も参照する。

一 「台湾コロムビア販売株式会社」の概要

1 「台湾コロムビア販売株式会社」の社名の変遷

台湾コロムビア販売株式会社の社名は何度も変更されたため、ここではまずその変遷を整理した上で通知書の考察に進みたい。

日本コロムビア株式会社が刊行した社史『コロムビア50年史』(一九六一)によると、一九一一年に台

5 十五年戦争期とは一九三一年満州事変(九一八事変)が発生してから、一九四五年第二次世界大戦の終焉までの期間を指す。朴順愛「『十五年戦争期』における内閣情報機構」『メディア史研究』(一九九五)第三号、一—二九頁および戸ノ下達也『音楽を動員せよ　統制と娯楽の十五年戦争』(青弓社、二〇〇八)を参照。

6 マスターシートは二〇一二年に台湾大学音楽研究所教授王櫻芬氏と共に日本コロムビア株式会社のアーカイブを訪れた際、取得した資料である。アーカイブの責任者である斉藤徹氏の見解によると、このチェックリストは工場もしくは管理部門で記載されたマザー盤の基本資料のノートである。

北と「朝鮮」の「京城」など「外地」を含め、日本全国に三四の出張所があったと記録され、台北出張所の住所は台北市撫台街二丁目六三番地であった。[7] 一九二四年、日蓄の経営方針の変更により台湾出張所は大売捌所となり、「台北日蓄商会」と改名された。また、東京、大阪、九州などの七つの大売捌所と同様、主として「イーグル」、「オリエント」、「ヒコーキ」のレーベルの音盤を販売する店となった。[8] 音楽学者徐麗紗と記者林良哲の共著書に掲載されている特約書類によると、一九二九年の会社の住所は台北市栄町二丁目に置かれ、また、社名は「台北日蓄商会」ではなく、「台湾　日蓄商会」となっていた。[9] 一九三三年一月二六日から「台湾日蓄商会」は「台湾コロムビア販売株式会社」と改められた。この時は大売捌所という立場から「日蓄」の支社となり、住所は台北市京町一丁目五〇号にあった。[10] 一九四三年七月一〇日にさらに「台湾日蓄株式会社」と改名された。[11] 前述した一九三三年以降の通知書において発信者名も「台湾コロムビア販売株式会社」となっていることから、その社名が長く使われた裏付けともなった。さらに、「台湾コロムビア販売株式会社」（以下は「台コ」）という社名から分かるように、その役割と機能は主に販売であり、レコードの製作と生産は基本的に本社で行われたことが推測できる。

また、通知書の発信者名が示すように「台コ」の責任者は栢野《かやの》正次郎という人物である。先行研究では出張所時代の責任者は岡本檻太郎だったが、一九二五年に岡本の義理の弟の栢野に受け継がれたと述べられている。[12] 栢野は何年まで「台コ」を経営したのか不明であるが、出張録音のために台湾に渡った日蓄の録音技術者だった川崎清の回想録によると、岡山県出身の栢野は太平洋戦争の激戦の前にすでに日本に戻り、一九八一年頃に亡くなったという。[13] 川崎の記述と通知書の情報を合わせると、「台コ」の新譜発売の最終記録である一九四三年の九月ころまで栢野が台湾に居住したとしたら、少なくとも彼が一八年間日蓄の音盤の製作と販売に関わったと考えられる。[14]

「台コ」の初期は日蓄の代理店として主に日本盤を輸入・販売を行ったと考えられる。栢野が就任後、彼が日本盤の販売に加え、台湾人向けの市場を開拓するために台湾音楽の音盤の製作を積極的に企画した。前述した川崎の回想録では、一九二七年五月に出張録音を行うために日蓄が彼を台湾に派

7 コロムビア50年史編集委員会編『コロムビア五十年史』（日本コロムビア株式会社、一九六一）七一－七二頁。なお、この文献にはページ数がつけられていないため、引用箇所の頁数は執筆者がつけたものであり、「発刊の辞」の頁を「1」として通し番号を振った。以下同。

8 一一九頁参照。

9 一一九頁参照。

10 コロムビア50年史編集委員会編、前掲書、一九〇頁。

11 同前書、一九五頁。

12 注(2)および葉龍彦『臺灣唱片思想起』（博陽文化、二〇〇一）五二頁を参照。なお、注(2)の李坤城の文章や郭珍弟、簡偉思が製作したドキュメンタリーの『Viva Tonal跳舞時代』（二〇〇三）に出演した台湾人従業員らが「栢野」正次郎の苗字を「柏野」と誤認している。

13 川崎清『レコード盤と共に』（文秀社印刷、一九九一、非売品）五九頁。本資料は二〇一三年七月に王櫻芬氏と日本コロムビアのアーカイブを再訪する際、複写を譲ってもらったものである。

14 一九四三年八月二五日の通知書（営一－第一九号）はこの文書群の最後のものとなる。

遣したと述べられている。また、出張録音が行われた理由として、台湾の在来音楽の音盤を発売したいという栢野の要望があげられる。栢野と日蓄が何度か交渉した結果、日蓄は「正録音技師」である竹中清治と川崎清を台湾に派遣することを決定した。ところで、前述のマスターシートに書かれた情報によると、一九二六年八月から九月にかけて発売された、「F」から始まる音盤がある。それらの音楽は日蓄の別の録音技師である出川菊太郎が渡台して現地録音を行っていた際に収録したものである。[15]つまり、出川は川崎と竹中よりも早く、一九二六年七月以前からすでに出張録音を行い、川崎と竹中が恐らく出川の次に台湾で現地録音を行った人物である。なお、「F」から始まった音盤は、「台コ」が一九二〇年代に台湾で発売されたレーベルの一つ、「オリエント」のシリーズである。それらの音盤はのち、後述する一九三〇年代に発売されたレーベル「黒リーガル」の音盤として複製されたものであることもマスターシートを通して分かった。[16]ちなみに、録音技師による出張録音のみならず、ドキュメンタリー『Viva Tonal 跳舞時代』に出演した台湾人歌手「愛愛」が回想したように、台湾の歌手らが日本に渡って日蓄でレコードを吹き込んだことも事実である。[17]

2 「台湾コロムビア販売株式会社」が発売したレーベルの概要

通知書に記載されているレーベルは、主として「黒リーガル」、「コロムビア」（Columbia）と「赤リーガル」の三種類である（表1）。初期の「黒リーガル」の一部は、前述したオリエンタルレーベルの「F」番号の音盤の復刻盤であり、例えば、T2（T002）（曲名《蓮英托夢》）はF18の復刻である。また、オリエンタル以外のレーベルの復刻盤も存在している。その一例として一九三一年五月に発売されたT83（T083、曲名《四郎会母》）は、レコード番号19000の復刻版であることがあげられる。実際、「19」から始まった番号は元々イーグルレーベルの音盤である。[18]該当する「黒リーガル」が何時プレスされたのか不明であるが、マスターシートの情報では「F」番号の音盤が一九二六年八月と九月に一度発売されたことが分かるため、「黒リーガル」の発売が遅くとも一九三〇年代の初頭

15 注(6)のマスターシートの一七一頁－一七八頁を参照。

16 一一九頁参照。

17 同注(12)。葉龍彦、前掲書、六五頁にも確認できる。また、マスターシートと同時に取得した資料の「録音カード」にも台湾歌手が日蓄のスタジオで録音したことが記録されている。

18 日蓄のマスターシートに一七一頁に「台湾ニ於テ吹込ム」という記載がある。「19」から始まったレコードに「FE」（Formosan Eagle）、つまり「台湾イーグル」のレーベルの表記が確認できる。

のことであると推測する。一方、「コロムビア」レーベルの第二マスター（2nd Master）の製作年は一九三〇年に遡ることができるので、発売日もその時期から離れていないはずである。「赤リーガル」の発売はやや遅く、一九三四年一二月以降になる。

また、発売された音盤の内容を調べると、「黒リーガル」の場合は音楽ジャンルが多岐に渡り、台湾漢民族の在来音楽に集中している。北管音楽、伝統楽器の独奏曲（揚琴、二品）[19]、鼓吹楽、歌曲戯などが挙げられる。また、「黒リーガル」は「笑話」という漫才に類似するジャンルを発売する唯一のレーベルでもあり、一九三五年から一九三八年五月まで、新譜発売の月に一枚か二枚の「笑話」音盤が含まれているほどである。「コロムビア」の音楽ジャンルには、伝統音楽に限らず、映画の主題歌、新歌劇、童謡、新小曲などが含まれ、時には在来音楽の「歌曲劇」も発売の対象となる。「赤リーガル」の場合は新しいジャンルの流行歌と、在来音楽の歌曲戯、北管、採茶戯（茶摘み劇）に集中している。

表1　台湾コロムビアが発売した主なレーベル[20]

レーベル・レコード番号	発売開始年	価格（一枚）
黒リーガル T001-406	1930年代初頭	85～95銭
コロムビア（Columbia）80001-80406	1930年	1円50～60銭
赤リーガル T1001-1073	1934年12月	1円10～20銭

19　国立台南芸術大学助理教授范揚坤氏の説明によると、「品」（品仔）は台湾語の「笛」のことで、「直品」と「横品」の二種類があるが、ここの「二品」はおそらく「直品」の誤植であると考えられる。

20　各レーベルの価格は（注2）李坤城、前掲書、七頁および黄裕元の博士論文「日治時期臺灣唱片流行歌之研究―兼論一九三〇年代流行文化與社會」國立臺灣大學歷史研究所博士學位論文（二〇一一）五二頁を参照。

二　通知書の担当部署と担当者

本節以降、通知書の内容に触れていく。まず、通知書の作成及び発送の担当部署と担当者がほとんど決まっており、発信者受信者の組み合わせによって三パターンに分けられる。一番多いのは、「台コ」が「日蓄」に送る文書であり、25通ある。その文面では発信側が「台湾コロムビア販売株式会社唱片部」で、受信側が「日本蓄音器商会註文部瀧波瀧士様」となっている。同じ文書の写しは「日蓄」の「総営業部」、「註文部」、台湾側の福西、亀井、栢野宛に送るほか、連絡内容によって、「日蓄」の録音技師檜山に送られたこともある。また、一九三〇年代後半、通知書の宛先欄に若干の変化が見られ、一九三七年一〇月以降は「株式会社日本蓄音器商会 工場註文部瀧波瀧士様」、一九三九年六月からは「株式会社日本蓄音器商会 販売部商品課長」、さらに一九四一年二月以降は「株式会社日本蓄音器商会商品部門」のように変更された。次に多いのは「日蓄」の内部文書で、三通ある。発信者はすべて「日蓄」で、受信者名が書かれた文書は一通のみである。受信者が東経課長[21]、複写は「武藤常務」、「松村部長」、「経理部長」、「計算課」にも送られた。三つ目は「日蓄」が発信し、「台コ」が受信する文書である。この書類は現在一通しか確認されておらず、一九四三年八月二五日付けのものである。発信側は「日蓄工業株式会社営業部第一課」であり、受信者は「台湾日蓄株式会社栢野正次郎様」で、複写は「文藝部長」、「経理部長」、「商品課長」、「経理部会計課長」、「東京経理課長」にも同報された。なお、これは栢野が企画した「台湾の音楽」という八枚セットとなっている臨時発売盤についての連絡文書であり、この文書から、一九四三年の当時の「台コ」も「日蓄」も商号が変更されたことも確認できる[22]。

以上の内容から、当時の「台コ」と「日蓄」の会社の状況について幾つかの事実が明らかになった。

まず、「台コ」が「日蓄」に発注する際の窓口は「唱片部」と言い、日蓄の受信部門は「註文部」である。「唱片」はレコードの中国語訳で、現在の台湾でも使われている。しかし当時の台湾では音盤のことを「曲盤」と呼んでいるのに、なぜ「台コ」の注文の部署が「音盤部」や「曲盤部」ではなく、「唱片部」なのであろうか。その理由として以下の背景があると考えられる。一九〇八年にフランス人ラバンサット（Labansat）が上海で最も古いレコード会社「百代唱片公司」（パテ・レコード会社）を設立し、また、パテの親会社はロンドンのコロムビア本社と米国のコロムビアとを合併したため、日

21　ここの「東経課長」は東京経理課長の略であると推測する。

22　注⒁と同一文書で、本文に「貴方御企画の掲題は愈々左記の段取に迄運びましたので（後略）」と述べられている。また、前掲の『コロムビア五十年史』の「五十年年表」によると、「日蓄」の商号は一九四二年八月二四日に「日蓄工業株式会社」と変更され、「台コ」の商号は一九四三年七月一〇日に「台湾日蓄株式会社」と変更された。

蓄も上海のパテ・レコード会社が発売したレコードを台湾に転売したことがある。[23] 恐らく音盤の漢語訳「曲盤」が台湾に現れる前に、「唱片」という中国語の訳語がすでに台湾に導入されていたため、「台コ」もそのまま「唱片」を使用したと推測する。

また、一九三九年以降、日蓄自体の経営が再編され、通知書を受信した部門が註文部から販売部に変更されたことがある。余談だが、通知書に登場する人物は、後に何人かは日本コロムビア会社の重役になっている。例えば、瀧波瀧士は一九四四年と一九六一年の常務取締役であり、また、録音技師だった檜山保も一九五七年にレコードの製作部長となり、一九五九年と一九六一年のそれぞれの年に常務取締役に就任したことが分かる。[24]

三　新譜発売までの過程

通知書を通して「台コ」と日蓄が音盤を発売するまでの過程を確認することができる。しかしながら、時局など外的要因の変化に伴い、発売の過程も異なってくるので、ここでは一九三五年以前と一九三六年以降という二つの時期に分けて述べることにする。

1　一九三五年以前

一九三五年以前の発売過程は以下のように行われたのではないかと考えられる。まず、「台コ」が日蓄から台湾に送られた試聴盤を聴き、その中から発売したい音盤を選び、音盤の情報を通知書にまとめ、日蓄に送る。まえがきで述べたように、この通知書にはそれぞれの音盤の原盤番号、曲種、曲目および演奏者の氏名等の情報が含まれている。また、流行歌など創作されたジャンルの場合は、作

23　台湾で発売された16000から16003までの音盤は上海の百代公司(Compagnie-Generale Phonographique Pathé-Frères)によって輸入されたものである。日本コロムビア株式会社所蔵レーベル・コピー(Label Copy)、福岡正太編「植民地主義と録音産業　日本コロムビア外地録音資料の研究」平成一七年度～平成一八年度科学研究費補助金基盤研究(C)研究成果報告書、八三頁を参照。上海百代公司の歴史はAndrew F. Jonesの著書 *Yellow Music: Media Culture and Colonial Modernity in the Chinese Jazz Age*, pp. 61-62を参照。

24　コロムビア50年史編集委員会編、前掲書、八頁。

詞者、作曲者及び編曲者の氏名も記載されている。日蓄が通知書及び注文書を受け取った後、音盤をプレスし、完成した音盤を発売期日の一〇日前までに台湾に郵送する。また、日本側が準備している間、台湾側では初回分の歌詞カードを印刷し[25]、印刷用の紙型（ステロ）を日蓄に送り、さらに、発行届と歌詞カードも発売日の一〇日前までに東京の文芸部にも送付する。音盤が台湾に到着してから、「台コ」が歌詞カードをジャケットに入れて出荷することになる[26]。

ここでは歌詞カードに注目したい。一般的に歌詞を持つ音楽ジャンルの音盤であれば、歌詞カードも付随している。通常、歌詞カードはレコード会社で製作されるものであるが、日蓄の場合は異なっている。台湾人向けの音盤の歌詞カードが基本的に漢文となっており、中でも中国語（マンダリン）、閩南語と客家語の複数の言葉に分かれているため、日本側にとっては理解しがたい内容で校正も不可能であったので、最初の歌詞カード及び紙型は台湾で作る必要があったと考えられる。通常、「台コ」が発売用に注文した音盤は初回の枚数が限られている[27]。紙型を東京の日蓄本社に送っておけば、もし初回の音盤が売り切れ、再度プレスする必要があった場合でも、日蓄がその紙型を用いて直接歌詞カードを印刷し、音盤と一緒に封入することができるため、発売過程の手間を省くことができたと推測する。

2　一九三六年以降

一九三六年二月以降、音盤を発売する過程にもう一つ段階が踏まれた。それは、「台コ」が試聴会で紹介するための四セットか五セットの音盤の見本を発売の一五日前に送るよう日蓄に依頼したことである[28]。また、一九三六年一二月一一日以降の通知書では新たに加えられた手順が示されている。通し番号「H. NO-268」の文書では次のように述べている。「（前略）尚出来上りの節は検閲並試聴会に必要に付、例によりサムプルレコード五組を小包便にて至急御発送下され度」とのように、一九三六年一二月の時点で、台湾ではレコードの検閲制度が実施されていたため、発売過程にも影響を与えた。

日本内地ではすでに一九三四年八月一日からレコードの厳しい検閲制度が始まっていた。マス・メ

25　当時は「文句カード」とも言われた。

26　一九三五年二月一三日（H第15號）と六月一四日（H第119號）の通知書の内容を参照。

27　一九三六年一〇月九日（H. NO-213）の通知書の内容を参照。一回目のプレスは二〇〇枚である。

28　一九三六年一月二〇日（H. NO-21）、一九三六年二月一日（H. NO-28）、一九三六年九月一四日（H. NO-192）の通知書の内容を参照。

ディア史研究者の内川芳美によると、一九三一年の「満州事変」(九一八事変)以降、日中戦争に突入するまでの間、日本はファシズム体制に転換するプロセスに様々な法令を制定し、マスメディアの内容に制限をかけており、[29]レコードの検閲制度もその時期に成立した。[30]台湾総督府が「内地」より約二年後の一九三六年六月二六日に「台湾蓄音機レコード取締規則」(府令第四九號)を発布し、同年七月一日に実施した。

その規則によると、レコード業者が製作、発行、販売などの目的でレコードを輸入または移入する場合はレコードの名称、番号、内容の表題、種類、原著作者、吹込み者の氏名、発売枚数、輸入または移入の年月日の情報とともに、内容の解説書二部を準備しなければならない。さらに、台湾でレコードを発行する場合は、発行する四日前、輸入または移入の場合はその期日より七日以内上記の資料を提出しなければならない。もし台湾総督府がその届書の内容につき、実物検査の必要性が生じた場合は、レコードの提出が命じられる。さらに、内容的に治安を害し、風俗を損なう恐れがあると判断された場合は、そのレコードの売買、演奏が禁止されることとなる。[31]

この規則が実施されたのは一九三六年七月一日からと述べたが、前述の通知書の内容からすると、「台コ」が発売したレコードが実際に実物検査を受けたのは一九三七年一月以降発売した台湾の在来音楽の音盤である。つまり、台湾の検閲制度が施行された直後、当局が直ちに現場に対して取り締まりを行わなかったようである。図2に示されているように、検閲制度の制定の影響を受け、発売するまでの過程がそれまでとは変わり、また、実物検査の結果、発売禁止の処分を受ける可能性もあった。それ故、検閲制度の執行以降、音盤の発売予定日はあくまで「予定」であり、より不確かなものへなったと考えられる。

29 内川芳美解説「解題」『現代史資料 40 マス・メディア統制1』内川芳美編(みすず書房、一九七三)ix－xi頁。

30 日本に関するレコード管理規則は一九三四年七月一八日に公布された「出版法施工規則改正」(内務省令第17号)に含まれている。また、レコードの取締に関する実施内容は「改正出版法ノ施行ニ関スル通牒」(昭和九年七月一八日附警保局図発甲第七号)にて確認することができる。「通牒」の内容について内川芳美、前掲書、三五六－三五八頁を参照。

31 ここの内容は「臺灣蓄音器レコード取締規則」第三條から第七條までの要約である。台湾総督府「府報 第2718號」(昭和九年六月二六日發行)、六五－六六頁を参照。

四　宣伝手法

「台コ」は如何にレコードを宣伝したのか、通知書からその方法が窺える。一九三五年の文書では宣伝の方法としてポスター、ビラ、宣伝旗と新聞広告が挙げられる。また発売の主要音楽ジャンルについてそれぞれのポスターを要求することもあった。例えば、一九三五年一二月六日の通知書（日第235号）に「台コ」が日蓄に異なるジャンル「流行歌」と「歌曲戯」《包公審梅花》について別々

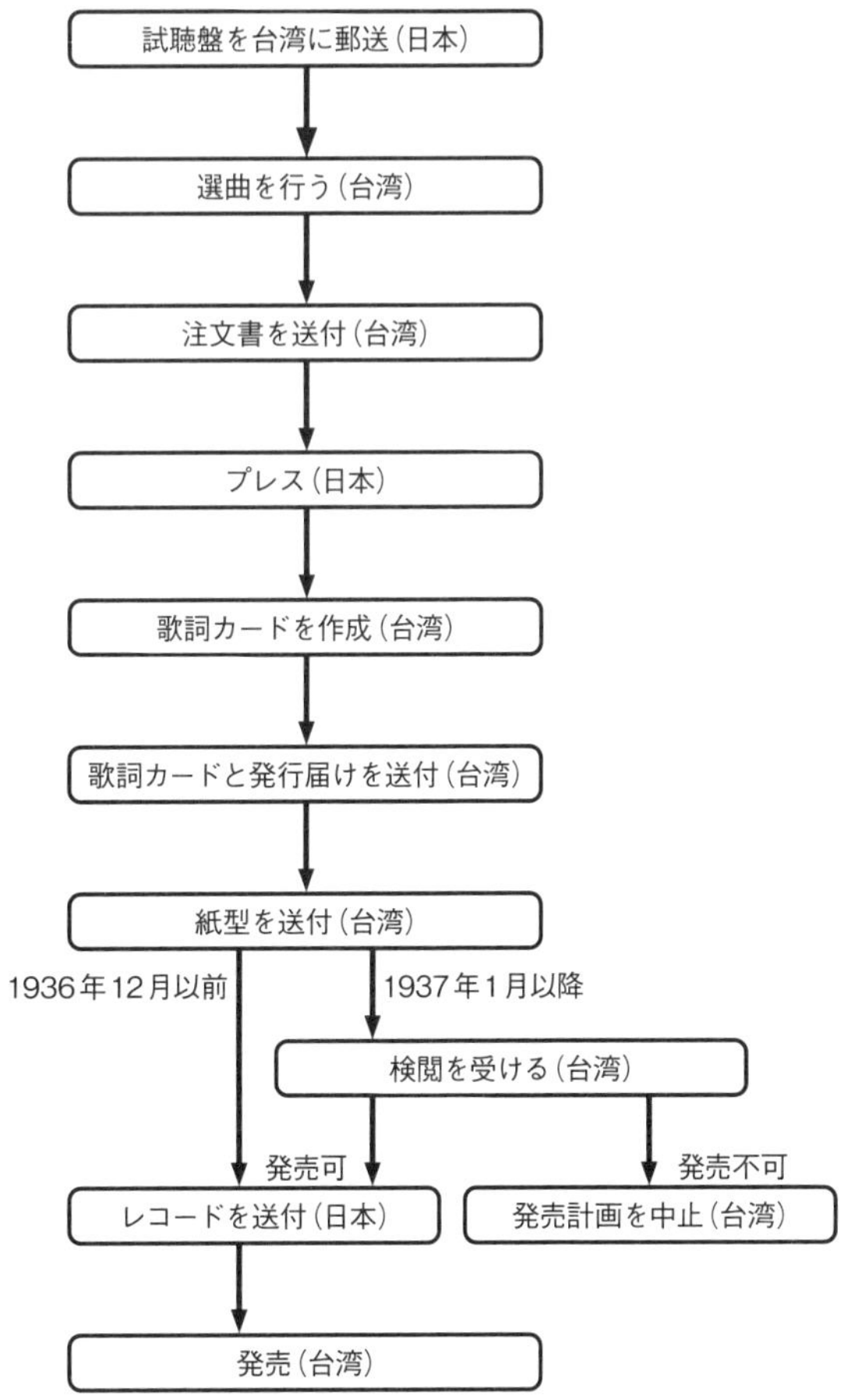

図２　植民地台湾の検閲制度執行後と実際の日蓄―台コ間におけるレコードの発売順序図（括弧内は担当所在地）

のポスターを要求したとある。一九三六年以降、上記の宣伝用のアイテムについて述べられていないが、別の宣伝方法が記載されている。すなわち前節で述べた試聴会用のサンプルのことである。もっとも早い時期に試聴用のサンプルを送るようにと記述されたのが一九三六年一月二〇日の通知書（H.NO-21）であり、それ以降の文書にも同じ文言がしばしば述べられている。つまり、一九三六年以降、「台コ」が試聴会の開催を宣伝手法として加えたと考えられる。最も価格の低い黒リーガルでも一枚八五銭という決して安価ではない音盤を事前に消費者に試聴させ、購入させた方が無難であったろう。この手法は現在のレコード会社にも使用されていることは驚きである。

五　緊急対応

「台コ」と日蓄のように、海を挟んでレコード製作・販売を行なっていたことは、レコード業界でも稀な例であろう。筆者が二〇一五年に日本コロムビアの技師に聞き取り調査を行った際、次のような状況が説明された。戦前において、欧米の関連レコード会社が製作したレコードを日本に販売する際、完成したレコード製品を直接日本に送付したのではなく、プレス用の金属盤を「日蓄」に送り、「日蓄」の工場でレコードをプレスしていた。その理由は「日蓄」には専用の工場があり、レコードを製造する全ての工程が賄えたからである。しかし「台コ」の場合は工場を持っていないため、レコードの製造は東京本社に頼らなければならなかった。そこで当時の作業ミスや予想外の状況が起きた際の対応について通知書を介することで把握していた。通知書で言及された「レコード番号の誤植」と「音質の調整」の二つの問題が起きた際の対処方法について説明する。

1　発売内容の誤り

レコード番号の誤植はよくある作業ミスのようである。例えば、「台コ」が発信した一九三七年六月一八日の通知書（H. NO-130）によると、台湾側が一九三七年六月一六日に送った注文書の発売予定のリストに、流行歌《孤鳥嘆》（李臨秋作詞・鄧雨賢作曲、原盤番号1456）という歌が記載されていたが、この歌はすでにほかの音盤に収録され、発売されたと「日蓄」に電報で指摘されている。そのため、緊急に対処したことが窺える。最終的に台湾側が訂正した文書を送り、別の流行歌《夜半的大稻埕》（陳君玉作詞・姚讚福作曲、原盤番号1514）を発売することを東京本社に連絡し、製作し直すことを依頼している。このように、電報を通しての緊急対策のためのやり取りが見られ、それが短時間で解決することに繋がったと考えられる。

2　音質の調整

一九三六年以降の台湾側からの通知書には以下のような記述が多く見られる。「ⓧマーク入りは発音強大にて、針の磨滅ひどく演奏に堪えず文芸部檜山技師宛にダ《マ》ービン《マ》グ方を依頼申し上げましたから、着信次第至急所要テスト盤を檜山技師宛に御送付下され度御願ひ申上げます」（文書番号H. NO.268、一九三六年一二月一一日）と書かれている。このような内容が一九三九年まで見られ、時によって発売予定の音盤の大半が「発音強大」であると指摘されたこともあった。この点について現在の日本コロムビア株式会社の録音技師のK氏とS氏が以下のように説明した。つまり、SP音盤の音声が大きすぎた場合は、針へ与える振動が強くなるため、針が早く磨り減ってしまう。もし当時台湾側からそのような要求があった場合は、マザーとスタンパーから作り直す必要があったという[32]。「台コ」がその問題に気づき、何度も音盤の音質の調整や、音量の減少を求めたのであろう。

32　筆者が二〇一三年七月に日本コロムビアアーカイブを訪れた際、この問題について関係者から説明を受けた。

六　臨時盤と特別盤の発売

「台コ」は毎月の新譜発売のほか、「臨時発売」や「特別発売」の企画も行った。通知書の情報に基づいて、以下の三つの事例を紹介する。

1　映画の上映の宣伝

一九三五年三月七日付けの「台コ」が日蓄に送った通知書（H第40号）は臨時盤「T1025」の発売決定についての連絡である。この音盤のA面は李臨秋作詞、王雲峰作曲、歌手青春美が吹き込んだ映画「紅涙影」（T1025A）の主題歌《紅涙影》であり、B面は詔琅作詞、王文龍作曲的流行歌《天國再縁》、歌手純純によって歌われたものである。[33] しかし、同年同月三一日付けの通知書（H第65号）によると、「台コ」が一四日に一度打電し、上記の音盤の発売を見合わせることを伝えていたことがわかる。その電報の内容は以下の通りである。「七ヒフミニテ、タイワンリンハツリガ　アカ一〇二五ハセイサクミアワセタノム、イサイフミ、タコ」（七日文にて、台湾臨発リガ　赤一〇二五は製作見合わせ頼む、委細文、タコ）。[34] 三一日に「日蓄」に送ったこの文書、臨時盤の発売を中止することを伝えるものである。その経緯は次のように書かれている。

「右臨発レコードは、支那映画の主題歌にて台湾上映と一緒に発売する予定で御座いました処、映画の輸入が都合にて一時延引しましたので、製作見合せ方電報致したわけで御座います。

その後種々期日を確かめましたが未だ確定して居りませんので、該臨時発売は一時取消し致しますから不悪御了承方願上げます」。

《紅涙影》は一九三一年に中国の監督鄭正秋が製作した映画で、その息子の鄭小秋と蝴蝶によって主演された。[35] 上記の内容から「台コ」の音盤の製作は中国映画が台湾に輸入された時期にも関係したことが分かる。昔も今も、映画主題歌の音盤の役割は映画の宣伝であると同時に、その映画を鑑賞し

33　通知書では作詞者の情報がなく、詔琅も王文龍も作曲者として記載されている。一方、歌詞カードに詔琅が作詞者として書かれているため、通知書の内容が誤植であると考えられる。

34　ここの「タコ」は「台湾コロムビア」の略称であると考えられる。

35　黄仁『中外電影永遠的巨星』（秀威資訊科技股份有限公司、二〇一〇）一一八頁；張偉主編『昨夜星光燦爛（上）：民國影壇的28位巨星』（秀威資訊科技股份有限公司、二〇〇八）五四頁。

た観客にとって思い出の品にもなりうるものだ。しかし、ここで挙げた台湾で発売される予定の主題歌は、台湾人によって作曲・作詞され、台湾歌手によって録音されたものである。つまり、上海で制作された映画にも関わらず、台湾では独自の主題歌を作ったのである。映画「紅涙影」が最終的に台湾で上演されたかどうかは現時点では不明だが、このように輸入先の台湾で原曲と異なる主題歌を作るという事例があったことは興味深い[36]。

2 イベントの宣伝

通知書ではレコードの発売とイベントとの関係についても確認することができる。一九三五年九月二七日の通知書（H第199番）では、始政四十周年記念台湾万国博覧会（以下「台湾博覧会」）のために特別盤を発売したことについて以下の内容が記載されている。「（前略）発売予定期日は十月十五日で御座いますので、十五日以前に台北に到着致す様御願致し度、御承知の通り十月十日より台湾博覧会が開催されますが、本臨時新譜は博覧会の余興の歌で御座いますから、其の御心算りにて御配慮方御願申上げます」。

発売枚数は計五枚ある。レーベル「コロムビア海老茶」からは二枚が発売され、それぞれ二曲の流行歌が収録されており、曲名は、《你害我》（あなたが私を陥れた、80338-A）、《我愛你》（あなたを愛している、80338-B）（以上は鄧雨賢作曲、李臨秋作詞）、《夜開花》（夜に花が咲いた 80339-A、陳君玉作詞、文芸部編曲）と《一身輕》（身軽、80339-B、李臨秋作詞、蘇桐作曲）である。四曲とも純純という歌手によって吹き込まれた。「赤リーガル」からは二枚が「歌戲曲」《春蘭思想》（T1053-T1054）というセットで発売され、清香、紅蓮、碧雲、雪梅、永吉の五人によって歌われた。「黒リーガル」からは一枚のみの発売で二曲の漢民族の器楽独奏が吹き込まれている。A面では蘇桐が「揚琴」[37]曲《四本流行歌曲集》を，B面では陳軟が「吊鬼」[38]という楽器を用いて《嬌南和》という音楽を演奏した。

台湾博覧会は台湾総督府後援のもと、一九三五年一〇月一〇日から一一月二八日までの五〇日間開

36 台湾の国立歴史博物館が設置したウェブサイト「台湾音声一百年」では《紅涙影》のレコードが展示されており、音声も聞けるようになっている。そのことから、このレコードが確かに発売されたことがわかる。サイト情報は以下の通りである。https://audio.nmth.gov.tw/audio/zh-TW/Item/Detail/1b2b1c28-a5d4-42d7-8399-e48fc0ef3e11（二〇二三年一月九日に最終閲覧）。

37 すなわち洋琴（中国の打弦楽器）のことである。

38 「北管」という音楽ジャンルに使われている旋律楽器で「吊規子」「京胡」とも言う。

催された。その目的は、四〇年間台湾を統治した成果を示すことであり、文化や産業の発展、教育の普及を日本国内外に発信し、さらに、種々の資料を収集・展示する過程を台湾の未来への発展にも繋げることであった。名目上の主催者は「始政四十周年記念台湾博覧会」であるが、台湾総督府総務長官平塚広義がその会長を務めたことから、事実上台湾総督府が主導したことがわかる。[39]

記録によると、出展者が日本内地、「朝鮮」、中国と台湾から集まり、各業者が企画した活動のほか、演芸館、映画館、音楽堂といった所において演奏会など、様々な余興が行われていた。また、「日蓄」も日本内地から出展した業者の一つである。[40]さらに、「台コ」は産業館という建物の前に約一〇平方メートルの広場と共に高さ一五メートルの広告塔を設置し、演奏場も付設した。[41]しかしながら、前述した「台コ」の臨時発売盤の音楽が当時の博覧会の余興のプログラムに記載されていないため、演奏場で流すものなのか、台湾博覧会の見物客に販売するものか不明である。

なお、通知書の日付の九月二七日と台湾博覧会の会期から考えると、これら五枚の臨時発売盤は、注文からプレス、ほかの工程も含め台湾に届けられるまで、僅か二週間というハードスケジュールのなかで行われたことが分かる。

3 総督府の政策に合わせる

日中戦争に突入した二年目の一九三八年になると、「台コ」の音盤の発売回数が激減し、二回のみとなった。その中の一回は特別盤の発売であった。特別盤は二枚セットとなっており、レーベルは「コロムビア白レーベル」である。一枚目は台湾総督府第一七代総督小林躋造の肉声による講演「島民に告ぐ」(80404)であり、二枚目の片面が同じく小林総督の講演「青年に告ぐ」(80405A)である。また、80405のB面には池田季文作曲、渡部三星一作詞の《台湾青年歌》[42]が収録されている。二枚とも台湾総督府の主導によって製作されたと考えられる。日蓄の一九三八年五月三日の「特別発売通知」(「文3378号」及び「文3377号」)の内容によれば、「島民に告ぐ」が二三〇〇枚、「青年に告ぐ」が

39 始政四十周年台湾博覧会『始政四十周年台湾博覧会誌』(始政四十周年台湾博覧会、一九三九)、復刻版『近代日本博覧会資料集成「植民地博覧会I　台湾」第一巻始政四十周年台湾博覧会誌』(国書刊行会)一一二頁。

40 同前、二三二頁。

41 同前、四二〇-四二一頁及び同書に掲載された照片を参照。

42 歌手松平晃とコロムビア男声合唱団とコロムビアオーケストラの演奏によって吹き込まれた。

一五〇〇枚発売されたとある。また、この二つの音盤を五〇枚ずつ東京の台湾総督府出張所に送ったことも記載されている。

過去には大正時期に日本の政治家たちが自身の政治理念を宣伝するために音盤に吹き込み、民衆に配ったことがある。大隈重信の講演の録音がその一例である。[43] 一九三六年に着任した小林総督が一九三八年のこの年に講演の音盤を製作した理由は、当時の新聞記事から窺うことができる。

一九三八年四月二日の『台湾日日新報』の記事「『島民に告ぐ』総督がレコード吹込」では、上記の音盤を製作する動機が記載されている。記事には、小林総督の当時の秘書官中村寛[44]が、「支那事変も長期戦に入り時局の緊迫は国民に自発的な精神的緊張と物質的支持とを要求してゐるので、総督閣下は新年度新学期第一日に当り全島民諸君と全島の青年諸士に向かって力強く呼びかけられる為」と説明した。[45] また、中村寛は同記事の冒頭で、当時の録音状況を以下のように述べている。「小林総督は一日午後三時から官邸大食堂に備へつけられたコロムビアの吹込機を前に例の荘重なバスで『島民に告ぐ』と『全島青年に告ぐ』と題する二つのスピーチを吹き込んだ（後略）」。録音の担当者は「日本コロン《ママ》ビア蓄音機会社の技師檜山氏一行」であり、この録音のため、三月二八日に大和丸に乗って神戸を出発した。[46]

上記の中村寛の言葉の背景には「国家総動員法」の制定の影響があったと考えられる。日本は一九三八年三月三一日に「国家総動員法」（法律第五五号）を制定した。その第一条は「本法ニ於テ国家総動員トハ戦時（戦争ニ準ズベキ事変ノ場合ヲ含ム以下之ニ同ジ）ニ際シ国防目的達成ノ為国ノ全力ヲ最モ有効ニ発揮セシムル様人的及物的資源ヲ統則運用スルヲ謂フ」であり、第二条以下は、国家総動員時の各物資の分類、生産と管理等に関する事項である。[47] 一九三八年は日中戦争が長期戦に入った年であり、そのためであろうか、台湾総督として小林躋造が台湾住民に呼びかける手段として、演説を音盤に吹き込むという手段を選んだようである。

一九三八年四月三日の『大阪朝日新聞台湾版』の記事では録音の状況が詳細に描かれている。「全

43 大隈重信は二期の内閣総理大臣の経歴を持ち、第二期の任期中の一九一五年三月二〇日に演説をレコードに吹き込んだことがある。倉田喜弘『日本レコード文化史』（岩波書店、二〇〇六）九九–一〇三頁、井上清『日本の歴史 下』（岩波書店、一九五六）五八–五九頁、一〇八–一一〇頁を参照。

44 一九三七年及び一九三八年の『職員録』の記載によると、中村は台湾総督府官房秘書官中村寛のことである。復刻版『旧植民地人事総覧 台湾編6』（日本図書センター、一九九七）二五七頁、三四一頁を参照。

45 一九三八年四月二日『台湾日日新報』七面。

46 一九三八年三月二六日『台湾日日新報』十一面「小林総督の談話―レコードに作製する」による。

47 「法律第五十五号 国家総動員法」『府報 第3253号』一九三八（昭和一三）年四月一三日発行、四七–四九頁。

島民特に青年層にむかって直接小林総督の肉声で戦時下の覚悟を呼びかけるため一日午後三時半から総督官邸でレコードの吹込みが行われた、レコードは〝島民につぐ〟と〝全島青年につぐ〟の両表題で各三分程度、一階会議室を応急吹込室に仕立て、午前中から慶谷社会課長[48]その他が再三テストを行ひ、準備万端ＯＫ、午後三時すぎ小林総督が姿を現し、カメラマンの乱写のなかに最後のテストをすませ、エロキューションの注意などを聴取したのちいよいよ同三十分日本コロンビヤの檜山技師の操作によって本吹込みを行ひ午後四時ごろ完了した、このレコードは四月末には製品となって総督府より各州庁、郡、市街、庄に配布されるほか台湾コロンビヤから全島に売り出されることになってゐる（後略）。[49]」

以上の記事から小林躋造の演説の録音は「日蓄」の録音技師檜山が担当した出張録音であり、また録音を行った場所はスタジオではなく、台湾総督府官邸であることが明らかである。さらに、台湾総督府が日蓄に委託してレコードを製作したということは、「日蓄」の技師が出張録音における豊富な経験を持つことが総督府にも認知されていたということであり、また、当時のレコード業界を牽引するという重要な地位にもあったため、総督府に信頼されたのであろう。

48 当時の社会課事務官の慶谷隆夫のことである。

49 一九三八（昭和一三）年四月三日『大阪朝日新聞台湾版』第二〇二七八号第五版「総督さんもレコードスターに　円盤を通じて『全島民に告ぐ』戦時下の青年層へ力強い肉声」。

おわりに

本章で取り上げた「通知書」は「台コ」から日蓄に送られた文書のみである。台湾ではこれらの文書への返答書類が見当たらないため、日蓄がどのように返答したのか不明である。しかしこれらの書類だけでも、「台コ」と日蓄とのコミュニケーションを垣間見ることができ、両者による台湾の在来音楽の音盤の企画、製作、輸入、宣伝と販売という一連の過程を把握することが可能となった。また、商売の観点では、「台コ」と「日蓄」は確かに営利という出発点から台湾人の在来音楽の市場を拓いたが、それらの音楽を製作するすべての過程において、日本の邦楽音盤[50]と変わらないプロフェショナルな取り組みをみせた。特に製作の段階で、ときに出張録音を行い、ときに台湾人歌手を日本に引率して「内地」録音を行うなど、その過程が邦楽の音盤より煩雑であったことは容易に想像できる。そのような状況にも関わらず、発売まで遂行できたのは栢野正次郎の台湾の在来音楽に対する情熱そのものではなかろうか。先行研究では多くが栢野の営利的な考え方について言及しているが、栢野が自ら台湾在来音楽の解説を執筆した[51]ことや、一〇二頁で述べたように一九四三年に栢野個人の名義で八枚の「台湾の音楽」の臨時盤を企画・発売したことを考えると、栢野の台湾音楽への関心を窺うことができる。特に後者に関しては、台湾音楽の音盤が検閲制度に引っかかったためであろうか、「台コ」は一九四〇年以降、台湾音楽の製作を行っていない[52]。一九四三年の企画は、栢野にとって離台する前に作った最後の思い出だったのかもしれない。現時点では栢野が台湾音楽の市場を開拓する動機は確認できていないが、台湾文化史研究者の荘永明が評したように、「(台湾)コロムビアの日本籍社長が商売の市場を前提に判断したかどうか推測する必要はない。彼のこうした選択が台湾の流行歌を広めたという功績を抹殺することはできない[53]」のである。台湾の流行歌だけでなく、台湾の在来音楽も同様である。つまり、「台コ」と「日蓄」という大手レコード会社が積極的に台湾音楽を発売した実績があったからこそ、私たちは新聞雑誌の記事を通して八〇年前の台湾在来音楽を想像するだけでなく、実際に聴くことが可能となったのである。

一方、日本の一五年戦争も確かに台湾のレコード業界に影響を与えた。一九三四年、「内地」の検閲制度が適用された二年後の一九三六年に、台湾でも検閲制度が導入された。そして一九三八年の国家総動員法の成立が間接的もしくは直接的に台湾の在来音楽の発行内容と枚数を左右した[54]。一九三八年以降、「台コ」による在来音楽の音盤の製作はほとんど行われていないが、一九三六年以前に「台コ」と「日蓄」によって企画・製作・販売された台湾音盤が一千枚近くあり[55]、当時の台湾で流行っていた音楽ジャンルを網羅していたと思われ、それぞれの音楽ジャンルの成立の経緯や歴史、音楽の変化を

50 当時のレコード業界では「邦楽」という言葉が広義に使用され、洋楽以外の日本の民族音楽すべてを指すようである。平野健次「邦楽」『音楽大事典　第5巻』(平凡社、一九八三)二三四七頁も参照。

51 一一九頁参照。

52 徐麗莎・林良哲、前掲書(下冊【資料篇】)では、インタビューの杜雲生が太平洋戦争以降、台湾在来音楽の音盤の製作を禁じたと証言した。同書四六七頁を参照。

53 荘永明〈日據時代的台語流行歌謠初探〉《1930年代絕版臺語流行歌》(臺北市政文化局、二〇〇九)二一頁。

54 本文では字数の関係で言及しなかったが、日本の検閲制度が成立した一九三四年と、台湾の検閲制度が適用された一九三六年の翌年以降、「台コ」が製作した台湾在来音楽の発売回数と枚数が大幅に減少し、一九三八年以降は二回、一九三九年から一九四三年までの間、レコードの発売は年間一回しか行われなかった。

55 一一九頁参照。

解明するには十分の量ではないかと考えられる。

以上のように、「台コ」と「日蓄」のレコード製造と販売の過程の一部を明らかにした。これまで、その歴史を追究するには、発掘したその時代のレコードの実物や新聞雑誌の記事、関係者への聞き取り調査という手段が使われてきたが、全体像はつかみにくい。本稿は通知書という社内文書を分析考察したことで、その問題をある程度解決でき、空白の多い植民地台湾レコード史のジクソーパズルにさらに数ピースを足すことができたと思う。

脚注

8 大売捌所は日蓄の販売制度であり、大売捌所が小売店に出荷するシステムであった。のち、その大売捌所を廃止し、日蓄が直接小売店に販売することに改革されたが、一部の大売捌所がしばらく残っていた。その理由は不明だが、レーベルを限定されたレコードを販売する大売捌所が一時的に営業した。台北支店は当時大売捌所の役割を果たした。コロムビア50年史編集委員会編、前掲書、八八-九二頁。

9 徐麗紗と林良哲の著書『従日治時期唱片看台湾歌仔戲 下冊【資料篇】』（國立傳統藝術中心、二〇〇七）に聞き取り調査の記録と資料が掲載されており、その住所はインタビュアーの林平泉が提供した特約書類に記載されている。同書四二七頁参照。

16 その内容によると、出川菊太郎が録音した音楽には「F.0.1」から「F.202」の番号が振られており、「F.202」以降も番号が続いているため、川崎らが録音したものも含まれているのではないかと推測する。「F」番号は台湾の別称「Formosaフォルモサ」の「F」からとったものであろう。また、レーベル「オリエント」は一九一九年一一月に日蓄と合併した東洋蓄音器が発売したレーベルであった。前掲マスターシート、一七一頁-一八八頁。オリエントコレード」に関しては、大西秀紀「東洋蓄音機・オリエントレコード関連ディスコグラフィ」京都市立芸術大学日本伝統音楽センター助成金成果報告書（課題番号24520168、二〇一八）および注(9)の徐麗紗と林良哲の著書四〇二頁を参照。

51 その資料は民族音楽学者桝源次郎と黒澤隆朝が一九四三年に台湾に渡り、台湾の民族音楽調査を調査した間に取得したものである。筆者がその資料を確認したのは、王櫻芬との共同研究（「台湾民族音楽調査団」の歴史に辿る、2001年-2006年）を行った時であった。当時の国立音楽大学附属図書館主任司書松下鈞氏の委嘱により、該図書館に所蔵された黒澤隆朝の資料を整理した際に見つけたものである。なお、黒澤隆朝の資料は現在国立台湾大学図書館に移管されている。

55 劉麟玉「日本コロムビア外地録音の台湾データの作成について」（「植民地主義と録音産業—日本コロムビア外地録音資料の研究」平成一八年度科学研究費補助金基盤研究（C）研究成果報告書（二〇〇七）（研究代表者：福岡正太、課題番号17520565）には、日蓄が製作した三つのレーベルの枚数は合計一〇〇一枚であると述べた（七頁）。しかし当時は復刻した音盤が含まれた関係資料がまだ手に入らず、そのままの計算となった。現時点では具体的な枚数に関する情報がいまだに不足しているが、実際に製作された音盤は一〇〇〇枚以下と考えられる。

第5章　写音的近代と植民地朝鮮、一八九六～一九四五

山内　文登

はじめに

朝鮮録音、すなわち朝鮮の「音・声《ソリ》」（以下、ルビは主にハングル）の機械的な記録は、一九世紀末から一世紀以上の歴史を持つ。それは多様な音響メディアに刻まれてきたが、そのうち本稿で扱うのは、最初期の少数のシリンダー、そして業界初のグローバル規格であったSPレコード（以下、レコード）である。その歴史は一九世紀末から一九六〇年代初頭にかけての七〇年近くにわたり、朝鮮の近現代史上の主要な時期区分にまたがっている。このうち、本稿は日本統治期（一九一〇～一九四五年）の終結に至るまでの約半世紀を論ずる。この期間の朝鮮の呼称には変化があるが、初期の記述に「大韓帝国」や「韓国併合」などの歴史的用語を使い、また現在の大韓民国に言及する際に「韓国」を用いる以外は「朝鮮」で通す。[1]

主たる議論の対象は、朝鮮人が朝鮮語で歌い語り器楽演奏をした主に朝鮮市場向けのレコードである。帝国日本のレコード産業は、これを「朝鮮盤」などと呼んで「内地盤」や「台湾盤」などと区別し、

1　本稿の主要部分は、筆者が出版準備中の共編著（Yamauchi, F. and Wang Y. (eds), *Phonographic Modernity: The Gramophone Industry and Music Genres in East and Southeast Asia.* University of Illinois Press, 2024.）に書いた英文拙稿を増補・改稿した詳細版である。

2　こうした分類の詳細と日朝越境の実例の分析はYamauchi, F. '(Dis)Connecting the Empire: Colonial Modernity, Recording Culture and Japan-Korea Musical Relations'. In *Colonial Modernity and East Asian Musics [Special Issue]* guest edited by H. de Ferranti and F. Yamauchi, *The World of Music* 1, 2012, pp.143-206 参照。

3　詳細は拙編著（Yamauchi and Wang, *op. cit.*）のイントロ参照。

4　日本語の重要文献としては、先駆的に朝鮮レコードを

それぞれ異なる番号体系を与えた。朝鮮人が内地デビューし日本語で歌った場合は、基本的に内地盤に組み込まれた。日本人が朝鮮を主題に歌った楽曲なども同様である。[2] また、ごく少数ながら朝鮮歌謡のカバー曲を収めた台湾盤なども存在する。本稿は、このうち朝鮮盤などと呼ばれたものを「朝鮮レコード」と総称して主たる考察対象とし、必要な場合に限って朝鮮関連の「内地レコード」などにも触れることにする。こうした帝国内の音連環は、双方向ながら非対称な様相を呈し、それに応じて朝鮮人の歴史的主体性の発現もまた条件付けられた。本稿ではこれを「写音的近代《フォノグラフィック・モダニティ》」の形成の一例として考察する。[3] ここで「写音」とは、フォノグラフィーの含意の一つである「音を書き写す」ことに、「写真《フォトグラフィー》」の用語を同時に勘案した造語である。

日本統治期までの朝鮮録音に関する研究は韓国語の文献を中心に蓄積がある。[4] 特記すべきは、一九八九年に伝統音楽学者やレコード収集家などによって設立された韓国古音盤研究会の活動である。同会は歴史的録音の復刻作業を開始するとともに、一九九一年から『韓国音盤学』という会誌を発行してきた。また一九九八年には同会の創立メンバーである裵淵亨を中心に、初のディスコグラフィーとなる『韓国留声器音盤総目録』が刊行される。[5] これは二〇一一年に『韓国留声器音盤 一九〇七〜一九四五』全五巻として大幅に増補された。[6] こうした基盤研究の整備と並行して多くの成果が出されるが、専門化と細分化の傾向が強まり、レコード史の叙述も全体像を示すような方向性からは遠ざかることになる。こうした中で、筆者の博士論文は、録音をめぐる主客関係と媒介連鎖という分析的視座から、朝鮮レコードに関する通史的枠組を提示する初の試みだった。[7] 他に通史的な取り組みとしては、朝鮮史研究者の崔ヘウンが日本統治期に論点を絞って既存研究の成果を盛り込んだ英語の博士論文を提出し、[8] さらに二〇一九年には裵淵亨が半生にわたる研究の集大成というべき『韓国留声器音盤文化史』を上梓している。[9]

本稿は、こうした研究の土台の上に、朝鮮録音の草創期から日本統治期までの全般的な輪郭を簡潔に示すことを目的とする。この半世紀にもわたる歴史の膨大な事実関係に関する一次史料の提示は必要限度に留め、筆者自身の研究も含めた既存の成果を併用しつつ論を進める。本稿が特に傾注するの

資料に用いた朴燦鎬の『韓国歌謡史 一八九五—一九四五』（晶文社、一九八七）がある。これは一九九二年に韓国語訳が出た後、二〇〇九年に第二巻を加えた韓国語の増補版となり、さらに二〇一八年に増補版の日本語版として再刊されている。

5 韓国精神文化研究院編『韓国留声器音盤総目録』（民俗苑、一九九八）。

6 裵淵亨ほか『韓国留声器音盤、一九〇七〜一九四五』全五巻（ハンコルムト、二〇一一、韓国語）。

7 山内文登「植民地朝鮮の録音文化の歴史民族誌――帝国秩序と微視政治」韓国学中央研究院大学院文化芸術学部博士論文、二〇〇九（韓国語）。

8 Choi, H. 'The Making of the Recording Industry in Colonial Korea, 1910-1945'. Unpublished Ph.D. dissertation (history), University of Wisconsin-Madison, 2018.

9 裵淵亨『韓国留声器音盤文化史』（チソン社、二〇一九、韓国語）。日本語の書評は拙稿、山内文登「書評：裵淵亨著『韓国留音機音盤文化史』」『韓国朝鮮の文化と社会』一九、二〇二〇、一五五－一六五頁参照。

は、朝鮮録音に特有の歴史的動態を捕捉するにふさわしい時期区分を提示する作業である。その歴史は、朝鮮史の一般的な時期区分と深く関わりつつも、そこに還元できない側面を併せ持つ。産業構造、技術革新、文化的媒介、ジャンル編制、国家統制といった多様な変数が、互いに絡まりつつ関わってくるためである。本稿ではこれらを複合的に考慮しつつ、比較的自律性の高い六つの時期を抽出し、各時期の主要な動向に論点を絞って論じていく。中でも一九二〇年代後半以降の時期は、既存研究でも細かい時期区分が導入されたことがないが、本稿ではそこに四つの時期を設定して細かく検討する。こうして約半世紀にわたる歴史を短くは数年単位で区切りつつ、各時期に「支配的」な局面を取り上げるが、その際に断続性だけを強調するのではなく、過去からの「残余的」な要素や、未来を告知する「創発的」な要素を勘案した叙述を目指す[10]。こうして歴史的動態を軽視した過度な一般化を避けつつ、同時に全期間を貫く問題の筋道を浮かび上がらせる。

これに加えて本稿が特に留意するのは、録音の主体と客体、具体的にはレコード産業と録音内容の相互作用と相互変容の様相である。このために、後に流布することになるジャンル用語を不用意に使わず（例えば日本の「演歌」に相当する「トロット」など）、当時業界が用いたカテゴリーや分類法に極力立ち返って検討する。

こうした問題意識から、本稿では以下のような問いを探求する。まずは、朝鮮録音がいかに「フィールド録音」というべき形態から出発したか。それが商業録音へと転換する中で、いかに三つの主要地域の伝統音楽と出会い、植民地固有の文化的差異を表出したか。現在的な意味での「レコード産業」がいつどのように誕生し、それがいかに「伝統・西洋・ポピュラー」という音楽三分法の言説的構成へと関わったか。その後、レコード産業がいかに「ポピュラー音楽産業」へと変貌し、多様なサウンドとスタイルを吸収したか。こうした過程の中で、制作を主導した「文芸部」という社内組織や、音・声を提供した実演集団の歴史的主体性はいかなる様相を示したか。そして朝鮮録音は植民地権力といかなる関係を持ち、検閲や動員の対象となっていったか。こうした問いに留意しつつ、論を進める。

10 R・ウィリアムズは、文化変容の分析において、ある時期に支配的（ドミナント）な様相だけでなく、その前後に残余的（レジデュアル）、創発的（エマージェント）な諸相を踏まえることを重視した（Williams, R. *Marxism and Literature*. Oxford University Press, 1976, pp. 121-126.）。ここでの議論はそうした用語法を流用したものである。

一　黎明期――近代西洋による朝鮮録音の開拓、一八九六〜一九一〇

1　非商業的なフィールド録音の諸相

朝鮮録音は、一般に朝鮮史で「開化期」と呼ばれる一九世紀後半の時期に始まる。その時期的な特徴の一つは、西洋文明の選択的な受容が進められる一方、それに触発されつつ近代的な民族文化の構築が目指されたことである。朝鮮録音の最初期はこうした複合的プロセスに関わっている。それはまた、清朝からの朝鮮の国際法的な「独立」と大韓帝国（一八九七〜一九一〇年）の成立をもたらした日清戦争、続いて帝国日本による大韓帝国の保護国化と韓国統監府（一九〇五〜一九一〇年）の設置をもたらした日露戦争といった帝国間の政治力学によって引き続き規定されていく。

近代西洋との接触の開始は、意外にも朝鮮半島から遠く離れた場所で最初の朝鮮録音をもたらす。一八九六年七月二四日、アメリカのワシントンD.C.で、女性民族学者のアリス・フレッチャーが行ったフィールド録音である。[11] 吹き込んだのは同地のハワード大学に留学していた安禎植、李喜轍、宋ヨンドクという三人の朝鮮人留学生である。彼らは甲午改革の中で一八九五年から日本に派遣された二度目の官費留学生一六〇余名の構成員として慶應義塾に学んだが、翌年二月に起こった露館播遷と呼ばれる政情の変化によって帰国を拒否し、アメリカに渡っていた。[12] 一方のフレッチャーは、当時ワシントンD.C.を拠点としてアメリカ先住民研究に取り組んでいた。こうした彼らの出会いは、今のところ現存するごく少数の朝鮮関係のシリンダー録音（計六本）に結実する。これはまた、本稿の全時期にわたって稀少な学術的フィールド録音でもある。[13] ただし、通常の民族誌的録音とは逆に、故郷（ホーム）を離れた被研究者が、逆に研究者のそれを「フィールド」として行われた点は特徴的である。留

11　日本語の紹介は拙稿、山内文登「復刻された韓国録音」『韓国朝鮮の文化と社会』七、二〇〇八、二〇三―二一〇頁参照。台湾の事例も含めたフィールド録音の考察は拙稿、山内文登「方法としての音――フィールド・スタジオ録音の「共創的近代」論序説」細川周平編『音と聴覚の文化史』（アルテスパブリッシング、二〇二一）一七二―一八五頁参照。

12　李ホギョン「一五年の執念で蘇った韓国人最初の音声記録」『新聞と放送（韓国言論財団）』九月号（四七七号）、二〇一〇年（韓国語）、五三―五四頁、崔徳寿「近代朝鮮人のアメリカ留学」『近代日本研究（慶應義塾福沢研究センター）』三四巻、二〇一七、五一頁。

13　もう一つ特異な文脈において遂行された「学術」的録音の事例がある。第一次世界大戦の際に、ロシア軍として戦った五人の在露朝鮮人が、ドイツの捕虜収容所に捕らえられ、一九一六年から一九一七年の間にベルリン大学音声研究所（Institut für Lautforschung）によって録音されたもので、その結果は11個のシリンダーとして現在に伝えられる。

意すべき内容としては、〈アリラン〉の最初の録音がある。これは現在広く知られるバージョンの〈アリラン〉の土台となった京畿道のメロディの一つである。関連して付記しておきたいのは、当時朝鮮に滞在していたアメリカ人宣教師ホーマー・ハルバートが、同じ一八九六年に西洋の五線譜を用いて同種の〈アリラン〉の採譜を初めて出版した事実である。ハルバートについては後述する。

一方、朝鮮半島において録音の歴史が動き出すのは一九〇〇年前後である。シリンダーの実物は残っておらず、文字資料がその事情の断片を伝えるに留まる。記録の主体は朝鮮語新聞である。この新メディアの誕生は、日清戦争の後、「中国文明」からの差異化と「西洋文明」の選択的受容という課題に条件付けられつつ、「漢字」に代わって「諺文《オンムン》」（後にいうハングル）が「国字」として新たに位置づけ直されていったプロセスの一環だった。[14] 最初の記録は一八九九年に集中しており、[15] この一九世紀最後の年が現地資料からみた朝鮮録音の始点となる。内容の大部分はソウルで行われた[16]蓄音器関連の見世物の告知や報道である。その様子を比較的詳細に伝える数少ない例が、一八九九年四月二〇日付の『独立新聞』の記事である（図1）。このイベントは、大韓帝国外部（外務省に相当）によって開催され、大臣その他の官僚が臨席する中で行われた。「西洋人《ソヤン・サラム》」とだけ記された録音技師が、フィールド録音のような形で、六人以上の朝鮮人の声を録音した。

これ以降の朝鮮録音の活動は、主に日露戦争以後である。帝国日本の勝利と、続く大韓帝国の保護国化は、朝鮮のナショナリズムの主流を抗清から抗日へと旋回させていく。[17] そうした時代状況の一部は蓄音器関連のイベントにも反映された。例えば、イラストによる社会風刺を先駆的に試みたことで知られる『大韓民報』は、親日人士が蓄音器を用いて政治活動を行うシーンをネタに、これを揶揄するイラスト記事を掲載している。[18] そこには「遊説《ユソル》が留声《ユソン》なのか、留声が遊説なのか、なぜ聴く者は鼻を塞いで立ち去るのか」というキャプションが添えられた（図2）。そこでは、朝鮮語の漢字音で似た発音となる「留声」と「遊説」が言葉遊び的に重ね合わせられ、留声器（蓄音器）が「耳」というより「鼻」につく物騒な機器として描かれている。

14 Schmid, A. *Korea between Empires: 1895-1919*, Columbia University Press, 2002, pp47-54.

15 『皇城新聞』一八九九年三月一〇日・一三日、『独立新聞』一八九九年四月二八日、七月一三日・二三日など。

16 当時は「漢城」と呼ばれ、日本統治期には「京城」と命名されるなど名称に変化があるが、本稿は固有名詞等を除いて「ソウル」で通す。

17 月脚達彦『朝鮮開化思想とナショナリズム——近代朝鮮の形成』（東京大学出版会、二〇〇九）、二六〇頁。

18 『大韓民報』一九〇九年九月一日。なお、当時の記録には「留声機」「留声器」「蓄音機」「蓄音器」など異なる表現が現れるが、本稿では「蓄音器」で通す。

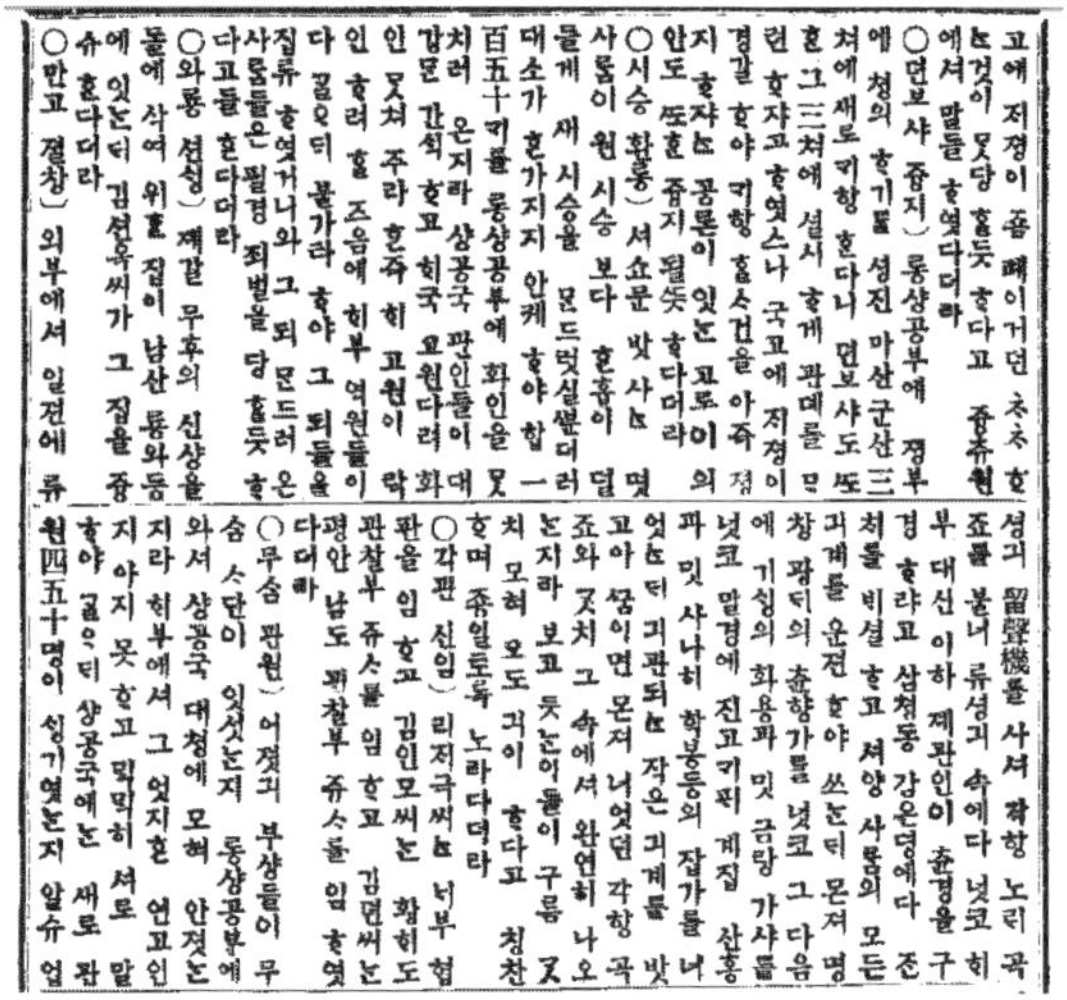

고에 저졍이 좀 폐이거던 추추 ᄒᆞ
ᄂᆞᆫ것이 못당 ᄒᆞᆯ듯 ᄒᆞ다고 즁츄원
에셔 말들 ᄒᆞ엿다더라
○면보 샤 즁지) 롱샹공부에 졍부
에 쳥의 ᄒᆞ기를 셩진 마산 군산 三
쳐에 새로 ᄀᆡ항 ᄒᆞ다니 면보샤도 ᄯᅩ
ᄒᆞᆫ 그 三쳐에 셜시 ᄒᆞ게 ᄑᆞᆫ톄를 ᄆᆞ
련 ᄒᆞ쟈고 ᄒᆞ엿스나 국고에 저졍이
경갈 ᄒᆞ야 ᄀᆡ항 ᄒᆞᆯᄉᆞ건을 아즉 졍
지 ᄒᆞ쟈ᄂᆞᆫ 공론이 잇ᄂᆞᆫ 고로 이의
안도 ᄯᅩᄒᆞᆫ 즁지 될듯 ᄒᆞ다더라
○시승 환롱) 셔쇼문 밧 사ᄂᆞᆫ 몃
사ᄅᆞᆷ이 원 시승 보다 ᄒᆞᆫ홉이 덜
들게 새 시승을 믄드럿실뿐더러
대소가 ᄒᆞᆫ가지지 안케 ᄒᆞ야 합 一
百五十ᄀᆡ를 롱샹공부에 회인을 맛
치려 온지라 샹공국 ᄑᆞᆫ인들이 대
강문 간쉭 ᄒᆞ고 ᄒᆡ국 요원다려 화
인 못쳐 주라 ᄒᆞᆫ즉 ᄒᆡ 고원이 락
인 ᄒᆞ려 ᄒᆞᆯ 즈음에 ᄒᆡ부 역원들이
다 ᄀᆞᆯᄋᆞ되 불가라 ᄒᆞ야 그 되들을
질류 ᄒᆞ엿거니와 그 되 믄드러 온
사ᄅᆞᆷ들은 필경 죄벌을 당 ᄒᆞᆯ듯 ᄒᆞ
다고들 ᄒᆞᆫ다더라
○와룡 셜싱) 재갈 무후의 신상을
돌에 삭여 위ᄒᆞᆫ 집이 남산 룡와등
에 잇ᄂᆞᆫ 김션욱씨가 그 집을 즁
슈 ᄒᆞᆫ다더라
○만고 졀창) 외부에셔 일젼에 류
셩긔 留聲機를 사셔 쟉항 노리 곡
죠를 불너 류셩긔 속에다 넛코 ᄒᆡ
부 대신 이하 제관인이 츈경을 구
경 ᄒᆞ랴고 삼쳥동 강운뎡에다 죤
쳐를 비셜 ᄒᆞ고 셔양 사ᄅᆞᆷ의 모든
긔계를 운젼 ᄒᆞ야 쓰ᄂᆞᆫᄃᆡ 몬져 명
창 광ᄃᆡ의 츈향가를 넛코 그 다음
에 기싱의 화용파 밋 금랑 가샤를
넛코 말경에 진고ᄀᆡ 패 계집 산홍
파 밋 사나히 학봉등의 잡가를 너
엇ᄂᆞᆫᄃᆡ ᄀᆡ관되ᄂᆞᆫ 작은 긔계를 밧
고아 ᄉᆞᆷ이면 몬져 너엇던 각항 곡
죠와 곳치 그 속에셔 완연히 나오
ᄂᆞᆫ지라 보고 듯ᄂᆞᆫ이들이 구름 ᄀᆞᆺ
치 모혀 오도 긔이 ᄒᆞ다고 칭찬
ᄒᆞ며 죵일토록 노라다더라
○각관 신임) 리져극씨ᄂᆞᆫ ᄂᆡ부 협
ᄑᆞᆫ을 임 ᄒᆞ고 김인모씨ᄂᆞᆫ 황히도
ᄑᆞᆫ찰부 쥬ᄉᆞ를 임 ᄒᆞ고 김면씨ᄂᆞᆫ
평안 남도 ᄀᆡ찰부 쥬ᄉᆞ를 임 ᄒᆞ엿
다더라
○무숨 ᄑᆞᆫ원) 어졋긔 부샹들이 무
숨 ᄉᆞ단이 잇섯ᄂᆞᆫ지 롱샹공부에
와셔 샹공국 대쳥에 모혀 안젓ᄂᆞᆫ
지라 ᄒᆡ부에셔 그 엇지ᄒᆞᆫ 연고인
지 아지 못 ᄒᆞ고 ᄆᆡᆨᄆᆡᆨ히 셔로 말
ᄒᆞ야 ᄀᆞᆯᄋᆞ되 샹공국에ᄂᆞᆫ 새로 ᄑᆞᆫ
원四五十명이 싱기엿ᄂᆞᆫ지 알슈 업

図１：大韓帝国外部主催の録音イベント
（『独立新聞』1899年4月20日）

図2：親日人士の遊説と「鼻」につく蓄音器
（『大韓民報』1909年9月1日）

2 最初の商業録音——一九〇〇年代の米国コロムビアと米国ビクター

最初の商業的な朝鮮録音が行われたのもまた同じ保護国・統監府時代である。二〇世紀の初頭、西洋のレコード会社は日本内地を含む世界各地に技師を派遣して「出張録音」を行っていた。しかし、西洋の帝国的ネットワークに直接組み込まれた他の地域に比べると、一九〇五年に外交的自律性を剥奪された朝鮮は、西洋のレコード産業の関心から取り残される傾向にあった。[19] 実際に朝鮮録音に取り組んだのは、米国のコロムビアとビクターの二社に限られる。ここでは録音者・実演者・仲介者の三者関係に留意しつつ、両社の戦略上の差異を中心に簡単に述べる。[20]

米国コロムビアが朝鮮録音を行ったのは一九〇六年二月である。場所は大阪で、またしても朝鮮の外だった。内地の舶来品業者の三光堂によって手配された出張録音には録音技師のチャールズ・カーソンとハリー・マーカーが派遣され、その一部に朝鮮の音楽家が呼び寄せられたのである。三光堂の朝鮮総代理店である辻屋が出した最初の広告によれば、参加した朝鮮人は計五人で、うち名前が明記されたのは韓寅五と崔紅梅の二人である。[21] 両者は、それぞれ「楽工」「官妓」という呼称で紹介された。朝鮮の宮廷音楽の従事者の謂である。ただし、韓は現在「四契軸の歌い手《サゲチュック・ソリックン》」と呼ばれる民間の専門的な歌手の一人だったと考えられている。[22] 一方、崔は表記通りの人物であり、彼女の録音は、大韓帝国の宮廷が未だ名目を保っていた状況において、現役の「官妓」が残した唯一の肉声である。前述の広告は、王族の義和宮や「李」とだけ記された大臣が三光堂に立ち寄り蓄音器を注文したことを特記し、これが録音の触媒の一つとなったことを暗示している。こうした媒介の過程は、米国コロムビアの朝鮮録音が、大韓帝国の国家権力の残余的権威と、それに関与を深める帝国日本の保護国政策の様相を映し出す。録音の結果、レコード番号2700番台の三〇枚ほどの片面盤が作られ、一九〇七年三月から朝鮮市場で売り出された。レコードのラベル上には、「韓歌・Corean Song」という十把一絡げのカテゴリーが付記された。

19 東・東南アジア諸国との比較は拙編著（Yamauchi and Wang, *op. cit.*）のイントロ参照。

20 詳細は拙稿、山内文登「音盤産業と媒介作用の研究——電気録音以前の韓国録音を中心に」『韓国音盤学』二〇、二〇一〇、二二一-二五〇頁（韓国語）参照。

21 『万世報』一九〇七年三月一九日。

22 権度希「韓国初の音盤一九〇七——韓寅五・崔紅梅」（東国大学校韓国音盤アーカイブ企画・発行復刻CD、DGACD-001）解説書、二〇〇七、一七-一八頁。「四契軸」とはソウル（城壁都市・漢城）の西門外にある地名で、そこに住んでいた「良民」という身分の歌手の一群が、韓国音楽学においてこのように呼ばれる。

一方、米国ビクターの録音は、一九〇六年一一月から一二月にかけて冬のソウルで行われた。この仕事に取り組んだのは、創社当初より提携関係にあった英国グラモフォンの録音技師ウィリアム・ガイスバーグである。[23] 録音が朝鮮内で行われたため、四〇名以上にのぼる朝鮮人実演者が招聘され、地域的・音楽的にも多様な顔ぶれとなった。レコードのラベルには、「平壌」「大邱」「東莱」「清州」「星州」「利川」「金海」「全羅道」「慶尚道」といった実演者由来の地名が記されている。これらは、後に韓国の音楽学において「民謡圏」と規定されることになる五地域のうち最も主要な三地域、すなわち「京畿」（ソウルおよびその周辺の中部地方）、「西道」（朝鮮半島の西北地方）、「南道」（西南地方）をカバーする[24]（図3）。これら三地域は、一九三〇年代後半に至るまで主要なレパートリーの位置を占め続けることになる。この録音に関わった文化仲介者が前述のハルバートである。[25] 当時、ハルバートは日露戦争後の日本の統監府政治に対して批判的であり、一九〇七年七月には朝鮮を去っている。その前年の一九〇六年には『朝鮮の終焉』（*The Passing of Korea*）という著作を発表し、新たに数曲の朝鮮歌謡の楽譜を掲載している。米国ビクターの朝鮮録音が、宣教師ハルバートを通じて行われた事実は、内地の仲介業者を介した米国コロムビアと異なり、西洋諸帝国の商業的・宗教的なネットワークを基盤にしたものであったことを示唆する。この録音の成果は、13000番台（七インチ）と13500番台（一〇インチ）の片面盤約一〇〇枚ほどのレコードとなり、一九〇七年か

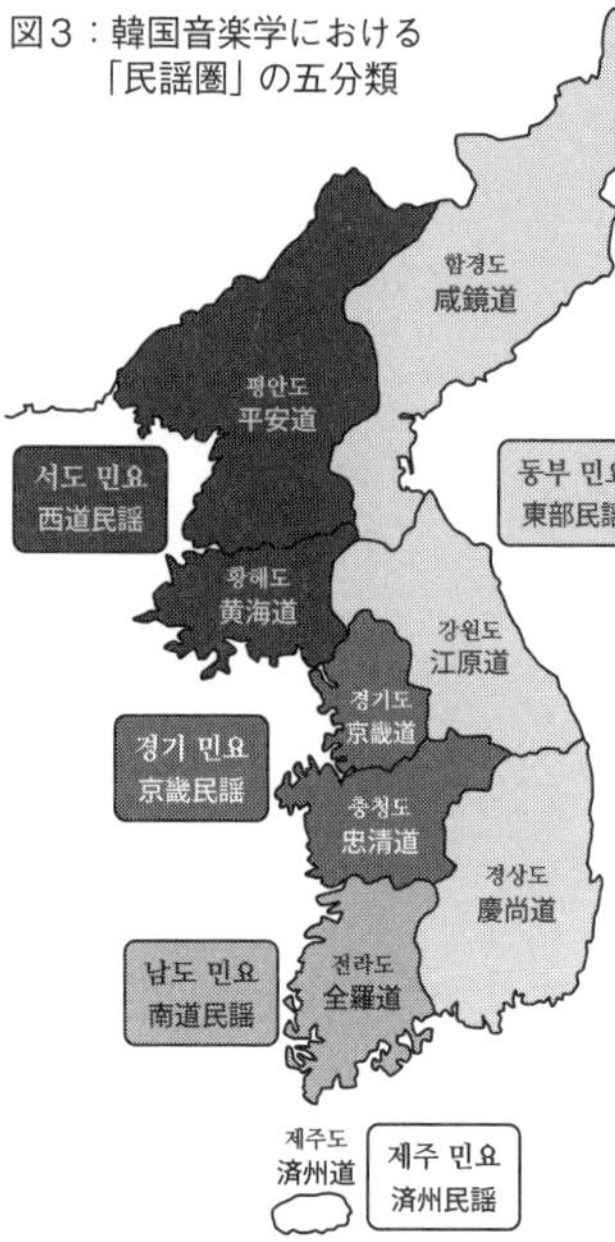

図3：韓国音楽学における「民謡圏」の五分類

23 録音技師の情報を含め、米国ビクターの朝鮮録音の詳細が解明されたのは、最近の研究成果である。裵、前掲書、一一〇-一四三頁。

24 「民謡圏」の特徴とされるのが「トリ」である。それは、音階、モード、節回しなどの組み合わせを総合的に考慮した地域性のことで、言語的な「サトゥリ」（方言）に対応する。なお、残り二つは「東道」（半島を貫く太白山脈の東側）と「済州」だが、これらの音楽的な特異性が韓国音楽学において広く認められるのは、一九七〇年代以後のことである。「トリ」をめぐる学説の整理は金英云「韓国民謡旋法の特徴――既存研究成果の再解釈を中心に」『韓国音楽研究』二八、二〇〇〇、一五-四五頁（韓国語）参照。

25 Hulbert, Hormer. A personal letter to his parents. 1906.（山内、前掲「音盤産業と媒介作用の研究」に再録）。この手記は筆者が発掘した新資料の一つである。

ら朝鮮で売り出された[26]。

以上の二つが、現在知られている同時期の西洋レコード産業による朝鮮録音の代表的事例である。帝国日本の版図は、新たに台頭する内地のレコード産業が基本的に排他的権限を担保することになる。

二　寡占期——日蓄の独占から日東との複占へ、一九一一～一九二七

1　一九一〇年代の武断政治と内地企業の独占体制

アジア諸国の中で、日本は音の複製技術を国産化し、西洋資本との連携を通じて自国のレコード産業を確立した最初の国となった。そのプロセスはまた帝国的膨張とも軌を一にした。日本初のレコード会社とされる日本蓄音器商会（以下、日蓄）の設立は、韓国併合と同じ一九一〇年である[27]。続く植民地期の最初の一〇年間は朝鮮史で「武断政治」期と呼ばれるが、この間に朝鮮録音を行ったのもまた日蓄だった。韓国併合後すぐに行われた二度の録音は、米国コロムビアのケースと同様、内地に朝鮮人音楽家が赴く形で行われた。

日蓄初の朝鮮録音は一九一一年である。そこには八人の朝鮮人実演者の参加が確認される。前述した米国コロムビアよりも多く、米国ビクターよりも少ない。彼らの音楽的な背景は、米国ビクター同様、朝鮮半島の三つの主要な民謡圏から構成され、京畿から朴春載と妓生《キーセン》の金紅桃、西道から文永珠、南道から沈正順と柳明甲らが参加した。このうち、京畿と西道の出身者は一緒に双方の民謡を歌うことが少なくなく、そのため両地域はしばしば「京西道」と一括りにされる。南道の人々は、パンソ

26　山口亀之助『レコード発達史』（録音文献協会、一九三六）一一三頁、裵ほか、前掲書、三三一頁。Ward, J. compiled. "Analysis of Asian Recording Series" (revised), Encyclopedic Discography of Victor Recordings (EDVR), 2012[2010]. (http://adp.library.ucsb.edu/index.php/resources/detail/378)（最終閲覧日：二〇二三年一月三〇日）も参照。

27　この設立年は社史による（日本蓄音器商会編『日蓄三十年史』（日本蓄音器商会、一九四〇））。同社の複雑な設立過程と、西洋・日本間のイニシアティブについての見解には諸説ある。山口、前掲書、日本蓄音器商会編、前掲書、飯塚恒雄『レコード・マンの世紀』（愛育社、二〇〇二）などを参照。

リ・短歌など主に同地域のレパートリーを吹き込んだ。また「京西道」と「南道」で比べると、前者が分量的に優位であり、この構図は一九三〇年代以前まで続くことになる。日蓄の第一回録音は、総計約一〇〇枚の片面盤となって売り出された。当時、日蓄は価格の高い順に、シンフォニー／ローヤル／アメリカン／ユニバーサル／グローブという五種類の商標を用いていたが[28]、朝鮮レコードには主にローヤルが当てられている（図4）。

日蓄の二度目の朝鮮録音は一九一二・一三年で、東京で行われた。参加した音楽家は前回より増えて一〇人以上である[29]。今回も主たる実演者は前述の三つの民謡圏出身者だったが、内容の幅はもう少し広がった。目新しいところでは、韓応泰が細楽手という宮廷の軍楽兵のレパートリーを、また具昇鉉が「声帯模写」による動物の鳴き声の物まねを吹き込んでいる。金永植・金恩植が讃美歌を吹き込んだのも注目される。これは朝鮮初の西洋音楽録音というべき意義を持つ。これらの実演者を東京まで引率したのは永島逸太郎という人物で、一九一一年にソウルに設立されていた日蓄の直営店の支配人だった[30]。レコード史研究の先駆者である山口亀之助は、永島に率いられた朝鮮人のことを東京に現れた「エキゾティック分子」と形容しつつ、一行が「折柄の花見時に花のお江戸の観光」を楽しんだと付記している[31]。この第二回録音の結果、一六〇枚以上の両面盤が作られ、主にニッポノホンという同社を代表する商標が当てられた[32]（図5）。

一九一〇年代後半、特に一九一四年から一九一七年までの時期は、日蓄にとって経営の厳しい時期となった[33]。第一次世界大戦による大幅な事業の萎縮は、特にヨーロッパ系のレコード業界に広く見られる傾向だが、帝国日本に顕著なのはむしろ海賊業者の隆盛がもたらした影響だった。日蓄は対抗策として、複製がより難しい両面盤への切り替えを徹底し、さらに一九一六年時点で一律の定価としていた一・五円の半値以下の六五銭へと大幅な値下げも敢行している[34]。最終的に、内地では一九二〇年に日蓄が代表する業界側に有利な形で、著作権法の改正が行われることになる[35]。

日蓄が停滞期に入っていた一九一五年には、米国ビクターが二度目の朝鮮録音を行っている。その

28 日本蓄音器商会編、前掲書、一一頁。
29 山口、前掲書、一三七頁。
30 直営店の開店案内は『毎日申報』一九一二年九月一二日。なお朝鮮の内地人関連資料には「長嶋逸郎」という表記も存在するが、同一人物と考えられる。
31 山口、前掲書、一三七頁。
32 以上のレコードの書誌情報は、裵ほか、前掲書、四六–四八頁、五四–五五頁。
33 倉田、前掲書、一〇二頁。
34 日本蓄音器商会編、前掲書、二六–二七頁。
35 細川修一「著作権制度とメディアの編制——日本の初期音楽産業を事例として」『ソシオロゴス』二七、二〇〇三、二四九–二六八頁。

目録の全貌は最近になって明らかになった。[36] ただし、日蓄と異なり、米国ビクターは朝鮮に直接流通網を築くことなく、よって広告もほぼ出さないままに終わっている。その意味で、一九一〇年代は日蓄の市場独占というべき状況が実質的に継続した。

36 裵、前掲書、二六四－二七四頁。

図4：日蓄の第一回朝鮮録音
（提供：東国大学校韓国留声器音盤アーカイブ、ラベル写真は以下同様）

図5：日蓄の第二回朝鮮録音

2　一九二〇年代の文化政治と「文化的利器」としての蓄音器

一九一九年に勃発した三・一運動（帝国日本からの独立運動）は、植民地当局をして既存の施政方針の再考を促した。そうして掲げられたのが「文化政治」と呼ばれる政策である。それは、「内地延長」などのスローガンで「同化」の理念を再び強調すると同時に、被植民者に対し一定の範囲における文化的差異の表現を許容した。その主要な例の一つが、武断政治期には禁止された民間の朝鮮語出版産業の再興であり、これを土台に「文化ナショナリズム」と呼ばれる動きが展開されていく。[37]

ただし、文化政治が朝鮮のレコード業界の構造転換をにわかにもたらしたわけではない。一九二〇年代半ばまでに朝鮮人経営の新聞・雑誌会社は創設ラッシュを迎えたが、それと対照的に、朝鮮人が新たにレコード会社を設立することはなかった。この時期は、日蓄の独占状態が続いた後、一九二五年に日東蓄音器株式会社（以下、日東）が内地から参入してくる程度の動きに留まったのである。

ただし、留意すべきは、この頃に「文化的利器」としての蓄音器という新たな考えが浮上した事実である。その触媒の一つは、一九二一年に音楽学者の田辺尚雄が朝鮮を訪問したことだった。二週間にわたる滞在の主目的は朝鮮雅楽の調査だったが、内地人住民の招請に応えて六回にわたる講演会を行い、持参した日本雅楽などのレコードを大いに活用したのである。[38] 日本語メディアは、「蓄音機も聴ける音楽講演会」といった見出しを掲げ、レコードの文化的役割への関心を喚起した。[39] こうした動向を受け、朝鮮語メディアにおいても、やはり一九二〇年代前半から蓄音器が「文化的家庭」にとっての必需品などとして語られるようになる。[40]

こうした中、日蓄の第三回朝鮮録音が一九二三年頃に行われた。注目すべきは、日蓄が初めて現地録音に乗り出した事実である。ただし、当時内地に留学していた朴貞子の録音など、一部は内地で行われた。[41] 朴以外の実演者のほとんどは妓生で、前例通り京西道と南道の二陣営からなる。このため吹き込まれた内容の圧倒的多数もまた伝統音楽だったが、そこには二種類の新機軸が含まれた。

37 Robinson, M. *Cultural Nationalism in Colonial Korea, 1920-1925*. Seattle: University of Washington Press, 1988.

38 田辺尚雄『中国・朝鮮音楽調査紀行』（音楽之友社、一九七〇）。

39 『京城日報』一九二一年四月六日。

40 『東亜日報』一九二三年五月一八日。

41 李埈熙「一九四五年以前の韓国語レコード録音の多面性―東京と大阪、そして京城」谷川建司・王向華・呉咏梅編著『サブカルで読むナショナリズム―可視化されるアイデンティティ』（青弓社、二〇一〇）一一七頁。

一つは朴がピアノ伴奏に合わせて吹き込んだ「唱歌《チャンガ》」のレコードである（K157）[42]。朝鮮語で唱歌という言葉の意味は日本語のそれより広く、学校教育のみならず社会変革・大衆啓蒙などの志向性を持った西洋式の歌謡を意味する。音楽的にいえば、朴の録音は一九一〇年代の讃美歌に始まった朝鮮人による西洋音楽録音の系譜を引き継ぐものだった。

もう一つは、韓国人研究者がしばしば朝鮮初のポピュラー音楽とみなしてきた楽曲のレコードである（K116）。それは朴彩仙と李柳色という妓生二人がユニゾンで歌った〈蕩子警戒歌〉（別名〈この風塵なる歳月〉または〈希望歌〉）で、「新式唱歌」という新しいカテゴリーが当てられた（図6）。もともとアメリカ人ジェレマイア・インガルスの作曲だが、当時〈真白き富士の嶺〉の名で内地でも広く知られた曲の朝鮮語カバーである。このため韓国の学界においては、日本統治下の「音楽的同化」の開始として問題視されてきた経緯もある[43]。

図6：朝鮮初のポピュラー音楽の一つ〈蕩子警戒歌〉（日蓄K116）

仕上がったレコードは、K100番台の番号を与えられ、一九二三年五月から朝鮮市場に出された。新譜の累計は七〇枚一四〇面である[44]。商標にはなおもニッポノホンが用いられたが、「님보노홍」という現地市場をより意識したハングル表記に変更されている。

3　日蓄・日東の複占体制

一九二〇年代半ばには、朝鮮のレコード産業の構図に大きな変化が訪れる。日東の朝鮮市場進出である。日東は関西の大阪に拠点を置くレコード会社の

42　以下、典拠としてレコード番号を付記する。朝鮮レコードに関する本稿の書誌データは、冒頭で挙げた二つのディスコグラフィー（韓国精神文化研究院編、前掲書、および裵ほか、前掲書）などを基に、筆者が長年にわたり編集・修正・補充したものを用いる。

43　嚆矢的な議論として金昌男「流行歌の成立過程とその文化的性格――讃頌歌の普及から流行歌まで」、金昌男ほか編『うた《ノレ》』一、一九八四（韓国語）四五-八二頁参照。

44　裵ほか、前掲書、四九頁。

代表格で、他の小規模レコード会社とともに、内地市場において「東西対決」と呼ばれるような業界構造を先導していた。[45] この日蓄・日東両社のライバル関係が、朝鮮でも再現されることになったのである。

まず日蓄から述べると、日東の出現を受けた一九二五年には前代未聞の大規模な録音プロジェクトに乗り出す。すなわち内地の本社が、文芸部長の内田を中心とするスタッフを派遣し、半年の長きにわたって、ソウルで八〇〇人にも上る妓生をオーディションし、録音を行ったのである。[46] これは『京城日報』とその朝鮮語版である『毎日申報』がサポートし、オーディションの結果についても関連記事を連載した。[47] 選抜された者たちは、ソウルの黄金町所在の日蓄事務所に設置された仮スタジオで吹き込みに臨んだ[48]（図7）。こうしたプロセスを経て製作されたレコードは、一九二五年八月からK500番台の新たな番号を付与され、合計一五七枚の両面盤の新譜となってリリースされた。この際、日蓄はハングルで「일축죠션소리반」（現行の正書法では일축조선소리반）、漢字で「日蓄朝鮮歌盤」という新たな商標を採用し、朝鮮市場向けの製品であることをさらに強調するようになる。

図7：日蓄のソウル仮設スタジオで吹き込みに臨む妓生
（『京城日報』一九二五年八月二二日）

45 倉田、前掲書、二二六－二二七頁。

46 詳細は拙稿、前掲「音盤産業と媒介作用の研究」二三三－二三八頁。

47 『京城日報』一九二五年八月二二、二三、二五、二六、二八日など。

48 『京城日報』一九二五年八月二二日。

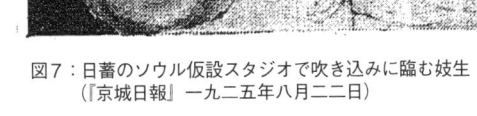

録音内容は、従来どおりの伝統的ジャンルを中心に構成されたが、その中で最も野心的な成果の一つは、一九二六年一二月に発売された総計一八枚セットの「春香伝」全集である（K594～K611）。それは、本来語り手一人のパンソリを、複数人のステージ公演に合わせて改編した「唱劇」と呼ばれる形式で演じられている（図8）。さらに洪蘭坡や安基永といった朝鮮の洋楽先駆者による歌曲や器楽が含まれた点も留意される。他にも、内地のポピュラー音楽の朝鮮語カバーが幾つか含まれたり、演劇や映画のナレーションも取り上げられている。この時期の映画に関して付記すべきは、現在広く知られるバージョンの〈アリラン〉が、一九二六年一〇月に同名映画の主題歌として流布し始めたことだが、その録音が現れるのは一九三〇年代である。

一方、新たに登場した日東は、一九二五年に朝鮮（ソウル）と日本（大阪）の両方で朝鮮録音に取り組んだ。その多くが朝鮮での現地録音であった点に、日東の積極策の一端が現れている。日東が朝鮮レコードの第一回新譜の広告を新聞紙上に出したのは同年九月で、前述の「日蓄朝鮮歌盤」発売のわずか一月後のことである。日東は「B」を付した番号を朝鮮レコードに用いた。

日東に関して注目されるのは、一九二六年七月に「朝鮮蓄音器商会」という総代理店を新設し、当時新劇など朝鮮芸能界の主要人物であった李基世にその「主」を任せたことである。[49] こうして李は初めて文字資料に記録された朝鮮人仲介者となった。両者の契約形態の詳細は不明だが、日東が自社の営業所や支店ではなく、現地人主導の代理店を通じて朝鮮録音に臨んだのは、制作に関する意思決定の多くを朝鮮人に託する新たな試みだった。[50] 事実、李の媒介は、日東が録音レパートリーを多様化し、日蓄のそれと差異化するのに寄与した側面がある。ここには、ソウルの「風流界音楽」、仏教に由来する〈回心曲〉、南道の巫俗儀礼に由来し「三絃六角」のアンサンブルで奏される器楽などを取り上げたことが挙げられる。[51]

日東の朝鮮録音の中には、こうした伝統音楽の外にも、歴史的意義の極めて高いレコードが幾つか含まれた。一つは、代表的な民族紙であった『朝鮮日報』社長の李商在が吹き込んだ演説〈朝鮮青年

49 『朝鮮日報』一九二六年七月二一日。

50 拙稿、前掲「音盤産業と媒介作用の研究」一三九頁。

51 権度希『韓国近代音楽社会史』（民俗苑、二〇〇四、韓国語）、一二四－一二五頁。現在の韓国音楽学にいう「風流界音楽」とは、文人伝統の各種演目であり、「三絃六角」とは郷篳篥（ピリ）二つ、大笒、奚琴、杖鼓、鼓の六人組を基本とする器楽アンサンブルである。なお、当時李は日蓄と日東の両方をサポートした毎日申報社に勤めており、実演者の選択、新聞報道、レコード演奏会などの多くの活動が、実のところ両社に共有されていた事実も看過できない（拙稿、前掲「音盤産業と媒介作用の研究」二四〇－二四一頁）。

へ〉（B143、一九二七年）である。これは朝鮮人による初めての演説レコードであり、日東本社のリクエストを受けて李基世が企画した[52]。朝鮮録音が文化ナショナリズムの動きと密接に連動した重要な事例の一つである。

もう一つは、尹心悳が歌った〈死の讃美〉である。これは朝鮮音楽史・レコード史において、格別の意味を付与されてきた。その経緯は、一九二六年八月、尹が録音地である大阪からの帰途、不倫相手の男性と共に玄界灘に投身自殺をし、マスコミにセンセーショナルに取り上げられた事実に端を発する。尹は大阪で一〇枚以上のレコードに相当する分量を吹き込んだが、このうち事件を予告したかのような〈死の讃美〉は、他に先駆けて同月中に緊急発売された。そのために内地市場向けの通常盤の一部に組み込まれ（2249）、ラベルにも日本語でタイトルが表記された（図9）。本社が事件への大

52 裵淵亨「月南・李商在と白凡・金九の肉声留声器音盤」『韓国音盤学』五、一九九五（韓国語）三四三－三五八頁。

図8：日蓄初の〈春香伝〉セットの一部

図9：日東の内地レコードから緊急発売された尹心悳歌唱〈死の讃美〉

衆的関心を利用してヒットを狙ったものと考えられる。〈死の讃美〉は、ルーマニアの作曲家ヨシフ・イヴァノヴィチの〈ドナウ川のさざなみ〉から一部抜粋した楽曲に、本人が書いたとされる歌詞を付けたものである。ラベルに「独唱」（当時西洋芸術歌曲に関して多用された分類名）とある通り西洋歌曲風の歌唱だが、その反響からしばしば朝鮮の「ポピュラー音楽」の嚆矢とみなされることになる。その他の尹のレコードは、二ヶ月後に通常通り朝鮮向けのB番台から発売された（B98～110）。

日蓄と日東の複占的競争が、朝鮮に新しいアーティスト・マネージメントをもたらした点にも触れておこう。いわゆる専属制度である。記録上その発端を確認できるのは一九二五年九月である。ただし、当時は一部の歌手に試験的に適用されるのみで、後のように作詞家や作曲家、さらには編曲家を取り込むことはなかった[53]。

日蓄・日東が二社体制をなした一九二〇年代半ば過ぎまでは、レコード史における機械《アコースティック》録音の時代に相当する。日東は、一九二五年九月から一九二七年末までの二年間に八回にわたって朝鮮レコードを発売し、新譜の総数は一八〇枚に上った[54]。これは同時期の「日蓄朝鮮歌盤」の一五七枚を上回る数字である。しかし、日東は一九二八年に突如朝鮮録音から手を引く[55]。これに対し日蓄は朝鮮録音を継続し、同年に従来の機械録音から電気録音へと切り替え、ほぼ同時に日本コロムビアへと改組することになる。

53 拙稿、「植民地朝鮮の録音文化の歴史民族誌」二二九－二三〇頁。
54 裵ほか、前掲書、六五頁。
55 ただし、同社は一九三五－一〇月（後述するタイヘイと合併する時期）まで朝鮮で内地レコードを売り続けたことが確認される（拙稿、前掲「音盤産業と媒介作用の研究」二四一－二四二頁）。

三　転換期——電気録音の開始とビクター・コロムビアの複占体制、一九二八～一九三二

1　「レコード産業」の誕生とポピュラー音楽の浮上

植民地録音の飛躍的増長は一九三〇年代に訪れる。その重要な構造的契機は、一九三〇年前後の内地におけるレコード産業の変容である。ここには外資投入と技術革新という二つの要因があった。外資投入については、悪化する経済状況の下で日本政府が蓄音器やレコードに高い関税を課したことが背景にある。このため欧米のレコード会社は、一九二七年から翌年にかけて、内地のエージェントとの特約関係を新たにしたり、直接支店を設けるといった措置に出ることになる。技術革新とは電気録音の導入であり、外資系の会社はこれを推進する役割を果たした。こうした動きに対し、主に内地資本によって運営されるメジャー各社もまた、一九三〇年から翌年にかけて、株式会社化されて事業拡大したり、新たに設立されたりしている。こうして一九三〇年代の内地レコード業界に、コロムビア、ビクター、ポリドール、テイチク、キング、タイヘイからなる大手六社体制が浮かび上がるのである。[56]現在思い浮かべるところの「レコード産業」の誕生である。

これらのメジャー各社は、朝鮮ではキング、台湾ではキングとポリドールを除いて、大半が植民地録音へと関わっていく。ただし、一九三二年頃までの朝鮮に目を転じると、ビクターとコロムビアの二社が録音を行うに留まっていた。すなわち、一九二八年からの数年間は、一九〇〇年代後半に両社の米国本社が構築した複占体制、また一九二〇年代後半に日蓄と日東が再築した複占体制が再び現出

56　倉田、前掲書、大久保いづみ「第二次世界大戦以前の日本レコード産業と外資提携——六社体制の成立」『経営史学』第四九巻第四号、二〇一五、二五-五一頁。

していたのである。既存研究では特に注目されてこなかった短い期間だが、本稿では一九三三年以降に朝鮮市場に浮上する六大会社体制への重要な転換期とみなす。

最も顕著な特徴は、朝鮮のレコード産業がポピュラー音楽の形成により深く関わり始めた点にある。新譜の配分からいえば、従来通り伝統音楽の各ジャンルが主流を占めていたが（後述するコロムビアの通常盤を例に取るなら約九〇％に相当する）、朝鮮市場に初めて「流行歌《ユヘンガ》」なるカテゴリーが現れ、ポピュラー音楽を指し示す総称として使われるようになる。さらに、この時期の終わりにかけて、もう一つの主要なポピュラー音楽ジャンルである「新民謡《シンミンヨ》」というカテゴリーが登場し、「流行歌」から次第に差異化されていく。ここから、「流行歌」という概念には、「新民謡」やさらに「ジャズソング」なども含めたポピュラー音楽全般の総称として使われる場合と、その中の一つのサブカテゴリーとして用いられる場合の広狭二通りの用法が生じる。本稿の残りでは、前者の意味で「ポピュラー音楽」、後者の意味で「流行歌」と書いて便宜上区別する。本節は、以上の動向に論点を絞って転換期を概観する。

2　ビクターの登場とコロムビアの対応――伝統音楽と西洋音楽

米国ビクターは、二〇世紀初頭から内地で蓄音器・レコードの発売を始め、一九〇六年頃からはセール・フレーザー商会を総代理店として活動を展開してきた。前述の朝鮮録音を行ったのと同じ時期である。米国ビクターが東京に現地法人の日本ビクター蓄音器株式会社（以下、ビクター）を設立するのは一九二七年九月である。初代社長にはアメリカ人のP・ガードナーが就任した。留意すべきは、ガードナーが社長就任後すぐに自ら朝鮮と満洲を現地視察した点である。[57] これを受けて、セール・フレーザー商会（朝鮮ではセール商会として知られた）は、一九二八年七月に京城出張所の設立を公

57　日本ビクター株式会社『日本ビクター新工場落成記念』（日本ビクター株式会社、一九三〇）。原著は頁数表記なし。

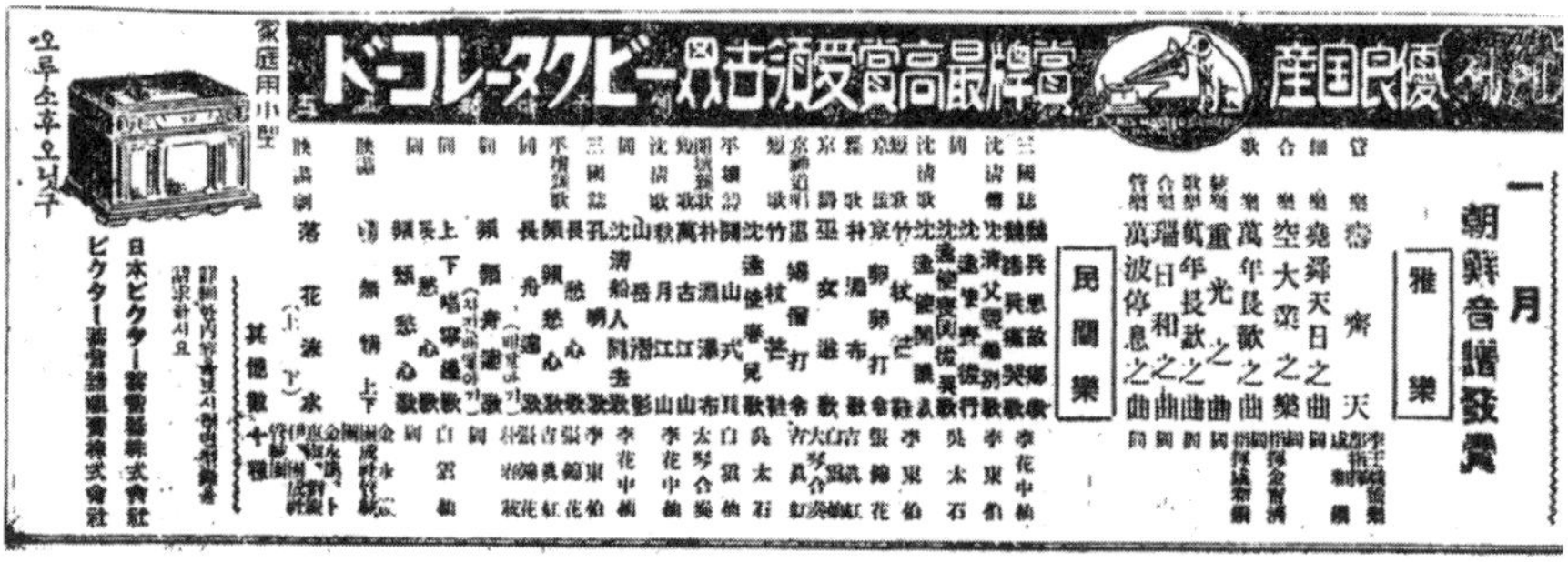

図10：ビクターの第一回朝鮮レコード広告
（『東亜日報』一九二八年一二月三一日）

表する。初代支配人はアメリカ人のL・C・グリーンだった。[58] こうしてビクターは、日蓄に先駆けて朝鮮初の電気録音に取り組む態勢を整えることになるのである。一九二九年一月には、三菱と住友の資本参加を受けて日米合資の会社となっている。

ビクターが最初の録音対象に選んだのは、朝鮮王朝の宮廷音楽を伝承する李王職雅楽部である。録音は一九二八年六月、すなわちセール商会の京城出張所設置をアナウンスする一月前に行われた。場所は李王職雅楽部の所在地であるソウルの六四堂である。[59] この朝鮮雅楽録音の企画には、大韓帝国最後の皇太子・李垠の意向が一定程度働いた。録音に先立つこと約一年、李垠は一年ほどにわたってヨーロッパ旅行をしており、しばしば滞在先で宮廷音楽の楽譜や録音について訊ねられ、その必要性を感じていたのである。[60] これを受け、李王職雅楽部長の韓昌洙と、内地人朝鮮史家の小田省吾の間に契約が取り結ばれた。[61] 以上の経緯を通じて録音されたのは、四〇面に相当する分量の演目である。ところが、スタジオではなく、六四堂で行われた録音のクオリティーは良好とは言えず、一二面のみが本社の審査を通過するに留まった。この報告を受けたグリーンは、枚数の追加を本社に要望し、結果的に一四

58 同前。

59 口述資料は金千興「留声器音盤吹込回顧」『韓国音盤学』一、一九九一（韓国語）二六七－二六八頁。

60 李ソクヒ「李王職雅楽部五線楽譜改題」『韓国音楽学資料叢書五〇――李王職雅楽部五線楽譜』（国立国学院、二〇一四、韓国語）五頁。

61 口述資料は成一九四七、一六九－一七三頁。

面が新たに加えられることになる。こうして一九二八年暮れ、「特別盤」（Victor "Specialty Series" 49801〜49813）として朝鮮雅楽レコードが市場に出された。一方、「民間楽」と分類された他の演目は、ビクターの朝鮮向け通常盤となる49000番台の冒頭を飾り、同時に発売されることになる[62]（図10）。こうしてビクターは、朝鮮の伝統音楽の中でも由緒正しい宮廷音楽の録音を前面に押し出しつつ、朝鮮市場に現れたのである。

ビクターのこうした動きを横目に、日蓄もまた変革を進めていた。一九二七年五月、日蓄の第二代社長のJ・R・ゲアリーは、その二年前に米国コロムビアを買収していた元子会社の英国コロムビアと資本上の連携を強化する。一九二八年一月には米国コロムビアの側からL・F・ホワイトが日蓄の第三代社長として来日、そして日蓄の傍系会社として日本コロムビア蓄音器株式会社（以下、コロムビア）を設立する[63]。その後、コロムビアは同年九月にはすでにソウルに事務所を構え、C・J・ハンドフォードを最初の支配人として任に当たらせていた。こうして、一九三〇年代を通じてコロムビアは、日蓄に代わり帝国日本の市場を代表するレコード会社となるのである。

コロムビアが日蓄時代から数えて第五回に当たる朝鮮レコードの製作に取り掛かるのは、事務所開設の二か月後、ビクターの雅楽録音から五か月後である。コロムビアもまたビクター同様に最初から現地録音に臨んだ。この際、招聘した実演者を集めて公開演奏会を開催するなど、新たな試みも行っている[64]。録音の成果は40000番台の通常盤となり、翌年二月から朝鮮市場で売り出された。

このコロムビアとしての第一回新譜には、ビクターと異なるアプローチが見受けられる。ビクターの雅楽録音に対し、朝鮮の先駆的テナーで、日蓄にも吹き込んだ経験のある安基永を真っ先にフィーチャーしたのである。本人自身の作曲を含む安のレコードは、コロムビア通常盤の冒頭を飾った[65]。さらに、二か月後の第二回新譜でも、安が梨花専門合唱団のために編曲した朝鮮民謡の合唱がトップに置かれている。朝鮮宮廷音楽への対抗策として西洋芸術音楽を前面に打ち出す戦略ということができる。

62 『東亜日報』一九二八年一二月三一日。

63 日本蓄音器商会編、前掲書、五七‐六二頁。

64 『朝鮮日報』一九二八年一一月二八日。

65 『東亜日報』一九二九年二月二二日。

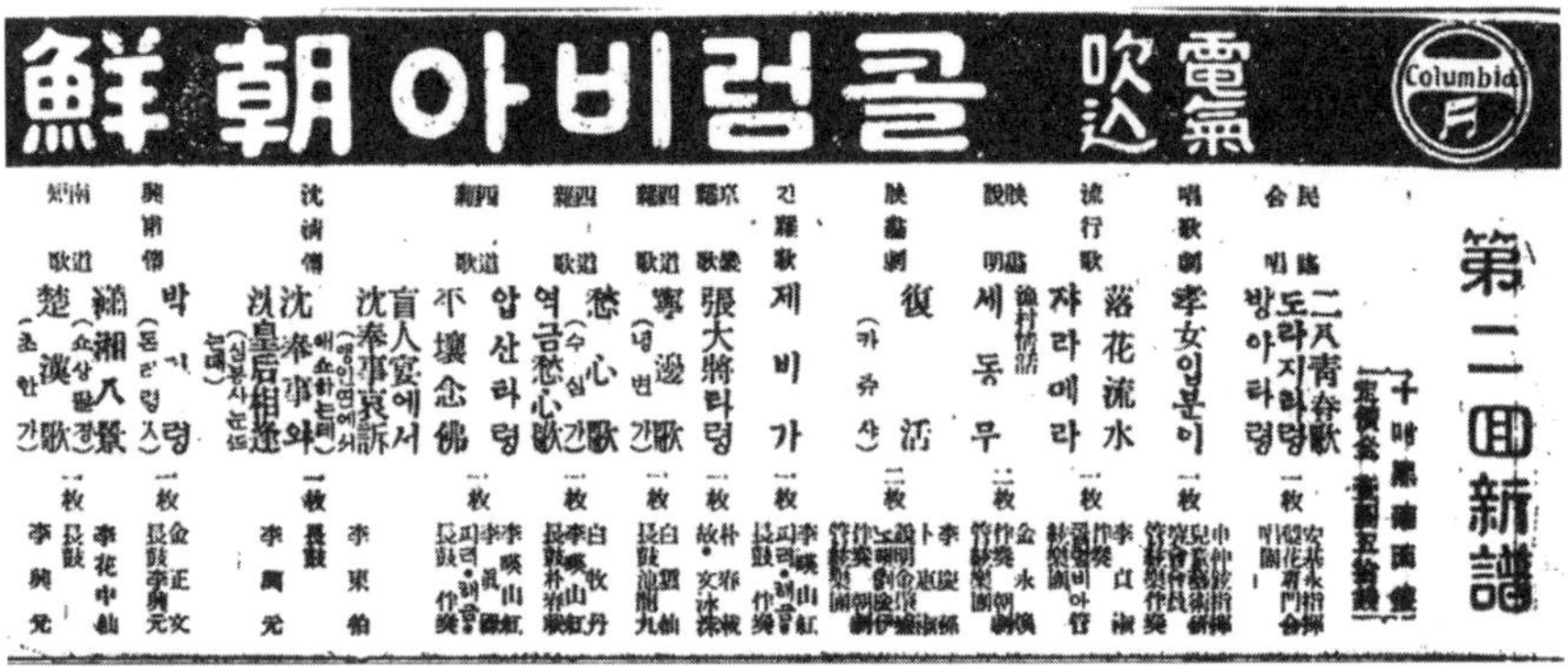

図11：コロムビアの第二回朝鮮レコード広告（最初期の流行歌〈落花流水〉を含む）
（『東亜日報』一九二九年四月一日）

3 「流行歌」の登場と「新民謡」の胎動

しかし、コロムビアのより目立った路線は、大衆的趣向に応えることだった。重要なのは、朝鮮人作曲のポピュラー音楽を先駆的に取り上げたことである。前述の第二回新譜には、しばしばその嚆矢とされる楽曲が含まれている。李貞淑歌唱の〈落花流水〉（40016）である（図11）。作曲した金曙汀は、本名を金永煥といい、映画の監督や弁士として活動し、映画音楽のパイオニアとしても知られる。前述の曲もまた一九二七年に公開された同名映画の主題歌である。これに〈三人の友〉（40070）と〈春の歌をうたおう〉（40087）というやはり金作曲の二曲の新譜が続いた。両曲とも蔡奎燁（〈春の歌をうたおう〉は本名の蔡東園名義）が歌い、一九三〇年に発売されている。ラベル上は、〈三人の友〉が「流行歌」、〈春の歌をうたおう〉が「独唱」と表記された。特に〈三人の友〉は、朝鮮人作曲家が初めてヨナ抜き短音階を用いた曲として、韓国の学界で批判的な関心を引いてきた経緯がある。[66] その理由は、この音階が一九六〇年代に登場するいわゆる「トロット」の典型的なスタイルの主たる要素とみなされ、さらにその「倭色性」が問題視されることになるためである。[67] ただ

66 李英美『韓国大衆歌謡史』（時空社、一九九八、韓国語）五九頁。

67 ヨナ抜き短音階は、階名でラシドミファの音階である（ヨナ抜き長音階はドレミソラ）。この音階やトロットをめぐる「倭色性」に関する議論は拙稿、山内文登「戦後韓国における「倭色歌謡」の統制とトロットの生成」輪島裕介編『日本ポピュラー音楽の文化史』（ミネルヴァ書房、近刊）、小林孝行『日韓大衆音楽の社会史――エンカとトロットの土着性と越境性』（現代人文社、二〇一九）参照。

し、〈三人の友〉は後の「トロット」に広くみられる二拍子系ではなく、三拍子系のリズムを採用していた。〈三人の友〉には、もう一つ極めて重要な曲がカップリングされていた。現在広く知られるバージョンの〈アリラン〉の初録音である（40070）。吹き込んだのは同じく蔡東園である。これは一九世紀末にフレッチャーやハルバートが記録した京畿地方のバージョンを改作した楽曲だった。留意すべきは、現在では通常「（新）民謡」とみなされているこの曲が、当時のラベルでは「流行歌」と記載されている点である。続いて一九三一年一月に、コロムビアはもう一つ重要な曲をリリースする。〈桐の木〉（40138）である。李圭松作詞、姜潤錫作曲で、舞台女優の姜石燕が吹き込んだ。当時ラベル上では「流行小曲」と分類されたが、現在韓国では最初期の「新民謡」作品の一つとみなされている。新民謡の多くは、作者不詳とされる通常の民謡と異なり作者があるいはその存在が想定されており、また編曲に西洋音楽の伴奏が加えられるのを特色とする。[68]〈桐の木〉はこれらの特徴を備えていたが、後に新民謡を主導することになる妓生ではなく、舞台女優が歌った点に、この時期の特徴が現れている。さらに同年三月には、西洋音楽家の洪蘭坡による「新民謡斉唱」が二曲売り出されている（40159）。これは「新民謡」という分類がラベルに用いられた最初期の例である。総じていえば、〈アリラン〉や〈桐の木〉の事例に見られる通り、この転換期の朝鮮レコード産業において、「新民謡」という範疇は未だ明確に分節化されておらず、新しい総称としての「流行歌」とその周辺に緩く包摂されていた。

こうしたコロムビアの大衆路線に対し、ビクターもほぼ同時に追い上げをかけた。一九二九年一〇月末から一一月頭にかけて行われた第二回録音セッションには、四曲ほどのポピュラー音楽が含まれている。それらはすべて舞台女優の金蓮実によって吹き込まれ、一九三〇年に発売された。そのうちの一曲はビクター初のアリラン録音であり（49071）、前述のコロムビア盤とほぼ同時に売り出されている。このビクター盤は、〈アルロン〉というタイトルや「映画小唄」という分類など、コロムビア盤と異なる側面があったが、歌詞や楽曲に際立った違いはない。もう一つ重要なのは、前述した〈三人の友〉（49082）の初のビクター盤であり、同じく金蓮実の歌唱、「映画小唄」の分類で、同年内に発売された。こちら

68 新民謡の詳細は李ソヨン『二〇世紀韓国音楽の混淆的音楽実践（hybrid musicking）——新民謡を中心に』（民俗苑、二〇一八、韓国語）参照。

は、ヨナ抜き長音階を用いた曲調で、コロムビア盤との音楽的な違いが明白である。同じ曲が長短調の二種類で歌われた事実は、朝鮮における西洋音楽の初期受容において、その調性感がすぐに定着したわけではない事情を反映するとも考えられる。事実、似たような現象は、同じくこの転換期にコロムビアとビクターの両方から出された他の数曲にも見られる。さらに、一九三二年にはビクターもまた〈桐の木〉(49095) をリリースする。吹き込んだのは舞台女優の李アリスで、ビクターはこれを「流行歌」と分類した。この事例もまた、新譜の宣伝における「流行歌」と「新民謡」の差異化が、さほど明確ではなかった状況を示す。両社が競って同名の新曲をリリースできたのもこの転換期までの特徴である。

ビクターの第三回録音は二年後の一九三二年に行われたが、ここには重要な二曲が含まれていた。それは、ポピュラー音楽におけるコロムビアのイニシアティブへの牽制となり、さらに以後の「流行歌」と「新民謡」の分節化をより明確に告知するものだった。一つは〈荒城の跡〉(49125) である。作詞は王平、作曲は全寿麟、歌唱は李アリスで、一九三二年四月に「抒情小曲」という分類で市場に出た。これもまたヨナ抜き短音階に基づく最初期の流行歌の一曲(そして現在では「トロット」の一曲)とみなされるが、〈三人の友〉同様に三拍子系のリズムに基づく。もう一曲は、同じく李が吹き込んだ〈エラ・チョックナ〉(ああ良きかな)〉(49156) で、これも同年中にリリースされた。〈エラ・チョックナ〉は、当時ラベル上に「新民謡」と明記され、現在まで変わらずそうみなされている最初期の事例である。

最後に、以上のコロムビア、ビクターにおける朝鮮人作品の採用を促した主体に目を転じよう。文字資料は限られているが、朝鮮人仲介者の関与を示唆するものが幾つかある。コロムビアについては、李源培が初期の製作から関わったことが確認できる。彼は一九三一年九月に朝鮮人音楽家を東京スタジオへと引率した人物でもある[69]。ビクターについては、日東の現地仲介者を務めた李基世が、少なくとも第二回または第三回の朝鮮録音に参与したことを一九三六年に自ら回想している[70]。この時点では両者ともに個人ベースの流動的な雇用であった可能性が高いが、一九三〇年代に「文芸部」という社内組織が編制されると、そろって文芸部長を務めることになる。

69 『朝鮮日報』一九三一年九月四日。職位の変化はソク・チフン「一九三〇年代の朝鮮楽の近代的企画と普及」延世大学校修士論文(二〇一七、韓国語)二五頁参照。

70 『三千里』一九三六年一一月号、一八四-一八五頁。

四　全盛期――大手六社の競演と朝鮮録音の多元化、一九三三～一九三六

1　植民地検閲下の資本主義的競争

李アリスの〈荒城の跡〉がビクターから出た一九三二年の前後約一年間は、朝鮮のレコード産業に重大な変化が起きた時期である。これまで一貫して続いてきた独占・複占体制が、新たな会社の参入によって初めて崩れ始めたのである。一九三二年一一月のシエロンを皮切りに、一九三二年九、一〇月にポリドールとタイヘイがそれぞれ続き、一九三三年二月にはオーケーが朝鮮市場に新譜を出す。こうして、一九三三年にはキングを除く内地のメジャー五社に（テイチクとオーケーの関係は後述）、名古屋のシエロンを加えて大手六社体制が構成される。これと同時に、一九三三年には朝鮮でレコード検閲が始まることになる。さらに京城放送局の朝鮮語による第二放送が開始されたのもこの年であった。朝鮮の音響メディアを取り巻く状況が新たな局面に入ったのである。

そうした産業的変容は、何よりも蓄音器・レコード自体の大衆化およびポピュラー音楽の主流化を相関的に推進することになった。コロムビアの通常盤を例に見れば、前述の転換期におけるポピュラー音楽の割合は一〇％に満たなかったが、一九三三年から急速に増加、一九三五、三六年には新譜の総数の半数を超過し、初めて朝鮮伝統音楽を凌駕することになる。ただし、逆に言えば、朝鮮伝統音楽の新譜は未だ半数近くを占めていたことになる。加えて朝鮮人による西洋芸術音楽や、さらに演劇や漫談などの口頭芸能の録音も以前に比べて増加している。よって、この時点では未だ「レコード産業＝ポピュラー音楽産業」といった後に流布するような等式が成立しておらず、新譜の分量やレパートリーの多様性といった観点からみて「全盛期」というべき状況を呈していた。こうした製作を主導し

たのは、朝鮮人を中心にメジャー各社内に組織化された文芸部、そして少数ながら一定の独立性を保持した朝鮮人主導のレコード会社である。世界的に見れば、一九二九年を売上業績のピークとして、世界大恐慌の影響を受けた一九三〇年代のレコード産業は厳しい状況にあったが[71]、帝国日本の事例はやや特異ともいえる活況を呈しつつあった。

2 大手六社体制と小規模会社の展開

一九三三年に六社体制が形作られる直前、朝鮮市場には比較的小規模の会社が幾つか登場していた。まず一九三一年一月にトンボが現れる。同社は当時最安値の一枚一円という低価格を打ち出したが、二回の広告を出したのみで撤退した。次に続いたのがディアとシエロンである。ディアは五〇銭という破格の値段で小型の七インチレコードを打ち出したが、一九三一年一一月に一つの広告を出したきりやはり姿を消している。

これに対し、シエロンは、朝鮮市場におけるコロムビア・ビクターの複占構造に分け入るのに成功し、その他の内地のメジャー会社の市場参入を促した。一九三〇年代に入ってすぐに帝国発明社によって設立されたシエロンは、名古屋を本拠地とした中規模会社である。名古屋は、関東と関西の間を往来する音楽家の録音を行った中小規模レコード会社が幾つか生まれた場所であり、よく知られた例にアサヒ（朝日）がある[72]。シエロンについて注目されるのは、内地人経営の会社の中で唯一朝鮮市場に特化した会社であった点である。このため通常盤にはシンプルに一から始まるレコード番号が用いられた。最初の新譜は一九三一年一一月に発売されている。さらにシエロンは他のメジャーに先駆ける試みを幾つか行った。第一に、一円二〇銭と一円という二つの価格を設定し後者を主軸に据えた低価格戦略を採った。第二に、一九三二年五月という早い時点で文芸部の設置を公表し、文芸部長に

71 Gronow, Pekka. 1981. "The Record Industry Comes to the Orient," *Ethnomusicology* 25 (2), 1981, p.275.

72 辻田真佐憲『愛国とレコード――幻の大名古屋軍歌とアサヒ蓄音器商会』（えにし書房、二〇一四）。アサヒはシエロンの朝鮮進出とほぼ同時に台湾でビジネスを開始している。関東・関西を拠点とするメジャー会社を牽制しつつ植民地市場に進出するために、互いに競争を避け、台湾と朝鮮で棲み分けする戦略を採った可能性も考えられる。

劇作家の李瑞求を迎えた。第三に、一九三四年一一月には、ソウルに常設スタジオの設置計画を公布し、一九三五年後半から翌年初頭の間に実現させている。[73]

内地の外資系大手の一つであるポリドールが朝鮮に販売会社を設立するのは、一九三〇年六月である。理事の一人には、先述の日東やビクターで言及した李基世が名を連ねた。この販売会社は、社名の通り、既製品である西洋・内地レコードを朝鮮市場で売ることに専念した。ポリドールがこうした路線を変更し、朝鮮レコードの生産に乗り出すのは、シエロンが朝鮮市場に登場した後の一九三二年六月である。このために販売会社三階に簡易スタジオが設置された。[74] この最初の朝鮮録音は、三ヶ月後の九月に19000番台の通常盤で売り出されることになる。[75] こうした一連の動きに関わったのは、以前コロムビアに勤めていた李源培である。一九三三年までには販売会社の経営陣が入れ替わり、これに応じて作詞家の王平が記録上最初の文芸部長に就任することになる。王の采配のもと、ポリドールは前述した新民謡を牽引する主要な会社となる。

一九三〇年一一月に内地で株式登録したタイヘイ（正式名称は太平蓄音器株式会社）は、遅くとも翌年後半にはすでに内地レコードを朝鮮で売っていた。[76] その約一年後の一九三二年一〇月、朝鮮における総代理店のテーオ商会が、タイヘイ初の朝鮮レコードの発売をアナウンスする。[77] テーオ商会の支配人は閔孝植という朝鮮人起業家である。[78] タイヘイは、前述した日東と同じように、代理店に制作業務を任せる形で朝鮮レコードの生産に着手しつつも、独自のレーベル名（例えばテーオ）の使用権を与える代わりに、自社のレーベル名にこだわったものと思われる。ただし、発売のアナウンスからしばらく後、閔は朝鮮のタイヘイの文芸部長として紹介されるようになる。[79] これは、現地人の代理店に対して制作の主導権を全面的に託す手法から、自社系統の文芸部を通じた生産管理の手法へと移行したことの表れ、あるはまた代理店をそのまま自社系統の文芸部として兼用するような手法であったともいえる。関西に基盤を置くタイヘイは、東京中心の外資系を意識しつつ、自社商品が「純国産」であると強調した。また低価格戦略を採って8000番台の通常盤を一円とし、さらに一九三三年一二

73 李埈熙「シエロンレコード音盤目録についての補論」『韓国音盤学』一三、二〇〇三、六五―九二頁（韓国語）。以下に述べる主要なレコード会社についての概略は内務省警保局『蓄音機レコード製作所並發行所明細表――昭和三年末現在』（内務省警保局圖書課、一九三八）も参照。

74 『東亜日報』一九三二年六月二五日。

75 『三千里』一九三八年八月号。

76 『京城日報』一九三一年八月四日など。

77 『東亜日報』一九三二年一〇月二八日。

78 『朝鮮日報』一九三三年一〇月一九日。これが早い時期にテーオ商会の支配人として閔に論及した最初期の資料の一つである。

79 一九三三年後半のレコード各社の座談会に際して「文芸部長」として紹介されている（『三千里』一九三三年一〇月号）。ただし、タイヘイが公式に文芸部を設置したのはもう少し後の可能性もある。現存する歌詞カード資料では一九三五年九月の奥付が早い例となる（李輔亨ほか『留聲器音盤歌詞集 二――伝統音楽・劇・洋楽・流行歌』（民俗苑、一九九九、韓国語）一〇四頁）。

月には麒麟レーベルを六〇銭という当時最低値で売り出した。その後、一九三五年一一月には、すでに朝鮮録音から手を引いていた同じ関西の日東と企業統合し、大日本蓄音器株式会社となる。

以上は、すべて西洋人もしくは内地人経営の会社が朝鮮録音に取り組んだケースである。一方、朝鮮人主導の会社も少数ながら存在した。重要な例がオーケーとコリアである。

このうちオーケーは大手六社の一つに数えられている。当時の朝鮮レコード界において最も卓越した起業家とされる李哲が運営したオーケーは、一九三三年二月に登場して以来、コロムビアに次ぐ新譜数を誇った。こうした事実から、オーケーを朝鮮土着のレーベルの代表とみなすのが長らく有力な解釈だった。ただし、同時にオーケーが、録音やプレスといった生産工程のために、関西のテイチクと業務提携していた事実も知られている。よって両社の関係をいかに理解するかという問いは、朝鮮レコード研究における係争点の一つとなる。植民地支配下の文化生産の自律性や従属性というより一般的なテーマと関わってくるからである。

テイチク（正式名称は帝国蓄音器株式会社）の前身が奈良に設立されたのは一九三一年一一月である。同社は一九三二年五月には内地市場で、さらに一〇月には朝鮮市場で内地レコードを売り始めている。一方、オーケーの正確な設立時期は不明だが、朝鮮レコードを売り出したのは少し遅れて翌年二月である。当時オーケーの新譜広告や歌詞カードの奥付等の朝鮮語資料には、わざわざ日本語で「日本オーケー蓄音器商会」と記載され、李哲がその「京城支店」の支店長などとして紹介されるケースがあった。しかし、「日本オーケー蓄音器商会」なる会社名は、当時の内地のレコード業界誌や関連資料には見当たらない。一方、オーケーのレコードのラベル上には、多くの場合テイチク製であることの旨が一貫して記されていた。これ以上の詳細は別稿に譲るが[80]、帝国日本全体の文脈で留意すべきは、台湾にも現地人が運営した同名のレーベルが存在し、朝鮮と同じ頃にレコードの販売を始めて、やはりコロムビアに次ぐ新譜をリリースした事実である[81]。これはオーケーを朝鮮の土着レーベルとするような解釈では説明できない。結論的にいえば、テイチクは、植民地に支社の「文芸部」を設置し

80 山内文登「日帝期音盤産業における韓国人仲介者の歴史的主体性の考察――接触領域における植民者・被植民者の相互的主体構成の観点から」『大衆音楽』四、二〇〇九b（九七–一八四頁、韓国語）一〇三–一三〇頁。

81 林太崴『玩樂老臺灣』（五南、二〇一五、中国語）七三頁。

たり、あるいは現地人経営の会社に制作の主要業務を任せつつ自社名レーベルを用いる方法ではなく、受託会社に独自のレーベル名の使用を許可するというさらに踏み込んだ契約形態を用いたというべきである。この点で前述したタイヘイ・テーオとの関係とは対照的だった。テイチク・オーケーのような委託契約の形態は、レコード産業の世界史において、東南アジアなど他の地域にも見られ、特にドイツ系のレコード会社が好んで用いた。[82]

こうして李哲は、テイチクの朝鮮文社内の文芸部長という立場以上の裁量権をもって、オーケーレーベルの運営に当たることができた。さらに留意すべきは、オーケーが作詞家の金陵人を文芸部長の位置に迎えた事実である。[83] つまり、オーケーが独自に文芸部を設置し、支配人と文芸部長という二つの要職を朝鮮人自ら確保し、制作の主導権をより強固にしたことを意味する。一方、録音については、当初はテイチクの提供するスタジオで行われた。ただし、一九三五年頃にはソウルに簡易スタジオを保有し、さらにシエロンのスタジオ設置に触発されて本格的なスタジオ建設に取り組むことになる。こうしてオーケーが態勢を整えつつ朝鮮市場で主導していったのは、ポピュラー音楽路線である。合わせて積極的に低価格戦略を打ち出し、1500番台の通常盤を一円とした。後で改めて述べるように、オーケーの動きは、朝鮮レコードの流れをポピュラー音楽へとシフトさせていく大きな原動力となる。

こうして一九三三年までに新しい会社が急増する中、老舗のビクターとコロムビアもまた、朝鮮におけるビジネス戦略の再考を迫られることになる。一九三四年二月、ビクターは初めて公式に文芸部の設立をアナウンスする。文芸部長には、創業期にビクターで働き、後にポリドールへ転職していた李基世が就いた。ビクターは同年内に台湾録音も開始しており、[84] 本社レベルでの積極策が反映されたものと思われる。コロムビアもまた文芸部を設置し、一九三五年までには李源培を文芸部長級の要職に就けていたらしいことが確認できる。[85] 両社はまた定価においても新興各社に対抗し、コロムビアが一九三四年六月に八〇銭のリーガルC100番台を、ビクターも一九三五年二月により低価格のジュニアKJ1001番台をそれぞれ立ち上げている。こうした低価格戦略は、早くはトンボによって始められ、

82 拙編著、Yamauchi and Wang, *op. cit.* (forthcoming)のイントロ参照。

83 『三千里』一九三四年九月号。

84 黄裕元『流風餘韻——唱片流行歌曲開臺史』(國立臺灣歴史博物館、二〇一四、中国語)一〇三頁。

85 『朝光』一九三五年一一月号一五九頁。

シエロンが受け継ぎ、オーケーが決定づけたものである。

一九三三年から一九三六年の間には、他にも小規模で短命なマイナー会社が幾つか登場した。コリア（一九三四〜一九三六年）、ラッキー（一九三五年九〜一〇月）、ショーチク（一九三五〜一九三六年）、ミリオン（一九三六年八〜一〇月）などである。[86] これらのマイナー会社の大半に関する文字資料は極めて限られており、活動の詳細は不明である。

このうちコリア（Corea）は、純粋に朝鮮資本によって設立された唯一のレコード会社とみなされているが、通常は大手にカウントされない。しかし大手六社に比べて活動が短期間で新譜のリリースも間欠的だったため、通常は大手にカウントされない。コリアは、一九三四年半ばに崔基式により東京で設立され、同年一〇月には朝鮮録音を始めた。これを報じた記者は、「朝鮮の音・声《チョソン・ソリ》を吹き込んだレコードはあるが、朝鮮人《チョソン・サラム》の手で作られたレコードはなかった」と強調している。[87] 同社が朝鮮レコードを市場に売り出したのは、一九三五年春のことである。ちょうどこの頃、金武森が経営権を引き継ぎ、それに伴い社名のローマ字表記がKoreaへと改められた。同年一二月には再びニューコリア（New Korea）と改名されている。しかし他の内地人経営の会社と競争することはかなわず、一九三六年末に最後の新譜を送り出している。

やはり同年の一二月、シエロンもまた最後の広告を残して朝鮮録音から手を引く。少し前までスタジオの設置など活発な動きを見せていたシエロンが、唐突ともいうべき廃業に至った理由の詳細は不明だが、朝鮮人側のストライキに起因するとも伝えられる。[88] いずれにせよ、コリアとシエロンが相次いで廃業することで、一九三七年以降に朝鮮市場で活発に事業展開するのは大手五社のみとなる。

3　朝鮮ポピュラー音楽の隆盛——流行歌と新民謡

レコード産業の構造転換は、録音内容にも反映された。朝鮮社会で「西洋音楽・伝統音楽・ポピュ

86 裵ほか、前掲書、一三七－一三八頁。

87『朝鮮日報』一九三四年一〇月二五日。

88 拙稿、前掲書（二〇〇九a）一四三頁。筆者が名古屋の帝国発明社の関係者に行ったインタビューによる。

ルは、「民謡王国」の呼び名を得ることになる。一九三五年には、王寿福を擁したポリドールに吹き込む。これらはすべてラベルに「新民謡」と明記された。中でも王平文芸部長の下、王寿福年には、朴芙蓉が〈ノドゥル河辺〉（1619）をオーケーに、鮮于一扇が〈花を掴んで〉（19137）をポリドー月にリリースされた彼女の〈新パンア打令〉（40449）は代表的な新民謡レコードとなった。続いて翌歌手が、新民謡の人気を決定づける役割を果たす。最初はコロムビアの王寿福であり、一九三三年九形容されるような状況を引きおこした[91]。中でも、特に一九三三、三四年の間にデビューした三人の妓生（日本の「検番」とは漢字が異なる）と呼ばれた妓生組織からタレントを発掘しようと、「争奪戦」と伝統音楽の専門的訓練を受けた妓生歌手が継承することで、さらに発展を見せる。各社は、当時「券番」

一方、同時期はまた「新民謡」の全盛期でもある。舞台女優によって開拓されたこのカテゴリーは、

抜き短音階をベースとし、さらに二拍子系のリズム（〈他郷〉は三拍子）を軸とするスタイルを用いている。このためやはり後の「トロット」の典型的なスタイルの嚆矢とみなされてきた[90]。

作詞は文一石、作曲は同じく孫牧人、そして女性歌手の李蘭影が歌った。一九三五年九月に発売された〈木浦の涙〉のレコード（1795）のラベルには、「当選地方新民謡」というカテゴリーが用いられたが、これはオーケー自ら募集をかけた第一回郷土讃歌コンテストで当選した歌詞であったことによる。しかし、この曲が実際に流行するや「流行歌」と書き改められることになる。これら三曲はすべてヨナ

「流行歌」のカテゴリーでは、オーケーの活動が最も顕著となる。この時期最初の楽曲の例として〈他郷〉（〈他郷暮らし《タヒャン・サリ》〉の名で広く知られる）と〈梨園哀曲〉がある。どちらも金陵人・孫牧人の作詞・作曲コンビによる楽曲で、男性歌手の高福寿がAB面に吹き込んだ。このレコード（1677）は、一九三四年六月に「流行歌」という分類でリリースされている。これに続いたのが〈木浦の涙〉である。

ラー音楽」という音楽三分法が具現化していくのはまさにこの時期であり、レコード産業はこの区別自体の生産と再生産に重大な役割を果たした[89]。同時に「流行歌」と「新民謡」という朝鮮ポピュラー音楽の二大ジャンルが確立し、朝鮮レコード産業における主力商品となる。

89 拙稿、Yamauchi, *op. cit.* (2012), p. 151.

90 李英美、前掲書、六一頁、拙稿、前掲書（近刊）も参照。

91 拙稿、前掲論文（二〇〇九a）二六〇–二六四頁。

やはり妓生の李銀波がオーケーから〈関西千里〉（1793）でデビューする。こうして新民謡の歌手は女性が圧倒的に多かったが、男性の例がなかったわけではない。代表例は姜弘植で、一九三四年二月にコロムビアから発売された〈処女総角〉（40489）は、朴や鮮于のデビューの時期と重なっている。

朝鮮のレコード産業は、こうして「流行歌」と「新民謡」の言説的区別をプロモートしたが、実演のレベルでは引き続き相互浸透がみられた。まず何より、同じ歌手が両方を歌うことも少なくなかった。これは前述した新民謡歌手のすべてに当てはまる。さらに、妓生歌手の歌唱法が、朝鮮の流行歌に独特の「肌理」を与え、李蘭影のように流行歌寄りの歌手によって吸収された側面もあった。[92] これはまた、音階やリズムなどの音楽的要素において、朝鮮と内地の間に共通性のある流行歌であっても、両者を区別する要因の一つとなりえたのである。

4　伝統音楽・西洋音楽の展開

この時期、朝鮮のレコード産業は、新たに三分化されていく音楽界（西洋音楽・伝統音楽・ポピュラー音楽）のすべてから比較的バランスの取れたレパートリーを打ち出した。まず何より、朝鮮のレコード史において伝統音楽がポピュラー音楽に拮抗しえたのは、この時期が最後となる。事実、ここまで「伝統音楽」と書いてきたもの、あるいは現在韓国で一般的に「国楽」や「韓国音楽」などと呼ばれるものに概ね対応する「朝鮮楽」といった概念自体が、この時期に存在感を増したポピュラー音楽と西洋音楽に応答する形で立ち上げられたのである。[93] ただし、伝統音楽が当時まだ大衆的に「人気《ポピュラリティ》」があったという意味からすれば、それはもう一つのポピュラー音楽でもあった。

伝統音楽レコードに関わる同時期の新たな傾向としては、従来の京西道偏向を抜け出したことが挙げられる。その理由の一つは新民謡の台頭による。もともと京西道系のレパートリーに通じた妓生歌

92　李英美、前掲書、八一―八二頁。「肌理」（grain）についてはBarthes, R. 'The Grain of the Voice'. *Image, Music, Text*, Fontana Press, 1977, pp.179-189 参照。

93　ソク・チフン、前掲論文、（韓国語）。東アジア音楽史における「国楽」概念の形成については拙稿、Yamauchi, F. "Contemplating East Asian Music History in Global and Regional Contexts: On Modernity, Nationalism, and Colonialism." In T. Janz and C. Yang (eds.), *Decentering Musical Modernity: Perspectives on East Asian and European Music History*, Transcript, 2019, pp.313-343 参照。

手が新民謡を歌うようになり、それが「伝統音楽」ではなく「ポピュラー音楽」の一部とみなされていく中で、より真正とされる京西道系の伝統音楽録音の分量が相対的に減少したのである。

もう一つの理由は、一九三〇年代におけるパンソリの大衆的人気の高まりと、それに伴う南道音楽の復興ともいうべき状況である。南道出身の「名唱」と呼ばれる歌い手達が、専門団体を活発に組織するのはこの時期である。[94]「名唱」達はまた同時期の朝鮮語メディアにしばしば取り上げられた。文化ナショナリズムの担い手たる新聞・雑誌が、朝鮮民族文化の保存と振興という目的から、彼らの音楽会などの活動をサポートしたのである。この点で最も際立つ事例が、前述した「春香伝」である。一九三三年から翌年にかけて、三社が独自のバージョンをリリースしている。まずタイヘイが新劇団体の土月会と協力し、「近代劇」と銘打った実験的な五枚組アルバムを一九三三年八月に打ち出す（8053〜8057）。シエロンもまた、男女の舞台俳優のナレーションを取り入れるなど、元来の唱劇に新派劇を織り交ぜた新しい試みを行い、レコード番号も改めた一二枚組アルバムにして一九三四年七月に発売する（501〜512）。最後に、コロムビアは比較的真正な形式にこだわった一八枚組アルバムを一九三四年一一月にリリースしている（40540〜40557）。

こうして南道の演目が京西道の演目を圧倒するような傾向は、一九三〇年代から徐々に芽生え、南北分断後の韓国においてさらに顕著となる。ただし、当時はまだ京西道の演目がレコードに広く取り上げられていた点も留意すべきである。[95]そこには民謡だけでなく、より専門的な雑歌や併唱など幅広い種目が含まれた。[96]よって、この時期は地域的な多様性や分配の観点から見て、伝統音楽レコードの全盛期でもあった。

加えて、同時期には西洋芸術音楽を専門とする朝鮮人もまたレコードに吹き込む機会が増えた。とはいえポピュラー音楽や伝統音楽に比べれば量は少ない。特徴的なのは、西洋音楽界の代表人物が、その文化的な権威を背景に、レコード業界において特別待遇を受けた事実である。やはり六社体制が浮上したのと同じ一九三三年、ビクターとコロムビアは、作曲家の洪蘭坡とテノール歌手の玄済明に

94 権度希、前掲書、一八四－一九一頁。

95 林ヘジョン「レコード社別の国楽レパートリーの分配様相に関する研究：一九三〇年代以後の六大レコード社を中心に」『韓国音盤学』一四、二〇〇四（韓国語）一八七－二一二頁。

96 併唱とは楽器を弾きながら歌う演目の通称である。

対し、互いに競うようにして京城支社の「音楽主任」と「文芸部顧問」なる特別の職位をそれぞれ委託した[97]。さらに、玄は高級盤であるコロムビア青盤に吹き込み、そのレコードは同年八月から発売が開始されている（45000～45008）。これは朝鮮人アーティストによる唯一の青盤吹き込みである。もちろん朝鮮の西洋芸術音楽のアーチストによる青盤以外の通常のレーベルへの吹き込みも行われた。ただし、全体的にいって、こうした録音は、西洋人による「真正」な録音に比べて朝鮮市場の受けが良いとはいえなかった。一九三〇年代後半に入ると、レコード産業はポピュラー音楽路線へと本格的に舵を切り、西洋音楽界の朝鮮人アーティストとの溝が相対的に深まっていくことになる[98]。

5　国家権力のレコード統制

一九三三年六月に始まる朝鮮のレコード検閲は、当該業界の拡張に深く関わっていた。六社体制とレコード検閲が同じタイミングで現われたのは偶然ではない。植民地検閲が特に留意したのは、伝統音楽や西洋音楽よりも、ポピュラー音楽の急激な台頭である。韓国の既存研究では、伝統音楽が帝国日本の同化政策により抑圧的な待遇を受けたと強調されてきた。しかし、レコード検閲の実態からいえば、伝統音楽によって分節化された文化的差異が問題視されたというよりも、むしろポピュラー音楽のもたす社会的影響力が危惧された様子が浮かび上がる[99]。

さらに、同じ時期には朝鮮語の文字メディアもまたポピュラー音楽批判を開始し、しばしばレコードと同列に論じた。その批判は、パンソリのような伝統音楽の一部を朝鮮文化のエッセンスとして格上げし、さらに西洋芸術音楽を世界的な高級文化の一部としてプロモートする価値判断と表裏一体である。皮肉ながら、彼らの「流行歌浄化」の呼び声には、官製のレコード検閲の公式見解と共鳴しあうものがあった[100]。

97　拙稿、前掲論文（二〇〇九a）二七一－二七五頁。

98　同前。

99　検閲の詳細は拙稿、Yamauchi, F. "Policing the Sounds of Colony: Documentary Power and the Censorship of Korean Recordings in the Age of Performative Reproduction." *Musica Humana* 3 (2), 2011, pp.83-120、および、山内文登「東アジアの文書権力と音声メディアの植民地近代的編制――漢文脈の政治文化と帝国日本の朝鮮レコード検閲」『東洋文化研究所紀要（東京大学）』一六五、二〇一四、一－一二四頁、李埈熙「日帝時代音盤検閲研究」『韓国文化』三九、二〇〇七（韓国語）一六三－一九八頁参照。

100　拙稿、前掲書、五六－六二頁。

もう一点留意すべきは、やはり一九三三年に、当時政務総監だった今井田清徳が、総督府官僚として初めて演説を録音した点である。〈農村更生え[へ]の途〉と題された講演のレコード制作を請け負ったのはシエロンで、これに特別番号を付した（C5000）。さらに一九三五年には、朝鮮総督の宇垣一成が〈伸び行く朝鮮〉という講演を直々に吹き込んでいる。こちらはコロムビアによるが、同社の朝鮮レコードではなく、内地レコードからの発売である（28571）。[101] 翌年には、ベルリンオリンピックのマラソンで優勝した孫基禎が、日章旗を振る人々の応援に支えられて走りきったという談話〈優勝の感激〉をやはりコロムビアに吹き込み、朝鮮レコードの新譜に組み込まれている（40733）。当時、孫の報道写真の日章旗に黒塗りを加えた『東亜日報』が、朝鮮総督府により停刊処分（いわゆる「日章旗抹消事件」）される状況であったことを想起すれば、これもまたプロパガンダ色の濃厚な録音である。ただし、朝鮮においてレコードがより本格的に政治的プロパガンダに関わり始めるのは、次に述べる時期以降となる。

101 こうした「肉声」レコードについては拙稿、Yamauchi, F. "The Phonographic Politics of "Corporeal Voice": Speech Recordings for Imperial Subjectification and Wartime Mobilization in Colonial Taiwan and Korea." In I. Haukamp, C. Hoene, M. Smith (eds.), *Asian Sound Cultures: Voice, Noise, Sound, Technology*, Routledge, 2022, pp. 19-39 参照。

五　戦時期——五社体制下の流行歌と時局歌謡、一九三七〜一九四一

1　戦時下の帝国レコード産業の再編

一九三七年七月の日中戦争の勃発は、帝国日本全体のレコード産業の構造とその新譜カタログの両方に影響を与えた。何より重要なのは、レコード産業に対する国家の介入の強化である。その最初の明確な兆候は、翌八月に内務省が映画業界とレコード業界の代表を呼び、現下の「時局」を論じ協力

映畫、레코-드業者와
時局對策懇談
銃後守護를爲하야

스포-츠欄
水上과柔道
兩大會
申請은卅一日限

図12：内務省の協力要請に関する朝鮮語報道
（『朝鮮日報』一九三七年八月三〇日）

を求めた件である。これは朝鮮語の新聞でもすぐに報道されている[102]（図12）。この変化は、蓄音器レコードが重要な社会的メディアであると国家によってお墨付きを与えられた出来事でもあった[103]。それと並行するように、コロムビアやビクターのようなメジャー会社では、外資や外国人経営者が退けられていく。

一方、この時期の朝鮮を含めた植民地の状況は、何より皇民化政策によって特徴づけられる。以前までの「同化」が天皇と為政者側によって上から与えられる恩恵のごとく想定されたとすれば、「皇民化」においては言語、宗教、家族の姓名体系、兵役など、生活の全領域にわたって被植民者自らが「皇国臣民」となるべく日々の精進を求められたのである[104]。こうして個人の責務とされた同化は、被植民者側の文化的差異の消去を担保に、植民者と被植民者の間に「平等」を実現するものと喧伝された。

ただし、ここでも朝鮮録音の歴史は、一般的な時期区分の枠組にそのまま当てはまるわけではない。レコード会社は、一九三七年以降も盛んにビジネスを続け、朝鮮語のポピュラー音楽を軸に文化的差異を分節化し続けている。その一方で、内地と対照的に、朝鮮では軍国歌謡のような時局的なレパートリーは

102 『朝鮮日報』一九三七年八月三〇日、九月三日など。

103 倉田、前掲書、四二九－四三〇頁。

104 Ching, L. T. S. *Becoming "Japanese": Colonial Taiwan and the Politics of Identity Formation.* University of California Press, 2001.

振るわなかった。本節は、これらの点に留意しつつ一九三七年から一九四一年までの状況を述べる。

2 皇民化政策下の大手五社体制

戦時期朝鮮のレコード産業における変化への序幕は、先に触れたようにシエロンやコリアといった中小規模の会社の廃業である。よって一九三七年以降は事実上五つのメジャー会社のみが事業を続けることになる。この戦時下の五社体制において、各社に幾つか変化が現われた。最も顕著なのは経営陣の内地人化である。コロムビアの朝鮮支社では、すでに一九三五年四月に伊藤正憲がハンドフォードに代わって第二代代表になっていた。[105] 正確なタイミングは不明だが、ビクターのグリーンもまた一九四〇年までには林喜一に代替されている。テイチクは、一九三七年から一九三八年前半の間に、自社の営業所を設置し、井村良瑞を経営に当たらせた。[106] ただし、一九三八年一月には、李哲が朝鮮録音株式会社なる新会社の社長の座に付き、[107] 以後もテイチクではなくオーケーのレーベル名を維持している。タイヘイは一九三七年後半に朝鮮文芸部と発売規模の両方を縮小し、その後一年ほど事実上ビジネスを中断するような状況に陥っている。ポリドールについては特に目立った変化を示す資料が今のところ見当たらない。

また、一九三七年からの一年はレコード番号にも重要な変化が見られた。コロムビアを除き、メジャー会社は端的に従来の通常盤をストップしたのである。ただし、それは再編というべきもので、ただちに新しい番号体系を立ち上げている。

この後、各社は再び積極策に打って出る。最も顕著な動きを見せたのはオーケーである。これは、帝国全域にわたって拡張主義的なアプローチを採り始めていた内地のテイチクの動向とも呼応する。一九三七年二月には、テイチクの内地工場新築と朝鮮のスタジオ設置を祝するとして、オーケーが朝

105 伊藤正憲『レコードと共に四十五年——私のアルバム』(日本クラウン、一九七二)。
106 早い記録の一例は一九三八年六月の歌詞カードの奥付。李輔亨ほか、前掲書、八七四頁。
107 東亜経済時報社『朝鮮銀行会社組合要録』一九三九年版(東亜経済時報社、一九四〇)。

鮮で記念レコードを臨時発売している。[108] これに前述したテイチクの朝鮮営業所の新設や、朝鮮録音株式会社の創立が続く。加えて同じ頃、夭逝した金陵人を引き継ぎ、方煕宅がオーケーの文芸部長に就いている。[109] さらにテイチクは、一九三八年一一月に満洲の新京でも新事業に着手している。[110] タイヘイもまた、一九三八年一一月に新社名であった大日本の名義で朝鮮営業所の開設を改めて公布し、所長、文芸部長、営業部長の主要ポストにそれぞれ柳尚中、朴英鎬、李相泰という朝鮮人を任命している。[111] また、オーケーとビクターは、それぞれ一九三六年末以前および一九三七年春に、より本格的なスタジオを朝鮮内に設置し、現地録音の態勢を整えていた。

3　戦時下のポピュラー音楽の活性化

そうして再編された産業構造の下、録音内容において最も顕著となった傾向は、ポピュラー音楽の隆盛である。流行歌・新民謡の二重構造が維持されただけでなく、他のジャンルを圧倒し始めたのである。加えて、両者のうちでは流行歌がより一層優勢になっていく。再びコロムビアの通常盤を例にとれば、一九三七年以降、両者をあわせたポピュラー音楽の比率はさらに増加し、「レコード産業＝ポピュラー音楽産業」というべき等式がほぼ成立するまでになった。

日本統治期を代表する朝鮮人歌手の多くが一九三七年以降にデビューしている。例を挙げれば、女性歌手に黄琴心、李花子、張世貞、男性歌手に南仁樹、金貞九、秦芳男（作詞家としては半夜月）、白年雪などがいる。注目に値するのは、彼らの多く（七人中五人）がオーケーからデビュー、あるいは後にオーケーに移籍している点である。戦時期のオーケーの躍進ぶりを如実に示す事実である。これらの歌手は、少なくともポピュラー音楽の領域において、さらなる「全盛期」を現出することになる。代表的な流行歌を幾つか挙げると、〈連絡船は出て行く〉（張世貞、オーケー 1959、一九三七年）、

108 『朝鮮日報』一九三七年二月一〇日。

109 『朝光』一九三九年三月号。金陵人の死去は一九三七年に伝えられたが、それから時を経ずに方煕宅が文芸部長の職務を引き継いだものと思われる。

110 テイチク株式会社社史編纂委員会編『レコードと共に五十年』（テイチク、一九八六）一二頁。

111 『朝鮮日報』一九三八年一一月五日。

〈哀愁の小夜曲〉（南仁樹、オーケー 12080、一九三八年）、〈涙に濡れた豆満江〉（金貞九、オーケー 12094、一九三八年）、〈いとしのあなた〉（黄琴心、ビクター KJ1132、一九三八年）、〈旅人の哀しみ〉（白年雪、タイヘイ C8665、一九四〇年）、〈不幸者は泣きます〉（秦芳男、タイヘイ C8678、一九四〇年）などがある。一方、代表的な新民謡には〈飼い葉袋の牧童〉（コルマゲッ）（オーケー 12190、一九三八年）がある。この歌を吹き込んだ李花子は、王寿福、鮮于一扇、李銀波の後に続く代表的な妓生歌手であり、一九三六年に廃業したコリアからオーケーに移籍していた。全体として、流行歌が新民謡を圧倒していく状況があり、中でもここに挙げたような楽曲が、戦時期のみならず、日本統治期全体を代表するものとみなされている。[112] その大部分は、ヨナ抜き短音階と二拍子系のリズムを中心とする前述の音楽的要素を引き継いでいた。このため、この時期の流行歌の隆盛が帝国日本の同化政策の現れであり、戦後の「トロット」はその遺産であって、これを清算すべきであるという「倭色歌謡」批判もなされてきた。[113]

ただし留意すべきは、この時期の流行歌を軸とするポピュラー音楽が、その雑食性というべき特性を発揮し、世界各地の様々なソースから多彩なサウンドとスタイルを吸収していった点である。すなわち朝鮮人の作曲家・編曲家によるジャズ、ブルース、タンゴ、ルンバ、ハワイアンなどの諸要素の受容や流用はピークを迎え、ポピュラー音楽のサウンド面での多様化が前例を見ない程度にいたることになる。「流行歌」と分類された楽曲の中から幾つか例を挙げると、スウィング・ジャズ風のアレンジが異彩を放つ〈青春階級〉（金海松、コロムビア 40813A、一九三八年）、楽曲と歌唱にブルース色の濃厚な〈茶房の青い夢〉（李蘭影、オーケー 12282、一九三九年）、さらにタイトルに曲想をブルース風を明示した〈追憶のタンゴ〉（黄琴心、ビクター KJ1337B、一九三九年）や〈ルンバの都城〉（金貞九、オーケー K5018、一九四〇年）などがある。これに連動しつつ、「ジャズソング」というポピュラー音楽のカテゴリーもまた増加傾向にあった。事実、これらは、当時の植民地帝国間の商業ネットワークやアメリカ音楽産業のヘゲモニーを媒介として記号化されグローバルに流通した「エスニック」なリズムの

112 これらはまた、朴燦鎬が韓国歌謡史（一九八七）の中で個別に取り上げた事例に対応する。

113 金昌男、前掲書、李英美、前掲書、六二一六五頁、拙稿、前掲書（近刊）も参照。

一部であり、しばしば「ジャズ」という漠たる言葉によって包括的に表象されていた。[114] 加えて、内地人作曲家・編曲家の参与という帝国内の連関性もまた、部分的にこうした動向の触媒となった。[115] こうして戦時期朝鮮のポピュラー音楽は、サウンド面のグローバルな同時性を示しており、前述した音楽的要素だけに議論を還元して、日朝間に議論を絞って音楽的同化を論ずることはできない。

一方、これまで常に主要なレパートリーであり続けた伝統音楽のレコードは、初めて減少の一途をたどった。とはいえ、幾つか野心的な録音プロジェクトが存在した点も指摘しておきたい。前述した南道音楽系の春香伝を例に挙げるなら、一九三七年にまた複数のアルバムが発売されている。特に一九枚に上るビクターの特別盤（J1111～1129）は、現在この方面で最も優れた録音とみなされている。[116] 録音は、当時ソウルに新設されていたスタジオで行われた。オーケーもまた、ビクター盤を凌駕する二〇枚セットの特別盤を、同じく新設のソウルスタジオで行っている（12012～12037）。

4 国家統制の強化と朝鮮語の軍国歌謡

他方、朝鮮のレコード産業に対する国家統制は、この時期に新たな段階を迎え、これまでの検閲を通じた「規制」に加えて、レコードによるプロパガンダや戦争動員といった「活用」の性格を強化することになる。その出発点は、一九三七年六月に、朝鮮総督府の学務局が、社会教化を目的に「フィルム・レコード認定規定」を公布し、所轄委員会を設置した事実である。[117] これは直後に勃発する日中戦争の状況に呼応していく。

朝鮮のレコード産業界は、こうした変化に対し、前例のないジャンルをもって応えることになる。朝鮮語による軍国歌謡である。一九三七年一一月から翌年一月にかけて、オーケーを除く各社は「時局歌」（ビクター）、「時局歌謡」（コロムビア）、「愛国歌」（ポリドール）などといった新たな分類を

114 Denning, M. *Noise Uprising: The Audiopolitics of a World Musical Revolution*. Verso, 2015, pp.88-92.

115 拙稿、山内文登「日帝時代の留声器音盤制作における日本人参与に関する試論――コロムビア音盤の作曲・編曲活動を中心に」『韓国音楽史学報』三〇、二〇〇三、七七–八一一頁（韓国語）。

116 裵ほか、前掲書、八八頁。

117 『東亜日報』一九三七年六月九日・六月二〇日、『朝鮮日報』六月一七日、李埈熙「日帝時代軍国歌謡研究」『韓国文化』四六、二〇〇九b（一三九–一六一頁、韓国語）、一四九頁も参照。

ラベルに用いた新譜を一斉に発売する（タイヘイの分類は不明）[118]。こうして計五枚のレコードが発売された。タイトルの邦訳とレコード番号だけを挙げれば、〈男児の意気〉〈半島の勇隊歌〉（ポリドール 19446）、〈正義の師よ〉〈銃後義男〉（ビクター KS2025）、〈正義の行進〉〈銃後の祈願〉（コロムビア 40793）、〈勝戦の快報〉〈従軍看護婦の歌〉（コロムビア）、〈帝国決死隊〉（タイヘイ 8333）である。これだけでも内容をうかがえるだろう。

ところが、朝鮮のケースに特徴的なのは、内地における軍国歌謡への熱狂と異なり、これらのレコードが朝鮮人の聴衆にあまり受けなかった点である。これは朝鮮人文芸部長が当時自ら指摘していた事実である[119]。したがって、一九三八年一月にコロムビアの二枚目のレコードが出て以後、各社は時局的なレコードの生産を中断する。再開されるのは、次節に述べる一九四二年以降となる。この間、唯一ともいえる重要な例外は、一九四一年八月に発売された〈志願兵の母〉（張世貞、オーケー 31052）だった。これはオーケーによる最初の軍国歌謡というべき楽曲で、「愛国歌」と分類された。一九三七年八月にテイチクが内地でリリースした古賀政男作曲の〈軍国の母〉のメロディーに、一九三八年に朝鮮に導入された陸軍特別志願兵制度に関する歌詞を添えた楽曲である。全体としてみれば、こうした朝鮮語軍歌は低調のままであった。

こうした新たなタイプの楽曲に加えて、朝鮮の他のポピュラー音楽にも時局の影響は幾つか現れた。「流行歌」と分類された楽曲の中では、例えば南仁樹が歌った〈感激時代〉（オーケー 12237、一九三九年）がある。この曲には時局を直接指し示す内容はないが、当時の状況下で「感激時代」を歌い上げること自体が問題視されてきた[120]。また、満洲や「北方」「大陸」などと表現された地域に関する歌の例もある。これは内地の「満洲メロディー」または「大陸メロディー」の朝鮮版に相当する。これらもまた通常は時局に直接触れないが、帝国日本の北進政策の時代状況と関わっている[121]。

118 李埈熙、前掲論文（二〇〇九b）一五〇頁。
119 『朝光』一九三九年三月号三一四頁、『朝光』一九四〇年四月号一一八頁。
120 李英美、前掲書、九五―九六頁。
121 李英美、前掲書、八八―九〇頁。

六　衰退期――第二次大戦期の朝鮮レコード産業の末路、一九四二～一九四三

1　帝国レコード産業の総動員体制

一九四一年一二月、帝国日本はすでにヨーロッパで行われていた戦争に加わり、第二次世界大戦へと突入する。これ以後、レコード産業全体のさらなる再編が内地で進められた。その第一歩は、一九四二年四月の日本蓄音器レコード文化協会の設立である。これは、軍需品の供給を増やすことを企図した産業界全体の再編の一部である。さらに一九四三年八月には日本音盤配給会社が設立され、流通構造もまた一元化された。加えて、戦争が深まるに従い、カタカナ用語の変更も要求された。「レコード」は漢字で「音盤」とされ、よって一九四三年九月には日本蓄音器レコード文化協会もまた日本音盤協会と改名されている。各社名やレーベル名についても、コロムビアが創設時の日蓄に、ビクターが日本音響に、ポリドールが大東亜に、そしてキングが富士音響に変わっている。また、いわゆる「ジャズ」を筆頭に、アメリカとイギリスの「敵性音楽」が批判の主要な対象となり、一九四三年一月には包括的な禁止曲リストが通達されている。[122]

122　倉田、前掲書、四五五－四五八頁、四六六頁。

2　戦時期朝鮮レコード産業界の三社体制

そうした戦時期の再編は朝鮮でも顕著に現れた。レコード業界への植民地権力の介入は、消極的な規制から積極的な動員へとより一層シフトし、また関連業界との統合が進められることになる。いち

早く一九四一年一月には朝鮮演芸協会が設立され、オーケーの李哲が初代会長に任命された。翌年六月、朝鮮演芸協会は朝鮮演劇文化協会へと統合され、これにしたがい、レコードアーティストもまた会員登録による「技芸証」の給付を義務付けられるのである。

全般的にいえば、時局下の状況はレコード業界に打撃を与えた。まずポリドールとビクターがこの時期にほぼ事業を畳んだ状態となり、間欠的に新譜や旧譜を発売するのみとなった。したがって、一九四二年から一九四三年の間に新譜を定期的にリリースしたのはコロムビア、オーケー、タイヘイの三社となり、全体的な生産量も減少した。

ただし、これら三社は、時局を活用し、ビジネスとインフラの両方を拡張した側面もある。これは特にオーケーに顕著だった。その下支えとなったのが新スタジオの建設である。一九四一年一月にオーケーの京城スタジオが火災で喪失した際、わずか四ヶ月後に別の場所に最新のスタジオを備えた事務所が再建されており、戦時下の事業拡大に意欲的に取り組んでいたことが伺われる。さらに、その一月後には、朝鮮総督の南次郎が直々にスタジオを訪ねて演説を録音している。[123] この土台の上に、前述の朝鮮録音株式会社は、一九四二年に資本金を三倍に増やして朝鮮演芸株式会社へと改組され、李哲（青山哲名義）が引き続き社長を務めた。[124] この改組には、時局の進展に伴い、録音活動よりも公演活動が慰問の一環として重要になったことが関係しており、レコードアーティストを中心とした「楽劇団」の結成を促すことになる。

123 拙稿、Yamauchi, 2022.

124 東亜経済時報社『朝鮮銀行会社組合要録』一九四二年版（東亜経済時報社、一九四二）。

3　総動員体制下の朝鮮録音の行方

この時期、帝国日本の総力戦体制を反映する幾つかの特徴が、朝鮮のレコード業界に現れる。まず、流行歌に代表されるようになっていた朝鮮ポピュラー音楽の時代は、少なくとも紙面上終わりを告げた。「流行歌」という用語が、その商業主義的、資本主義的な含意により批判され、一九四一年半ば頃から「歌謡曲《カヨゴッ》」や「新歌謡《シンガヨ》」といった言葉に改められることになったのである。[125]合わせて顕著になったのは、しばらく中断されていた軍国歌謡の大量生産である。[126]ただし、それは音楽面で従来の流行歌と大きな変化はなく、歌詞に時局的な内容を添えた側面が強い。「国民歌《クンミンガ》」や「国民歌謡《クンミンガヨ》」、あるいは「皆兵歌《ケビョンガ》」などと再パッケージされたこの種の楽曲は五五曲以上を数え、全体として生産量が減っていた中で大きな比率を占めた。[127]当時の主要三社でみると、コロムビアが五枚一〇曲、オーケーが一五枚三〇曲、そしてタイヘイが六枚十二曲である。オーケーが半数を占めたのは、同社の朝鮮人の中核人物達が、当時の国策に深く関わっていった事実を反映しているだろう。

もう一つ関連する特徴は、「南洋」や「熱帯」に関する歌の増加である。これは、帝国日本の地政学的関心が「南方」へと移っていった事情に関わる。そうした楽曲は以前からも時折見られたが、コロムビアが〈南国の月夜〉(44002)、〈南方の追憶〉(44003)といった曲を出した一九四〇年以降に一つの流れとなり、一九四二年一二月にやはりコロムビアがリリースした〈青蘭の花〉(40896)[128]などへと引き継がれることになる。

帝国日本の大東亜共栄圏の構想と、それによって加速した「大東亜文化」の建設に対する関心は、朝鮮レコードにおける伝統音楽のささやかな復活にも一部反映された。一九四一年から翌年にかけて、『東亜の音楽』(コロムビア)、『南方の音楽』(コロムビア)、『大東亜音楽集成』(ビクター)などの大掛かりな内地レコードのアルバムが立て続けにリリースされる中、[129]朝鮮のビクターは、自社の第一回朝鮮録音の成果であった雅楽レコードの一部を抜粋し、一九四二年一二月に『朝鮮雅楽精髄』という名の六枚組アルバムにして再販した(49815〜49820)。[130]さらに一九四二年七月には、オーケーが五枚組セットの春香伝をリリースしている(31116〜31120)。これは唱劇の形式に流行歌手の主題歌を交えた「歌謡劇」という新たな試みだった。[131]皇民化が叫ばれる渦中にあって、こうして朝鮮の文化的差異が表出され消費される局面が残存していた。

125 そうした批判は、すでに一九三三年頃から内地において日本放送協会がいち早く取り上げていた経緯もある(倉田、前掲書、二三六頁)。

126 『朝光』一九四二年七月号二二四頁。

127 李埈熙、前掲論文(二〇〇九b)、一五三頁。

128 Yi, Y. "Embedded Voices In-between Empires: The Cultural Formation of Korean Popular Music in Modern Times." Unpublished Ph.D. dissertation, McGill University, 2008, pp.136-140.

129 詳細はHosokawa, S. "In Search of the Sound of the Empire: Tanabe Hisao and the Foundation of Japanese Ethnomusicology," *Japanese Studies* 18 (1): 5-19, 1998, pp.13-16.

130 裵ほか、前掲書、八四頁。

131 詳細は李埈熙「歌謡劇〈春香伝〉の音盤史的意味」『韓国音盤学』一五、二〇〇五、二一九-二三八頁(韓国語)参照。

事業を大幅縮小していたビクターが、一九四一年一二月から朝鮮人吹き込みの洋楽レコードのアルバム物を続けて送り出した点も留意される。『讃頌歌アルバム』（六枚）、『世界名曲選集』（六枚）、『朝鮮歌謡曲代表作集』（三枚）の計一五枚（49500～49514）である。「歌謡曲」（ここでは芸術歌曲の意味）と銘打った最後のアルバムには、日本統治期を代表する創作歌曲の〈鳳仙花〉（洪蘭坡作曲、金亨俊作詞、金天愛歌唱、49512）が含まれた。

皇民化政策による同化圧力の強化は、様々な形で朝鮮録音に刻印を残したが、とりわけ以下の二点に顕著である。第一に、日本語が朝鮮歌謡に一部挿入され始めた。すなわち歌詞の一部、特に三番が日本語で歌われるようになったのである。そうした例のタイトルを挙げると、〈福地万里〉（タイヘイGC3028、一九四一年四月）、〈情の移った地《チョンドゥン・タン》〉（オーケー 31157、一九四三年三月）、〈二千五百万［全朝鮮人］の感激〉（オーケー 31193、一九四三年一一月）、〈白薔薇の夢〉（タイヘイ C5022、一九四二年一月）などである。[132] ただし歌詞がすべて日本語の朝鮮レコードは今のところ見当たらず、この点で内地デビューした朝鮮人が吹き込んだ内地レコードと異なっている。すなわち「朝鮮レコード」「内地レコード」という範疇とその差異は最後まで維持された。第二に、朝鮮人による内地の伝統音楽の受容である。これまで、朝鮮人による日本語の受容、または内地の流行歌の受容に比べて、謡曲、長唄、箏曲といった伝統的な諸ジャンルの受容はずっと限られたものだった。それは長らく私的空間に伏流するに留まってきたが、この時期になって朝鮮レコードに吹き込まれ、市井に流布するのである。最も際立ったケースは、崔八根という朝鮮人浪曲家・プロモーターによる朝鮮語の浪曲録音である。崔は一九四二年から一九四三年の間に、四枚組アルバムの『雪中梅』（オーケー 20163～20166、一九四三年二月）を含む少なくとも一六枚のレコードを吹き込むなど浪曲の普及に努めた。

すべてのレコード会社は、一九四三年末までに朝鮮録音の事業を取り止めた。植民地支配自体の終焉に先立つこと一年半前であった。

132 詳細は李埈熙、前掲論文（二〇〇九b）参照。

おわりに

一八九六年に始まった朝鮮録音は、一九四三年までの約半世紀にわたり、ごく少数のシリンダーおよび約六五〇〇枚（大半が両面のため約一万三〇〇〇面）のレコードに収められた。レコード一枚を短めに三分と計算しても、約六五〇時間に相当する分量である。録音を行ったのは、学術的なフィールド録音を行ったフレッチャーなどの西洋人、そして商業録音以降は、機械録音時代に米国コロムビア、米国ビクター、日蓄、日東の四社、続いて電気録音時代にコロムビア、ビクター、ポリドール、オーケー、シエロン、タイヘイの六社および十社以下の小規模会社である。こうして「録音（する）」という行為の主体＝主語をマクロに見れば、「朝鮮録音」とはいっても、その主だった顔ぶれは西洋人・内地人主導の会社組織であり、これに対して経営者クラスの職位で足跡を残した朝鮮人は、李基世や李哲のようなごく少数に限られる。その一方で、朝鮮録音のミクロな制作過程に目を転ずれば、それを実質的に主導した現地の文芸部やレコード会社の朝鮮人、そしてフィールドやスタジオの録音の場で「実演（する）」という行為を担った数多くの朝鮮人がズームアップされてくる。すなわち「写音的近代」の構成における従属性と主体性が、共時的かつ不均衡に織り込まれた時代状況であり、朝鮮録音の歴史はそれを最も克明に刻印する事例となる。

ただし、こうした従属性と主体性という二つの側面を、それぞれ植民地主義と民族主義の結果に帰してしまうとすれば、これはやや性急である。ここで理論的なことは掘り下げないが、本稿を通じて浮かび上がるのは、植民地主義や民族主義以上に、音・声の複製を通じて利潤の最大化を目指す資本主義の論理を考慮する必要性である。この音声資本主義《フォノ・キャピタリズム》は、収益性が見込まれる限りにおいて、現地人の文化生産への主体的参与を促し、植民地文化の音声的・音楽的差異を掘り起こすことに何らの躊躇もなかった。この点で、「同化」なる理念を一つの特徴とする帝国日本の植民地主義と衝突する性格をはらんでおり、事実そうした局面はとりわけ一九三七年以降に明確に浮上することになる。それと同時に、音声資本主義はまた、民族的な同一性の内部に小さな「異声」の存在を開示したり、あるいは外部から雑多なサウンドとスタイルを持ち込むなど、民族主義の構想する共同体に様々な「ノイズ」をもたらす側面も持っていた。これは、出版資本主義《プリント・キャピタリズム》がナショナリズムの形成に寄与したことを論ずる政治学者ベネディクト・アンダーソン流のテーゼとかなり異なる状況である。これら二種類の資本主義の志向性の違いの一端は、文化ナショナリズムを鼓舞した朝鮮語メディアが、しばしば朝鮮レコードに対してエリート目線の批判を加えた事情によく現れている。こうして、朝鮮録音の歴史は、少なくとも植民地主義・民族主義・資本主義の三つ巴の相互作用の複雑な様相を十分に考慮することなしに捕捉し得ないのである。

結果物としての録音は、それに耳を傾ける者に対して、当初の録音過程に刻印された主客関係を忘却させ、また転倒してみせる呪術的ともいうべき作用を持つ。すなわち、録音した者が西洋や内地の資本を基に構成されたとしても、レコードの再生時に立ち現れるのは、録音された朝鮮人の声である。現在、一九世紀末から二〇世紀半ばまでの朝鮮録音は、「歴史的音源」として重視されつつあるが、その活用において繰り返し呼び起こされるのもまた、こうして録音の客体でありながら実演の主体であった人々の側である。ただし、この「歴史的音源」を生み出した録音主体と実演主体との間には、本稿でみてきたように不均衡な権力関係が深く埋め込まれていた。この点に留意することで、録音は、音・声の歴史と記録という視点から、朝鮮の植民地近代とその主体構成という一般的な研究テーマへの考察を深めていく上で極めて示唆深い資料となるのである。

第2部

東アジアのレコード音楽の諸相——声の平行と交錯

第6章　草津節

——お座敷からレコードへ、そして外地へ

福岡　正太

はじめに

国立民族学博物館（民博）は、ＳＰレコードの原盤六八〇〇枚を所蔵している。これらのレコードの多くは、一九二〇年代末から一九四〇年代初めにかけて、日本蓄音器商会（後の日本コロムビア）により朝鮮や台湾などに向けて制作、製造、販売された。それらのレコードは日本では流通しなかったため、戦後、金属製の原盤の存在も忘れられかけていた。一九七〇年代末、あるエンジニアがその存在と意義に気づき、関係者が尽力した結果、これらの資料は民博に所蔵されるにいたった。民博は、原盤とそれらを再生・録音した音源を一緒に所蔵している。

一九〇七年、米国人貿易商Ｆ．Ｗ．ホーンが日米蓄音機製造株式会社を設立し、一九〇九年に国内初の円盤レコードの生産がはじまった。その販売を受け持ったのは、同年一月ホーンが東京日本橋に開設し、五月に銀座に移転した日米蓄音器商会である。同商会は九月、日本蓄音器商会と改称され、翌一九一〇年には法人化されて、株式会社日本蓄音器商会が設立される。一九一二年には、日本蓄音

器商会が日米蓄音機製造を吸収合併する。[1] それ以来、日本蓄音器商会は日本における主要なレコード会社の一つとして、多くのレコードを制作、製造、そして販売してきた。一九二七年にはイギリスのコロムビア・グラフォフォン社と資本提携し、コロムビア・レーベルにて電気吹込による洋楽レコードの発売を開始する。同年、英コロムビアの支配下にあったアメリカのコロムビア・フォノグラフ社の出資も受け、世界にネットワークを広げるコロムビアの傘下に入った。また、電気録音機を導入して電気吹込みを始め、翌一九二八年からは、電気吹込による邦楽レコードをコロムビア・レーベルで発売する。この年、日本コロンビア蓄音器株式会社を設立し、コロムビアの商標をつけたレコードと蓄音器の販売元とした。川崎工場は一九二三年の関東大震災により倒壊し、仮設状態であったが、一九二八年一一月には最新設備を備えた新工場が竣工、英米のコロムビアの多数の技術者・熟練工が指導にあたり、操業を開始した。[2]

一九二七年には日本ビクター蓄音器株式会社も設立された。電気録音が広まり、蓄音機が広く普及し始めた一九二〇年代末から一九三〇年代初めには、コロムビア、ビクターなどの欧米の大レーベルが日本に地歩を築き、日本のレコード産業が確立したとみることができるだろう。日本の支配下におかれていた朝鮮と台湾に対しては、それら日本に本拠をおくレコード会社とその現地法人が、レコードを制作、製造、販売した。日本本土から多くの人々が移り住んでいたため、国内と同様、洋楽レコードや邦楽レコードも販売されてきた。しかし、現地の人々にとっては、邦楽レコードはあまり大きな関心の対象にはならなかったと思われる。蓄音器自体は、購買力があれば文化の壁を超えて流通するだろうが、レコードはその地域のニーズにあったものを制作する必要があった。新技術を導入し、それまでよりも高音質なレコードを大量に生産する体制を整えた日本蓄音器商会は、朝鮮や台湾向けのレコード制作にも力を入れるようになる。民博に所蔵されている資料の多くは、この頃から日本蓄音器商会により主にコロムビアおよびリーガル・レーベル等で制作され、朝鮮や台湾において発売されたレコードの原盤である。川崎工場でレコードがプレスされたため、その後の戦災をまぬがれた同工

1 日本コロムビア編『創立八十周年記念歌でつづるコロムビアの歩み』（日本コロムビア、一九九〇）二三一-二四頁。

2 日本コロムビア編、前掲書、三〇-三二頁。

場に原盤が残された。

日本において大正から昭和の初期は、都市を中心に大衆文化が花開いた時代だった。交通の発達や生活様式の変化により都市に人が集まり、マスメディアが普及して欧米の都市から様々な流行や文物が取り入れられ、人々は次々と目新しいものに飛びついた。一方で、「エロ・グロ・ナンセンス」という言葉がブームとなり、低俗だと非難されるようなものの流行もみた。[3]

これに続いたのは、軍部が台頭し、日本が国際社会において次第に孤立し、日中戦争から第二次世界大戦へといたる時代だった。日中戦争の始まりにより、レコードの状況は一変する。一九三七年一〇月発売の『毎日年鑑』には「〝ねえ〟小唄全盛時代」[4]という記事[5]があったが、翌年の『毎日年鑑』には、「新作軍歌と愛国歌続出――レコード統制で会社は大痛手」という記事が出ている。それによれば、

支那事変の突発は流行歌、レコード界に突風的急旋回をもたらした。事変発端まではレコード会社が競争的に人心の最弱点を狙い低級な物を製作し、それがまた下を狙えば狙うほどヒットしたものだったが、事変発端とともに俄然緊張した世間は流行歌やジャズ音楽をボイコットしてしまった。[6]

この背景には、政府による検閲もあった。記事の続きにはこう書かれている。

この不況にあえぐレコード会社へさらに増税とレコードの統制の重圧が加えられていよいよ泣き面に蜂、ネエ小唄頻発の天罰とはいいながらレコード検閲は厳重を極め、歌詞だけ愛国的なものでも歌い方や作曲に退廃的な点があればピシピシとやられたのと民衆の緊張で十二年十月の蓄音器商組合の計算によると売上が三分一に減じ、事変初まって以来の新作軍歌や愛国歌は

3 小沢節子「エロ・グロ・ナンセンス」五十嵐仁ほか編『日本20世紀館』(小学館、一九九九)三二八-三二九頁。

4 一九三六年、渡邊はま子が歌った《忘れちゃいやヨ》(最上洋作詞・細田義勝作曲)がヒットし、「ネエ、忘れちゃいやよ、忘れないでネ」という文句が流行った。これに追随した「ネエ小唄」がたくさん作られ、当局の検閲を招いた。倉田喜弘『日本レコード文化史』(岩波書店、二〇〇六)二一九-二二一頁、古茂田信男・島田芳文・矢沢保・横沢千秋(編)『日本流行歌史〈戦前編〉』(社会思想社、一九八一)一一九-一二〇頁。

5 大阪毎日新聞社・東京日日新聞社編『毎日年鑑 昭和13年』(大阪毎日新聞社、一九三七)三八三頁。この年鑑の発売は一九三七年一〇月で、すでに日中戦争は始まっていたが、ニュースとして触れられてはいるものの、この記事には、まだその状況は反映されていなかった。

6 大阪毎日新聞社・東京日日新聞社編『毎日年鑑 昭和14年』(大阪毎日新聞社、一九三八)四三三頁。旧字体・旧仮名遣いは新字体・新仮名遣いに改めた。以下の引用も同様。

数百種に上ったがヒットしたのは稀だった。[7]

《草津節》とレコード

一九三〇年前後、朝鮮や台湾に向けても多くの流行歌のレコードが、比較的大きな規模で制作され販売されるようになる。それぞれの地域において、どのような音楽の発展がみられたのかは他の章にゆずり、本章ではこの時点での内地の音楽状況の一端を明らかにしたい。この時期、多くの内地の流行歌が外地向けにも流用された。また、内地の作曲家、編曲家、演奏家などが外地向けのレコード制作に参加することも少なくなかった。内地の音楽状況は、外地向けのレコード制作に大きな影響を与えたと考えられる。その影響元の音楽状況を明らかにするのが本章の目的である。

例として取り上げるのは《草津節》である。二〇〇三年以来、本書の執筆者を含む内外の研究者の尽力により、民博が所蔵するレコード原盤の研究が続けられてきた。関連する何回かの研究会も開いた。その際に何人かの研究者がとりあげた音源の例の一つが《草津節》である。「草津良いとこ〜」で知られる《草津節》は、今でも日本では多くの人が口ずさむことのできる有名な曲であるが、当時、台湾および朝鮮でもこの曲がコロムビア・レーベルから発売された。一つは、台湾で発売された「流行新曲《草津節》」（コロムビア 80123A 面）で、もう一つは「ジャズソング《エロとグロ》（A面）／《モダン愛》（B面）」（コロムビア 40264）である。後者はタイトルからはそれとはわからないが、AB両面とも《草津節》をジャズ風に編曲して演奏している。台湾のものは一九三二年六月に東京で録音、朝鮮のものは一九三一年に発売されたものらしい。[8]

台湾の《草津節》を歌っているのは劉清香と汪思明である。劉清香は、当時台湾で発展しつつあった音楽劇である歌仔戲の演者として多数の吹き込みをおこなうほか、純純という芸名で後に多くの流

7 大阪毎日新聞社・東京日日新聞社編、前掲書（一九三八）四三三頁。

8 黄裕元、北波道子・岡野翔太訳「誰がここで他人の歌を歌っているのか――「日歌台唱」にみる、台湾人の世代交代とその交差点」陳來幸・北波道子・岡野翔太編『交錯する台湾認識――見え隠れする「国家」と「人びと」』（勉誠出版、二〇一六、二三〇-二四八頁）二三二頁。人間文化研究機構連携研究「外地録音資料の研究」プロジェクト編『日本コロムビア外地録音ディスコグラフィー　台湾編』（人間文化研究機構連携研究「外地録音資料の研究」プロジェクト、二〇〇七）九六頁。人間文化研究機構連携研究「日本コロムビア外地録音のディスコグラフィー的研究」プロジェクト編『日本コロムビア外地録音ディスコグラフィー　朝鮮編』（人間文化研究機構連携研究「日本コロムビア外地録音のディスコグラフィー的研究」プロジェクト、二〇〇八）四〇頁。

行歌の吹き込みもおこなう。汪思明は、歌仔戯の作家、俳優、音楽家、作曲家として活躍し、このジャンルで多くの吹き込みを残している。二人による台湾盤の《草津節》は、比較的素朴な歌い方であり、冒頭の「くさつ～」のリズムをうまく生かせていないなど、やや日本の流行歌としての《草津節》に適応できていない印象がある。二人の出身が台湾独自の音楽ジャンルであることも関係しているのかもしれない。純純（劉清香）は、一九三二年に発売された、上海映画『桃花泣血記』の主題歌のレコードを吹き込んだ。その曲は、台湾で活躍した弁士詹天馬の作詞、日本で音楽を勉強した王雲峰作曲によるもので、台湾最初の流行歌とも言われている。そしてその後、多くの流行歌を吹き込んでいく。台湾では、一九三一年くらいまでは、日本や中国の流行歌を台湾の言葉に置き換えたものが多かったのに対し、一九三二年あたりからは、それらを消化しつつ台湾独自の流行歌が作られるようになっていった。[9] その中で流行歌手として活躍した一人が彼女である。

朝鮮の《エロとグロ》／《モダン愛》を吹き込んだのは、蔡奎燁と姜石鷰である。蔡奎燁は、長谷川一郎などの名前も使い、日本と朝鮮の両方で流行歌などを歌って活躍した。彼は朝鮮で最初の職業的流行歌手ともいわれている。日本の敗戦後、韓国でしばらく活動した後、生まれ故郷である北朝鮮に渡り、その後豆満江流域の炭鉱に送られ生涯を閉じたという。姜石燕は舞台俳優や歌手として活躍した。一九三一年には《放浪歌》をコロムビア・レーベルで吹き込み有名になり、翌一九三二年にはビクター・レーベルの専属となった。李アリスらとともに朝鮮と日本の両方で活動した。また作詞の金曙汀は、映画解説者（弁士）として有名だった金永煥のペンネームであり、[10] 杉田良造は、当時日本蓄音器商会の専属の編曲家として活躍した。演奏はコロムビア・ジャズ・バンドである。朝鮮盤の方は、蔡奎燁が日本の音楽界でも活躍していたこともあり、タイトルにもある「エロ・グロ」など日本の大衆文化の爛熟をよりストレートに取り入れたものとなっている。

《草津節》は、録音されたレコードの種類が多いことを見る限り、日本ではある程度流行したようだ。台湾や朝鮮でどの程度受け入れられたかははっきりとはわからない。[11] しかし、一九三四年に台湾を訪

9 本書第三章、および黄、前掲書など参照。

10 朴燦鎬『韓国歌謡史』（晶文社、一九八七）一三六頁。

11 黄によれば、台湾の流行歌は、中国や日本の曲のカバーから始まっており、その初期の例の一つが《草津節》である。当時、子どもたちにも人気であったという。黄、前掲書参照。

12 北原白秋「歌謡非常時論」『白秋全集』第三六巻（岩波書店、一九八七）七三頁。

れた北原白秋は、次のような文章を残している。北原が《草津節》をどのように受けとめていたかもわかるおもしろい文章なので引用する。[12]

今夏、私は台湾を一巡した。至るところの都市で、ハア音頭[13]の流行は凄まじかつた。しかもレコードの媒介による之等の流行が、山中の生蕃[14]にまで及んでいるのを見て驚いたのである。東海岸牡丹湾の蕃社[15]では連日の大暴風雨に遭つて、滞留の止むなきに至つたが、その大荒れの中を素槍に素裸の蕃童が猪を突くといつては駆けまわり、戻つて来ると、温泉にひたつて何やら奇声をあげて歌つていた。小原節であった。小原節なら元より純粋の民謡であり歌曲もすぐれているからまだよかった。次に草津節であつた。あの淫蕩猥雑の歌曲には何としても耳を覆いたかつた。こんな藩地にまでもと思うと堪えられなかつた。と、今度は「大和心の八重一重[16]」となつた。何の為めの皇化精神であろう。××音頭にしろ、いかほど君の稜威を讃え奉つたところで、甲《かん》の出どころが浅ければどうかということになる。畏れ多いことであるからこれ以外に言説は慎むが、心すべきは日常にあろう。信念にあろう。真に日本の精神に立つべきであろう。一人の作者の日本では決して無いからである。

日本蓄音器商会が外地に向けたレコード制作に本格的に乗り出したときに、内地での流行を背景として、《草津節》が素材の一つとなったことは間違いない。内地において《草津節》がいかに流行したのかを振り返ることで、台湾や朝鮮半島の人々がコロムビア・レーベルのレコードを通してどのような音楽と出会ったのかの一端を明らかにすることができるのではないか。そのような思いから《草津節》をとりあげてみたい。

13 一九三二年暮れに発売された勝太郎の歌う《島の娘》が大ヒットしたのをきっかけに「ハア小唄」という言葉が生れた。倉田、前掲書、一九二頁。一九三三年には、葭町二三吉と齋藤一声の歌で《東京音頭》が大ヒットし、「ハア」という歌い出しと音頭を結びつけるイメージが生れたのだろう。

14 日本統治時代、漢民族に同化されていない台湾原住民族を指して用いられた。

15 原住民族の集落を指して用いられた語。

16 「大和心の八重一重」を歌詞にもつ《さくら音頭》(佐伯孝夫作詞、中山晋平作曲、小唄勝太郎・三島一声・徳山璉歌、一九三四年発売)を指すと思われる。日本ビクターの文芸部長を務めた岡庄五が一九三六年におこなった講演によれば、《さくら音頭》は、《島の娘》《東京音頭》と並び、50万枚を超える売り上げを記録した。岡庄五『最近に於けるレコード会の趨勢』(日本文化協会出版部、一九三六)四〇-四二頁、増田周子「日本新民謡運動の隆盛と植民地台湾との文化交渉 — 西条八十作「台湾音頭」をめぐる騒動を例として」『東アジア文化交渉研究』一号、二一九頁。

《草津節》の誕生

まず、《草津節》はどのように生まれたのかをみておこう。

《草津節》は、言わずと知れた群馬県の草津温泉にまつわる歌である。草津温泉は、群馬県北西部の草津町にある。人口六五四七人(二〇一七年)の比較的小さな町だが、宿泊客二百四万人(二〇一六年)を迎えている。自然湧出量日本一を誇り、源泉一〇〇%かけ流しの天然温泉で、強酸性で強力な殺菌力をもつことをアピールしている。[17] 皮膚病などによく効くと言われ、古くから多くの湯治客を集めてきた。町の人口の推移をみると、一九一五年には一五九一人だった人口が一九四〇年には七五〇〇人を超えた。[18] これは湯治客、観光客の急増を背景としている。

高温の湯につかって病を癒やそうとする人々の事故を防ぐため、草津温泉では「時間湯」という独特の入浴法が考案された。「①みんなでそろって板で湯をもみ、成分を均一にして温度を下げる、②百回から二百回、ヒシャクで頭部に湯をかける、③湯長の指示で高温の湯に三分間浸かる、これを一日四、五回繰り返す」[19]というものだった。その湯もみの際に歌われるようになったのが《草津節》である。ちなみに今日《草津節》として知られ、「ドッコイショ」や「チョイナチョイナ」というはやしをもつ歌は、『日本民謡大観』では「草津湯もみ唄」とされ、今日《草津湯もみ唄》などとして知られ、「ヨホホイ」というはやしをもつ歌が《草津節》とされている。これは地元での呼び名を反映しているという。本稿では、一般によく知られたものにしたがい、前者を《草津節》とよぶことにする。[20]

《草津節》が広まったのは、一九一八年(大正七年)以後のことであるらしい。これは日本放送協会が出版した『日本民謡大観関東篇』に採録された演唱を監督した老妓竹寿(大島タミ、一八九七年生まれ)の証言に基づくもので、彼女が二一歳で生まれ故郷の草津へ戻って芸妓に出た年に、浴客に歌われ始めたとのことである。[21] ヨホホイのはやしをもつ歌は、商船学校の生徒が歌った同校の学生歌

17 関戸明子『草津温泉の社会史』(青弓社、二〇一八)九頁。

18 関戸、前掲書、五四-五五頁。

19 関戸、前掲書、四二頁。

20 日本放送協会編『復刻日本民謡大観関東篇』(日本放送出版協会、一九九二、初版一九四四)一三六頁。

21 並岡龍司編『草津民謡のしおり』(草津料芸組合、出版年不明)によれば、一九一八年というのは大島タミの勘違いで、実際には、一八九七年生れの彼女が数え年十九才で芸妓に出たときに歌い出されたものであり、一九一五年のことであるという(一五頁)。

が元になっており、ドッコイショのはやしをもつ方は、埼玉から来た客がもたらした機織唄が元になっている。このほかにも、越中おわらやおけさ、甚句の類など、喉自慢の客に歌われたそうだが、前二曲が誰にでも覚えやすいところから、一番人気があり、土地の芸妓たちも歌うようになった。[22] 詞については、詩人の平井晩村（一八八四～一九一九）が、一九一八年に草津温泉を訪れた際に、湯もみにあうような詞をと思い立ち、「草津よいとこ」の文句で始まる二句を残した。これが今日よく知られる歌詞の元になったと言われている。

《草津節》のレコード

それでは、一九二〇年代末から一九三〇年代にかけて流通したと思われる《草津節》のレコードについて概観しておきたい。一七四頁の表は、網羅的なものではないが、当時発売された《草津節》のレコードのいくつかをリストアップしたものである。国立民族学博物館に音源が所蔵されているものを中心に、国立国会図書館「歴史的音源―1900～1950年頃のSP盤のデジタル化音源」のサイトにあるもの、YouTube 等ウェブ上で再生音源が公開されているもの等からピックアップした。

この表を見ると一九二九年に多くのレコードが発売されていることがわかる。一九二〇年代前半から半ばにかけてのレコードのデータが集められなかったため比較することはできないが、一九三〇年代の各年と比べても一九二九年は、《草津節》のレコードが多く発売されている。これは《草津節》がそれだけ流行したとみることもできるが、海外から新しい電気録音の技術が導入され、日本におけるレコード産業が大きく発展して多くのレコードが作られるようになったこととも関係していると考えることができる。[23] 一九二七～二八年頃から、「地方小唄」などとして、観光地のPRソングが新しく作られるようになったという。そうした新作の母胎には、各地の観光協会、新聞社、温泉旅館、電

22 日本放送協会編、前掲書、一三六頁。

23 大久保いづみ「第二次世界大戦以前の日本レコード産業と外資提携―6社体制の成立」『経営史学』四九巻四号、二七頁。同論文によれば、日本蓄音器商会と日本ビクターによる邦楽レコードの発売は、一九二八年一二月にはそれぞれ五三〇点と三六八点だったものが、一九三〇年一二月には一一〇三点と一五二三点に増加している（三七頁）。

鉄会社、商店街、花柳界があった。[24] そうしたブームの後押しもあったのだろう。ただし、《草津節》の場合、その流行の背景に地元のバックアップがあったのかどうかは不明である。表中3の歌い手は「上州山村たね子」とあるように地元の芸妓であった可能性があるが、その他には、明らかに草津に縁のある演者は見当たらず、むしろ全国的に活躍していた歌手等も吹き込んでいるところから、レコード会社側が、地方小唄ブームに乗って積極的に吹き込んだようにもみえる。いずれにせよ、多くのレコード会社が、多種類のレコードを作って売るための素材の一つとなったのが《草津節》だった。なお、相馬御風作詩、中山晋平作曲の《草津小唄》という歌があるが、1は《草津小唄》と題されてはいるが、演奏されているのは《草津節》である。

一九三〇年代に入っても、《草津節》は、コンスタントにレコードの素材となっていたことがうかがえる。一九三四年から三五年にかけては、《草津節くづし》が多く吹き込まれている。これは《草津節》のメロディの中に、浪曲師の寿々木米若が『佐渡情話』で歌ったメロディを挿入して歌うものである。『佐渡情話』は、一九三一年に寿々木米若がレコードに吹き込んだもので[25]、柏崎から漁に出て嵐にあったところを助けられた吾作と佐渡の娘お光の物語である。吾作は佐渡でお光と夫婦となる約束をして柏崎に帰った。お光はたらい舟で柏崎へ通うが、横恋慕する七之助に舟を壊され、気が触れたまま吾作の子を産む。吾作が戻ってもお光の状態は良くならなかったが、佐渡へ流された日蓮上人の祈祷により正気を取り戻す。この『佐渡情話』は大ヒットとなり、寿々木米若を人気浪曲師に押し上げた。それがこの《草津節くづし》の流行にもつながった。一九三〇年代半ばになると、浪曲師や砂川捨丸・中村春代らの漫才師にも取り上げられており、《草津節》が広く親しまれていたことが推察される。一九三八年ころには、《軍国草津節》なるものも発売された。草津節のメロディで「君にささげた五尺の体　ドッコイショ　どこで果てようと　コリャ　いとやせぬよ　チョイナチョイナ」と歌っている。日中戦争の始まりを受けて、当時、さまざまな曲に軍国的な歌詞を付けたレコードが発売された。また服部良一の編曲による30など、《草津節》は、時代の流行とともに、広くさま

24 古茂田・島田・矢沢・横沢（編）、前掲書、九〇頁。

25 寿々木米若『佐渡情話』日本ビクター、51507 ～ 51508。

ざまにアレンジされてきた歌だった。

ちなみに《草津節》は、この間、様々なジャンル名の下で録音されている。[26] 一番多いのが「俚謡」である。一九三一年刊の『ラヂオ年鑑』によれば、「地方俚謡」という放送種目には、次の三つが含まれる。

一、「各地方の労作唄（舟唄、馬子唄、麦搗唄、絲繰唄等之に属す）祝儀唄、宴遊歌、盆唄等純粋の俚歌」

二、「歌を伴わざる各地方の郷土囃子、獅子舞、田楽」

三、「最近作られたる各地方の三味線小唄の類」

三に関しては、「時として新俚謡、新民謡の別項目にて紹介することがある」としている。[27] ここから、俚謡は民謡とほぼ同義と考えることができ、事典等でも同義とする例が多い。しかし、ニュアンスの違いはあったようで、コロムビアの文芸部長を長く務め、民謡のレコード化に貢献した森垣二郎[28]は、民謡を初めてレコード化した大正五（一九一六）年当時を振り返り、芸妓や寄席芸人らの歌手によって歌われ全国で知られたものを民謡とし、実際に地方で人々が歌っているものを俚謡として区別していたことを記している。[29] ただし、当時の各レーベルによる使い分けを見ると、こうした区別は、必ずしも広く共有されていたわけではなさそうだ。ちなみに、民謡研究家の竹内勉は、俚謡は田舎に対する差別的な響きをもつ用語であることから、NHKは一九四七年にその用語を廃止したと記している。[30]

小唄、小唄俚謡、流行小唄などと銘打たれているものもある。ここでの小唄は、現在三味線歌の一ジャンルとして知られているものとは異なり、「民謡・俗曲・はやり歌や昭和期の流行歌など」[31] を指すものと考えられる。実際には、《草津節》は前述のように、一九二九年時点で十数年前からはやり始めた比較的新しい歌だった。恐らく『ラジオ年鑑』の三分類の三番目のカテゴリーに近いものと考えられる。いずれにせよ、地方の歌として俚謡ととらえられる一方で、はやりの歌として小唄としても認識されていたことがうかがえる。

26 ジャンル名は、レコードのレーベルに記されたものをそのまま転記した。ただし、国立民族学博物館所蔵の音源は、発売当時のレーベルに記された情報を欠いており、どのようなジャンルとして録音されたかがわからないケースが多く、他の資料等で確認できなかったものはジャンル名を記載していない。

27 日本放送協会編『ラヂオ年鑑』（誠文堂、一九三二）二六四頁。

28 古茂田・島田・矢沢・横沢（編）、前掲書、八九頁。

29 森垣二郎『レコードと五十年』（河出書房新社、一九六〇）一二七頁。

30 竹内勉「俚謡」『日本大百科全書（ニッポニカ）』（JapanKnowledge版、二〇二二年八月二二日アクセス）。

31 大西秀紀「流行歌『三朝小唄』について」『アートリサーチ』二号、二〇〇二、一〇一頁。

一九二〇年代末から一九三〇年代の草津節レコード

	タイトル	演者等	レーベル　レコード番号	発売年月	備考
1	草津小唄	東一声、アサヒジャズバンド	ツル 5252-A	1928?	ピアノ、ヴァイオリン、金管
2	ジャズソング　草津節	唄：内海一郎、ニツトー・ジャズバンド　編曲：篠原正雄	ニットー 3555-A	1929.05 録音	
3	俚謡　草津節（上・下）	唄：上州山村たね子、外三絃及鳴物連中	ビクター 50777	1929.06	
4	流行小唄　草津節（上・下）	上）大和家きよ子、伴奏和洋合奏団　下）大和家はる子、伴奏和洋合奏団	コロムビア 25570-A・B	1929.06	上：和洋合奏、下：和楽器
5	草津節	浜田検一二三	パーロホン E1065-A・B	1929.07	和楽器
6	流行唄　草津節	唄：石田一松、ピアノ：小林暁風、ヴァイオリン：玉崎喜久三	ヒコーキ 7005-A	1929.07	
7	民謡 草津節	南地金龍、三味線：金之助・金弥、伴奏ジャズバンド	オリエント 60039-B	1929.09	行進曲風　バンド、ヴァイオリン、ピアノ。三味線は聞こえない。
8	小唄　草津節	山村豊子	リーガル 65518	1929.10	和楽器
9	草津節（上・下）	唄：浜田一二三、三味線：山本巌、筝：秋月大丸、尺八：松本康吉、太鼓：松本菊奴	トンボ 15007	1929?	
10	草津節	齋藤一聲	トンボ 15008-A	1929?	ヴァイオリン、ピアノ、パーカッション、筝?
11	小唄俚謡　草津節	山村豊子　三味線・鼓・笛・太鼓・鉦・ピアノ伴奏	ヒコーキ 70109-B	1929?	
12	小唄　草津節	葭町二三吉	ニッポノホン 17261-A	1929?	三味線、筝、尺八

13	俚謡　草津節	三島一声、茂住菊野、三弦：浜田一二三、ピアノ：野村宣直、尺八：松本庫吉	ポリドール 375-A	1930.07	
14	草津節	佐々木晴子	ニットー 4217-A	1930	和洋合奏（和楽器とオーケストラ）
15	チャズ草津節	唄：東一声・霧島八重子、スタンダードチャズバンド	スタンダード 2510-A	1930?	
16	草津節	駒太郎連	オリエント 60373A	1930/31?	和洋合奏
17	俚謡　草津節	三浦屋信子、三味線・洋楽伴奏	オリエント 60656-B	1931?	三味線、箏?、鳴物、ピアノ、金管を中心とするバンド、スティールギター?
18	ジャズ民謡　草津節（上・下）	上）吾妻一郎、下）吾妻一代	ショーワ 851-A・B	1931?	
19	草津節	テイチクダンスオーケストラバンド	テイチク 5158-A	1932.12 新譜	
20	俚謡　草津節	唄：山村豊子、伴奏：和洋合奏団	スタンダード 2725-A	1932?	
21	草津節	明石検みき光	タイヘイ 4318-B	1933?	和洋合奏（アコーディオン、ピアノ?）
22	俚謡　草津節くづし（米若節入り）	秀勇、三弦・琴入り	タイヘイ 4787-A	1934?	お座敷風
23	俚謡　草津くずし	作詩：水城英一郎 永井喜美子 三味線：峰村利子、尺八：菊池淡水、琴：松本庫吉、鳴物囃子連	リーガル 66635	1934?	
24	草津くづし	柳橋金奴	マグナ 10-A	1934?	三味線、箏、笛、鳴物、ヴァイオリン
25	俚謡　草津くづし	嵯峨道雄補作・長津弥編曲 唄：君香、弦：浅草玉吉、伴奏：オーゴン和洋合奏団	オーゴン A333-A 宣伝盤	1934/1935?	三味線、箏、笛、太鼓、ヴァイオリン、ギター?
26	浪曲　米若くづし草津節入	寿々木若美	ビクター J20256-B	1935.04	和洋合奏

27	捨丸草津くづし（上・下）	砂川捨丸・中村春代	リーガル 67022	1935?	和洋合奏
28	草津節	唄：照葉、三味線：豊太郎	テイチク 6001-A	1935?	三味線、笛、鳴物
29	流行民謡　新草津ぶし	平山蘆江詞・服部良一編曲 浅草 美ち奴 伴奏：ニットーオーケストラ	ニットー 6670-B	1935?	
30	草津ジャズ	服部良一作曲・編曲 コロムビア・ジャズ・バンド	コロムビア 28884-A	1936.11	
31	漫才　草津節（上・下）	富士蓉子・吉田明月、伴奏：タイヘイ和洋楽団	タイヘイ S138	1936	草津節の部分は三味線と鳴物
32	軍国草津節	千駒	リーガル 69208-B	1938?	ジンタ風　ラッパ、サックス、ピアノ、チンドン
33	サロン・ミュジック　草津節	杉井幸一編曲 キング・ノベルティ・オーケストラ	キング 30062	1939.05	タンゴ風

演歌と《草津節》

それでは、表の中の《草津節》をいくつか取り上げ、その音楽的な流れをみていこう。

最初に取り上げるのは、石田一松（一九〇二―一九五六）により帝国蓄音器の「ヒコーキ」レーベルから発売されたSP盤に吹き込まれた《草津節》（6、以下、表に記した番号でそれぞれの録音を示す）である。石田一松は、ヴァイオリンを奏でながら世相を反映した題材をおもしろおかしく歌う演歌師だった。演劇研究者の笹山敬輔によれば、石田は広島で生まれた。けんかにより中学を放校になり、上京して法政大学予科に入学した。学費かせぎのために縁日でヴァイオリン演歌を披露し、学生時代にレコードデビューも果たす。一九三二年ころ「インテリ時事小唄法学士」の肩書きで吉本興業が経営する浅草の劇場に出演するようになった。一九四六年、戦後初の衆院選に東京都第一区から立候補して七位で当選、一九五三年の衆院選で落選した。一九五六年、ガンで亡くなる。[32]

当時の「演歌」は、現在私たちが思い浮かべる音楽ジャンルとはかなり異なったものだった。明治大正期の演歌を研究した権藤敦子は、「自由民権運動で壮士に歌われた《ダイナマイト節》《ヤッツケロ節》から、レコード歌謡が一般化する昭和初年迄に、歌本を売りながら歌を歌う大道芸人である演歌師によって歌われたもの[33]」を演歌としている。権藤は演歌の性格として、(1)特定の音楽様式をもたないこと、(2)際物性をもつこと、そして(3)大衆の流行歌であることをあげている。[34] つまり当時の演歌は、ある明確な音楽様式を共有する音楽ジャンルとしてではなく、演歌師が時々の流行を広く取り入れつつ、多くの人々に支持されたジャンルだった。また、笹山は、石田一松のような演歌師を牧紳二、月亭可朝、嘉門達夫、AMEMIYA、どぶろっくなどに連なる「お笑い芸人」としてとらえている。[35]

こうした演歌が一世を風靡したのはレコードなどのマスメディアが広く普及する以前の時代だった。演歌は、人々が路上で演歌師の歌を実際に見聞きし、そこで歌本を購入し、歌を口ずさむことで広がっていった。一九一六年(大正五年)に大森春圃が著した『東京生活—致富成功』という本は、地方から東京に出てきた者を対象に、東京での生活を指南している。その中で元手なしにできる仕事の一つとして「流行唄の読売り」をあげ、「例えばカチユーシヤの唄とかドコマデモの唄とか言う時々の流行唄を辻に立って唄い、其の種本を売る商売」としている。[36] 演歌はこうしたはやり歌の一つだった。時事ネタや流行を織り込んだ軽妙な話と歌やお客を目の前にした当意即妙なパフォーマンスが演歌の魅力だったことが想像できる。この「読売り」は、レコードが広く普及する以前の時代における音楽の流行のあり方の一つだったと言えるだろう。しかし、レコードの普及により、蓄音器で聴いたときに伝わる魅力が次第に重要になってくる。それまでの演歌とは少し異なるものがレコードには求められたのではないかと考えられる。もちろん、演歌はレコードやラジオの普及とともに消え去った

32 笹山敬輔『昭和芸人七人の最期』(文芸春秋二〇一六、キンドル版、ダウンロード元amazon.co.jp)第四章。

33 権藤敦子「明治・大正期の演歌における洋楽受容」『東洋音楽研究』五三号、一九八八、二頁。

34 同書、二―三頁。

35 笹山、前掲書、第四章。

36 大森春圃『東京生活—致富成功』(西村出版部、一九一六)七〇頁。

わけではなく、一部は石田のようにレコードの吹き込みもおこない活躍した。また、「艶歌」とよばれる抒情的な演歌があらわれ、その後の演歌の発展につながっていく。[37] 石田の歌った《草津節》にはピアノとヴァイオリンの伴奏がついている。ヴァイオリンは歌のメロディをなぞっており、ピアノは曲を通してずっと同じ和音を奏で続ける。これは、ヴァイオリン一丁で歌ってきた演歌の名残りと言えるだろう。ただ、レコードで音のみを聴いてしまうと、他の《草津節》の録音に比べると音楽的には貧弱に聞こえてしまうことは否めない。

1と15を歌った東一声も演歌師だった。帝国キネマ専属となり映画説明の弁士なども務めた。1はアサヒジャズバンドの伴奏と記されていることからも想像できる通り、石田の《草津節》に比べると、金管楽器などが加わり、より大きな編成になっている。1と15は、前奏部分のメロディが共通している。15の方がより複雑なアレンジになってはいるが、伴奏の基本は似通っている。さらに18については、15と楽器編成も近く、アレンジがほぼ共通と言ってもよい。聴いた限りでは、歌手も同一人物ではないかと思われる。「東一声」と「吾妻一郎」と名前が似通っていることも考えると、当時よくあった変名での録音ではないかと思われる。いずれも曲名やバンド名に「ジャズ」が謳われていることも共通している。ただし、30のようなモダンなジャズの要素は感じられない。洋楽器のバンドによる伴奏である点において「ジャズ」と命名されたのだろう。

37 園部三郎は、明治四〇年ころ、演歌師がヴァイオリンを持つようになり、演歌は抒情的旋律性を強め「艶歌」となっていったことを記している。園部三郎『演歌からジャズへの日本史』（和光社、一九五四）四六頁。それに加えて、レコードの普及とともに洋楽器のバンドやオーケストラ伴奏によるはやり歌が広がったことが、艶歌の発展を促したのではないかと思われる。

芸妓と《草津節》

表中の《草津節》は、芸妓により歌われた例が非常に多い。[38] 森垣は、明治初年に歌われていた民謡は「座敷唄として適用するようなものを、花柳界で芸者が三味線にのせた」ものだったとし、レコードの時代になっても歌手は芸妓か寄席芸人だったと述べている。[39] 俚謡は、国産レコードの登場以来、

38 3、4、5、7、8、9、11、12、13、14、16、17、20、21、22、23、24、25、28、29、32が芸妓によるものと思われる。

39 森垣、前掲書、一二七頁。

重要なレパートリーを占めてきたと思われるが、それを歌ってきたのは、多くの場合芸妓だったのである。レコード会社が体制を整えて、レコードのために作り出した流行歌が一九二〇年代末から広がり始めるが、[40]それまでレコードに吹き込まれた音楽の多くが、お座敷や寄席における芸能だった。《草津節》はそうしたレパートリーの系譜をひいており、お座敷でもよく歌われていたのだろう。前述のように3を除けば、演者は特に草津との結び付きがあるようにはみえず、全国で広く歌われていたことを想像させる。

彼女たちによる歌は、伴奏により三つに大別できるだろう。一つは、三味線、尺八、箏、太鼓等の鳴物の伴奏による、いかにもお座敷風の演奏である。それに加えて、レコード特有と思われる演奏の一つが和洋合奏の伴奏による歌である。どこで線を引くかにもよるが、三味線等の伴奏が基本で、そこにピアノを加えただけものから、管楽器を中心とするバンドや弦楽器も加わったオーケストラの伴奏が加わったものなどがみられる。三つ目は、バンドやオーケストラのみの伴奏によるものである。一番目のお座敷風の演奏に分類できるのは、3、4(下)、5、9、12、22、23、28である。二番目の和洋合奏に分類できるのは、4(上)、11、13、[41]14、16、17、20、21、24、25、32である。[42]そして三番目に分類できるのは29である。お座敷から流行が広がったと考えられる《草津節》の出自を考慮すれば、和楽器のみによる伴奏が多いのは不思議ではないだろう。やや意外かもしれないのは、和洋合奏による伴奏が、数としては一番多いことである。洋楽器を取り入れることで響きとしてはモダンになっているが、音の動きとしては、三味線等と合奏できるような和風のものをある程度踏襲していることを示している。

和洋合奏は当時の音楽において一つの流れを作っていた。12の葭町二三吉（藤本二三吉）は、日本ビクターにおいて多くの俚謡や小唄、新民謡を吹き込んだ。レコードで人気を博した「うぐいす芸者」のはしりであり、戦後にいたるまで端唄、小唄などのジャンルで活躍した。勝太郎（後の小唄勝太郎）は、一九三三年に三島一声と《東京音頭》を歌い大ヒットさせたのをきっかけに、日本ビクターの専

40 森垣、前掲書、一四五頁、および古茂田・島田・矢沢・横沢(編)、前掲書、九二頁。

41 三島一声は浅草オペラ出身の歌手。一緒に歌った茂住菊野の詳細はわからないが、寄席芸人か芸妓だったと思われる。

42 7はレーベルには三味線奏者のクレジットが入っているが、実際には演奏していないようである。A面の《大阪行進曲》が三味線とピアノで伴奏されているのに対し、B面の《草津節》がジャズバンドで伴奏されており、レーベルの情報が混乱したのかもしれない。32はチンドン太鼓と思われるものが入っており、これを和楽器とみなして二番目に分類した。後の楽器はラッパ、サックス、ピアノなどの洋楽器である。

属歌手として活動するようになった。さらに、市丸、赤坂小梅ら、芸者（出身の）歌手が大きな人気を博すようになり、流行歌の世界でも欠かせない存在となった。ちなみに《東京音頭》の元歌となった《丸の内音頭》は、一九三二年に二三吉と三島一声が吹き込んだものである。先述した《さくら音頭》は、同タイトルの曲を各社が競作したものだが、そのうち最もヒットした日本ビクター盤を歌ったのは勝太郎と三島一声である。

音楽学校出身歌手と《草津節》

当時の流行歌手の系譜として、演歌師や芸妓の系譜を引く者のほかに、音楽学校の出身者や浅草オペラ等で活躍した者たちがいた。2の内海一郎はそのような系統の歌手である。現在の東京芸術大学音楽学部の前身である東京音楽学校を卒業し、浅草オペラでも活躍した。浅草オペラは、大正中期に浅草界隈で流行した歌劇の俗称で、田谷力三らのスターを生み出した。一九二三年の関東大震災により、浅草オペラには終止符が打たれたが、そこから後年活躍する洋楽の歌手、作・編曲家等が育っていった。

内海一郎は、一九一六年に東京音楽学校を卒業、宇津美清の名で浅草オペラで活躍し、レコードの吹き込みもおこなった。一九二八年一二月に発売した《道頓堀行進曲》がヒットし、その後多くのジャズソングを吹き込んだ。編曲の篠原正雄は、東京音楽大学の前身である東洋音楽学校を卒業し、浅草オペラで指揮者として活躍した音楽家で、ニットー・レコードの編曲家としても活躍した。6と比べると、洋楽の技法を十分取り入れ、レコードで聴く音楽的表現としてより複雑な編曲となっている。

編曲家の台頭

和洋合奏を含め、洋楽器による《草津節》の伴奏が増えるに従い、編曲家の役割も増した。石田一松のバージョンでは、ほとんど編曲家が手を加えたように思えないが、東一声のものは複数の楽器で決まった前奏を奏でるなど、編曲家の存在なしには考えることができない。和楽器のみでの伴奏は、ある程度パターン化された奏法を用い、それぞれの奏者の工夫で合奏が可能だが、和洋合奏になれば編曲家の存在は必須である。西洋的な音楽語法の流行歌の広まりは、それを後押しした。

特に服部良一の存在は特筆すべきだろう。29の《新草津節》は、和洋合奏のバージョンにもよくある和楽器でも演奏できるようなフレーズを部分的に踏襲しながら、対位法的なメロディを埋め込むなど、複雑で聴き応えのある伴奏となっている。さらに30の《草津ジャズ》は、アメリカの最先端のジャズを取り入れ、当時の日本における一流の演奏家により、他とは一線を画する作品および演奏になっている。

《草津節》の類型

以上をもとに、当時のレコードに収録された草津節は次の四つに類型化できるだろう。一、演歌の流れをひくもの、二、お座敷歌の流れをひくもの、三、和洋合奏の伴奏によるもの、四、「ジャズ」等の洋楽器バンドの伴奏によるもの。《草津節》は、もともとお座敷で歌われて流行し、レコード化された。それゆえ、三味線等の和楽器による伴奏で芸妓が歌う二がスタンダードな形であった。その様式の《草津節》は一九三〇年代を通じてずっとみられる。

演歌師は、いち早く流行を取り入れ、ヴァイオリンの伴奏により大道で《草津節》を歌ったのではないかと思われる。しかし、レコード歌謡としては貧弱に聞こえてしまうのか、一に分類できるものは限られている。笹山が指摘したとおり、演歌師を27の漫才に連なるものとして見ることもできるかもしれないが、音楽様式的なつながりをみることはできない。少なくとも《草津節》の録音をみる限り、ヴァイオリン演歌とよべるようなものは初期にみられるのみである。一方で、東一声のように映画説明の弁士へと進出していた演歌師は、そこで演奏していた楽団と結びつき、「ジャズ」歌手になっていく道をたどった者もいた。

二の和洋合奏は、二の発展形とみることもできる。お座敷歌の系譜をひいているものの、洋楽器のバンドあるいはオーケストラの伴奏が加わり、当時の人びとにとっては、よりモダンな響きをもつ新しい流行歌だった。当時のジャンル呼称はさまざまで定まっていないが、勝太郎と三島一声による《東京音頭》や《さくら音頭》には「新小唄」という呼び名が与えられたりすることもあった。三にあたるものが最も多いことは、この時期のレコード歌謡としての《草津節》の性質をよく表していると言えるだろう。

四の「ジャズ」は、歌に加えて洋楽器による伴奏のおもしろさをより深く追求したものと位置づけることができるだろう。和洋合奏との境界線は、和楽器が入っているかどうかだけであり、音楽的には必ずしもはっきりとはしていない。しかし、和楽器の制約を超えて、新しい技法や響きを求める編曲家の試みをより深く追求できる余地があると考えられる。また四は、ジャズなど外来の音楽ジャンルに日本のレパートリーを取り込む試みととらえることもできる。ここでは当時よく使われた「ジャズ」という呼称でまとめているが、33なども音楽的には違う方向性をもつものの、同様の試みととらえることができるだろう。

園部三郎は、二〇世紀前半の音楽史を演歌からジャズへの流れとしてとらえた。レコードが広く普及した一九三〇年代は、音楽が大きく変化した時期だった。《草津節》に注目してみると、その中でお座敷歌も大きな流れをなしていたことがわかる。さらに、右のようなさまざまな流れが《草津節》

において出会っていた。流れの大小はあるが、どれか一つの流れに収斂するのではなく、時により相互に相乗りしながら、当時の多様な音楽を生み出していたと言うことができるだろう。

細川周平は、ジャズ民謡について論じたとき、それらを「忘れられた雑種音楽」とよんだ[43]。民謡をジャズ化する試みは、間歇的におこなわれてきたが、一つの確固としたジャンルを形成することはなかった。彼はその理由の一つとして、ジャズと民謡の享受層が分かれ、ジャズの支持者には民謡に音楽的愛着を持つ聴衆は少なく、また「伴奏が厳しく規範化された民謡界」にもジャズが入りこむ余地はなかったことをあげている。しかし、この章で取り上げた《草津節》を見るかぎり、一九二〇年代末から一九三〇年代には、そのような分断はなかったようにもみえる。服部良一の例などをみると、細川が指摘するように、民謡をジャズ風にアレンジすることは、「編曲の腕試しの場」にもなっていた様子がうかがえるし、三味線や尺八による伴奏に、ピアノやヴァイオリン、あるいはもっと大規模なバンドを加えて和洋合奏とすることも盛んだった。それを踏まえれば、細川が指摘するような状況は、第二次世界大戦後に起こった、あるいは目立つようになった傾向とみることができそうだ。日本音楽の特徴として、各音楽ジャンルがあまり交わることなく並立してきたことがあげられるが、ジャズはジャズ、民謡は民謡として独立して発展する方向に力が働いたのだろう。電気録音とともにレコードが広く普及したこの時期は、比較的おおらかに多くの音楽を融合する試みがおこなわれた特異な時期だったのかもしれない。

《草津節》は、お座敷歌として歌われることもあれば、最新のジャズをまとうこともあった。さまざまな《草津節》を並べてみることで、一九二〇年代末から一九三〇年代にかけての日本の音楽状況が鮮やかに浮かび上がってくるように思う。日本の統治下におかれた朝鮮や台湾において、人びとがレコード産業を通して、どのような日本の音楽と出会ったのかを考える手がかりになるだろう。

43 細川周平「ジャズ民謡の系譜―忘れられた雑種音楽」、細川周平編『民謡からみた世界音楽』（ミネルヴァ書房、二〇一二）三六七–三八三頁。

第7章　戦前・戦中台湾のコロムビアレコードの音から歌仔戲《ゴアヒ》と新興劇の音楽の繋がりをさぐる

長嶺　亮子

はじめに

日本統治時代の台湾におけるレコードに関する研究は、とくに台湾において二〇〇〇年頃から盛んに取り組まれており[1]、たとえば学術資料としての意義から大阪の国立民族学博物館や台湾大学といった研究機関がディスコグラフィーを整理し、その情報を一部公開している。加えて、主に台湾のいわゆるレコードコレクターがウェブサイト上で自身のコレクションを公開しており、これらの情報を繋ぎ合わせることで、戦前の台湾におけるレコードの普及状況やその内容が具体的に見えてくるようになった。しかし一方で、コレクションの対象として人気があるジャンルとそうでないものがある。流行歌や、現在もなお継承されている伝統劇に関するコレクションや整理・研究は進んでいるものの、内容に時代性を孕み、当時それなりに制作されていたにも関わらずその後廃れて消えてしまった文化劇などのように、あまり取り上げられることのないジャンルもある。また、レコードにはレーベル面や歌詞カードといった文字情報があるが、それらのみを拠り所としては、その音源がいったいどのような

1　日本統治期台湾におけるレコード音源に関する論文は多く発表されているが、代表的なものとして、台湾国立伝統芸術センターの『聴到台湾歴史的声音』（国立伝統芸術中心籌備処、二〇〇〇）、日本の国立民族学博物館による『日本コロムビア外地録音ディスコグラフィー』（人間文化研究機構連携研究「外地録音資料の研究」プロジェクト、二〇〇四）、徐麗沙・林良哲『従日治時期唱片看台湾歌仔戲』（国立伝統芸術中心、二〇〇七）などが挙げられる。また、レトロブームなどの流行とも相まって日本統治期の流行歌やレコードを主題とした一般書やウェブサイト、CDも多く刊行されている。例えば、葉龍彦『臺灣唱片思想起一八九五—一九九九』（博揚文化事業有限公司、二〇〇一）、莊永明『一九三〇年代絶版臺語流行歌』（臺北市政府文化局、二〇〇九）、ディスコロヒア『蓄音臺灣1917 to 1945』（ディスコロヒア、二〇一〇）など。

2　本稿は、二〇一一年三月一〇日におこなわれた共同研究会「音盤を通してみる声の近代—台湾・上海・日本で発売された

音で構成され鳴り響いていたのか「聴こえて」こない。そこで筆者は、国立民族学博物館（以下、民博）が所蔵する戦前・戦中の台湾で発売されたコロムビア社関連のレコード、通称「外地録音レコード」の音源を実際に聴き、内容をひとつひとつ解析していくという方法で研究を進めてきた。本論は、一九三〇年代の一時期にコロムビアレコードに吹き込まれた中国伝統劇の系譜に位置する歌仔戯《ゴアヒ》と、同時代に台湾で受容されていた新興劇の音楽の内容と特徴を、音楽研究の立場から整理する。[2]

本書の第二章から第四章に詳しいが、台湾におけるコロムビア社のレコード事業は、株式会社日本蓄音器商会（一九一〇―一九四二、以下「日蓄」）と日本コロムビア社（一九二八―、以下「日本コロムビア」）に加えて、日本コロムビアの支社的な位置付けにある台湾コロムビアレコード販売株式会社（一九三三―一九四五、以下「台湾コロムビア」）が重要な役割を担っていた。台湾コロムビアはたんに日本で製作されたレコードの販売だけでなく、台湾の住民に向けた独自商品の製作と販売も行っていた。民博所蔵の「外地録音レコード」とはこれらのことを指す。[3] 本論では、「日蓄」「日本コロムビア」「台湾コロムビア」の三つの段階で台湾社会をターゲットに販売されたレコードを総称して、「コロムビアレコード」とする。

コロムビア以外にも、ビクターやテイチクなどが戦前期の台湾で事業を展開しており、また地元資本によるレコード会社には新高《にいたか》や博友楽《ポーヨウラー》（ポピュラー、popular のあて字）などがあった。民博には、日本コロムビアから直接購入あるいは寄贈された、戦前期の台湾で販売されたレコードの一千枚近い原盤や関連資料が保管されている。一部欠損もあるものの、かなりの数が集約された一次資料として極めて貴重で、研究への利用価値が高い。

レコードの比較研究を中心に」（於：国立民族学博物館）で発表した「コロムビアレコード資料からみる一九三〇年代前後の歌仔戯とその周辺の劇音楽」、および二〇一三年七月二七日の東洋音楽学会沖縄支部第六〇回定例研究会（於：沖縄県立芸術大学）で発表した「戦前・戦中台湾のコロムビアレコードにおける新興劇の音楽―歌仔戯との比較から―」に基づき加筆修正したものである。とくに劇音楽の旋律に注目する。同様に日本統治期台湾のコロムビアレコードと現代劇を取り上げた研究に康尹貞「新劇、新歌劇、文化劇、文化歌劇― 古倫美亞曲盤所反映的日治時期現代戲劇形式與主題」（『戲劇學刊』第二六期、二〇一七、二一―五八頁）があり、康は現代劇のテキストや流行歌の内容に焦点を当てている。

3 民博が日本コロムビアの「外地録音レコード」資料を所蔵する経緯や整理の過程、および資料の性格については、本書の第四章および人間文化研究機構連携研究「外地録音資料の研究」プロジェクト編『日本コロムビア外地録音ディスコグラフィー』（人間文化研究機構連携研究「外地録音資料の研究」プロジェクト、二〇〇四）を参照。

1　一九四五年以前の台湾における中国伝統劇

元来、台湾では中国大陸からの移民が伝えた京劇や北管戯《ほっかんぎ》、梨園戯《りえんぎ》、採茶戯《さいちゃぎ》などの中国戯曲（ここでいう戯曲とは伝統劇のことを指す。以下、中国伝統劇を「戯曲」と称する）が日常的に演じられていた。とりわけ、台湾は対岸に位置する福建南部の閩南《びんなん》地域をルーツとする人々が多く居住するため、戯曲もまた、閩南の文化や慣習をふくんだものが好まれた。一八九五年に日本統治が始まって以後も、基本的に変わらず戯曲が演じられ人気を誇っていた。

数ある戯曲の中でも圧倒的な人気を誇った歌仔戯は、一九〇〇年代初めに台湾で成立した劇種で、比較的歴史が浅い。ただし、歌仔戯成立以前からあった戯曲の様々な要素が混ざり合うなかで派生したという意味で、伝統劇の系統にあると言える。一方で、一九三〇年代頃には洋楽器を用いる等、新しい要素をどん欲に取り入れながら発展を続けた。

実のところ、歌仔戯は、伝統的な型を継承していく戯曲と新興劇の狭間にあると言っても過言ではない。歌仔戯の姿を理解するためには、同時期に同じように興隆した新興劇の理解が不可避であるともいえるだろう。

経済や社会観念などがそれ以前から大きく変化していく二〇世紀初頭の台湾では、旧来より行われてきた伝統劇に対する劇として、新しく興ったという意味の「新劇」のほかに、「新歌劇」「文化劇」「文化歌劇」「風俗戯」と称した劇もあった。本論ではこれらをまとめて、旧劇に対する劇として「新興劇」と称する。新興劇は、日本統治期の台湾で推進された台湾人の「日本人化／皇民化」を推し進める政策として創作された、いわゆる皇民化劇《こうみんかげき》とは異なる。後述するが、すくなくともコロムビアレコードの新興劇は、新しい時代の風俗風習や恋愛などを題材にしており、皇民化劇にみられるような政治的イデオロギーを描いてはいない。

2　コロムビアレコードに吹き込まれた台湾の音楽と戯曲

戦前の台湾において、現地の音楽がレコードに吹き込まれ商業用に販売されたのは、一九一〇年の株式会社日本蓄音器商会、すなわち日蓄、のちの日本コロムビアレコードに始まる。

戦前・戦中に台湾で流通していたコロムビアレコードは、大きく二種に分類できるだろう。一つは日本国民全体を対象としたレコードで、流行歌、洋楽、長唄や琵琶などの邦楽が含まれる。とくに流行歌は、台湾在住の日本人だけでなく台湾人も購買層に含まれていたと考えられる。それに対してもう一種は、購買層を台湾人に絞って製作販売されたレコードで、これがすなわち先述した民博所蔵の「外地録音レコード」である。この外地録音レコードは、閩南語や北京語、客家語などといった、非日本語の芸能で構成されている。こういったレコードの新譜情報の新聞広告が日本語ページではなく台湾人向けの漢文ページに掲載されていることからも、購買の対象は台湾人であったことが伺える。一例を挙げよう。一九三二年四月に、台湾放送協会の地方局の一つとして「台南放送局」が開局した。満を持して開局したものの「台湾音楽をもっと放送してほしい」という聴者の声が数多く届くほど、台湾人聴者の希望に応えられる音源がなかったようで、ついには新聞の漢文ページを通じ、ラジオで流す台湾音楽

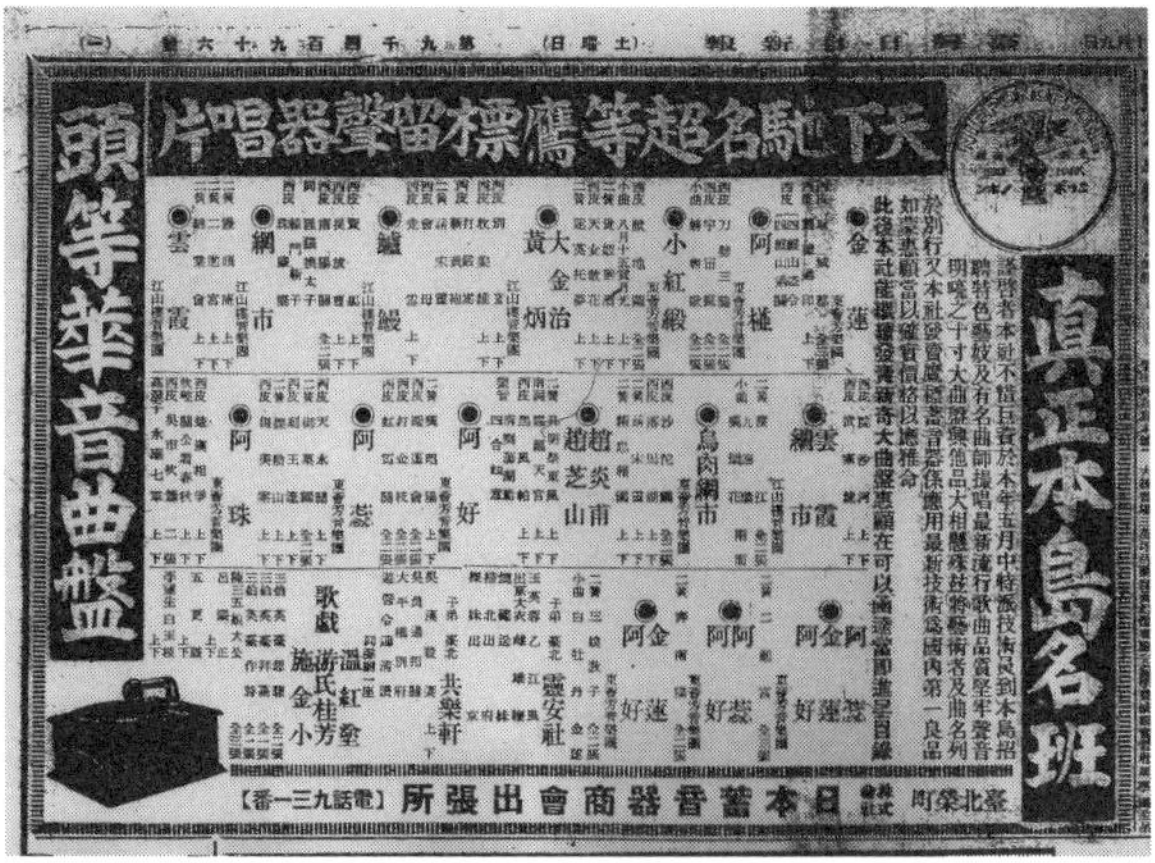

資料1：広告

のレコードを貸し出してくれるよう視聴者に募っている。[4] 小さな記事ではあるが、このエピソードから、当時の台湾在住日本人にとっては台湾音楽のレコードが身近なものではなく、ラジオ局でさえも積極的に購入していなかった様子を垣間見ることができる。

国立民族学博物館発行の『日本コロムビア外地録音ディスコグラフィー台湾編』（以下、『外地録音ディスコグラフィー』と略称）に記載された情報を整理すると、吹き込まれたレコードのジャンルは、流行歌・中国戯曲系統（歌仔戯／北管／南管《なんかん》／採茶戯／京劇など）・中国民間音楽系統（鼓吹楽《こすいがく》／広東音楽／福州什音《じゅうおん》など）・新興劇系統（新劇／文化劇／新歌劇／風俗戯など）・新様式の音楽系統（調《ちょう》和楽《わがく》／童謡など）・話芸系統（笑話／滑稽曲など）・台湾原住民音楽・その他（影片［映画］説明／講演）と多岐にわたる。これらの内訳は、枚数でみると中国戯曲系統が最も多く、次いで流行歌、中国民間音楽、新興劇と続く。ただし、とくに劇のレコードは一演目が短くとも一枚の表面と裏面、長い場合は十数枚で一組とする作品も多く、レコードの枚数が作品数と換算できるわけではない。

4 「臺南放送局欲放送臺灣音樂　如有南北管曲盤者請借一用以公同好」『台南新報』（一九三二年四月二十七日八面）。

3　コロムビアにおける歌仔戯のレコード

多種ある中国戯曲に共通する特徴を簡単にまとめると、①上演される各地域の地方語を用い、②伝承説話や古典文学を物語の題材とし、③役者が白（せりふ）・科（しぐさ）・曲（うた）を受けもつこと、が挙げられる。また、劇中の歌唱を含めた音楽の特徴として、①伴奏楽器は二胡や笛子、月琴、銅鑼などの中国楽器を用い、②一つの旋律を複数の声部が任意でリズムや装飾を施しながら同時進行する、いわゆる「ヘテロフォニー」という多声音楽の方法で構成され、③劇中の音楽は「一曲多用」、すなわち既存旋律を使い回し、さらに④劇の種類ごとに主要旋律が異なることが挙げられる。主要旋律とその一曲多用は、とくに中国各地の地方劇を特徴づける最も重要な要素であり、たとえば京劇や北管戯なら西皮《シーピー》と二黄《アルファン》という旋律が、歌仔戯なら七字調《チーズディアオ》が、採茶戯なら山歌調《シャングーディアオ》が、各劇で多用される。観衆は劇中の使用語（方言）と同時に、その旋律を聴きとることで劇の種類を認識するともいえる。

コロムビアレコードの歌仔戯の構成を見てみる。一九三三年に発売された歌仔戯のレコードの作品《李臣妃睏窯》（レコード番号 80302 ～ 80305、以下同様に、作品後ろの番号はレコード番号）は、古典小説『包公案』を題材とした演目で、歌仔戯以外の中国戯曲でも演じられる作品である。コロムビアレコードでは四枚一組、八面で構成されるこの作品は、舞台の歌仔戯役者としても人気の高かった清香、碧雲、紅蓮、雪梅、永吉による吹き込みである。

レコードから聴き取ることのできる限りにおいて、この演目では、伴奏楽器は擦弦楽器の殻仔弦《カアヒェン》と大広弦《トゥアコンヒェン》、撥弦楽器の月琴、打楽器の鑼鼓が用いられている。これらは歌仔戯の典型的な伴奏楽器で、和声伴奏はなく主旋律をヘテロフォニーで奏するのみである。ちなみに、作品《李臣妃睏窯》ではこのような楽器編成となっているが、歌仔戯の作品によってはこれらに加えて笛や揚琴《ヤンチン》などの中国楽器が用いられ、また揚琴が用いられる場合は楽器の性質上、例えばドに対してミ、レに対してファというような、単純な和音が付加される場合もある。

劇中の旋律をみてみると、《李臣妃睏窯》ではレコード一面につき一回ないし二回、歌唱パートが現れる。また全編中において、歌仔戯の主要旋律［七字調］が四回歌われる。譜例1は《李臣妃睏窯》で歌われる四つの［七字調］冒頭を抜粋し、並べたものである。一見すると違う旋律のようにみえるが、例えば一小節目から四小節目にかけて、どの旋律も「レ－ラ－ド－ラ」の音を抑えながら、似たリズムで進行している。このように、一つの旋律を、歌う度にその場面の台詞や状況にあわせて変奏する。

《李臣妃睏窯》では、その他にも［雑念仔調］・［大哭調］・［暗中悲調］・［月清思愛調］・［倍思調］・［小春景調］の旋律が一回ずつ歌われる。これらもまた歌仔戯の歌唱において用いられる典型的な旋律で、度々「一曲多用」される。また、台詞などの背景音楽となる器楽曲もやはり一曲多用され、異なる演目においても同じ旋律が用いられる。

※（ ）は間奏部

譜例1：《李臣妃睏窯》における［七字調］の一曲多用

ただし、歌仔戯はその時々の流行りなど、新しい素材や手法を取り入れる柔軟な側面もあるので、場合によっては戯曲の典型的な構成方法から逸脱することもある。

一九三三年発売の歌仔戯レコード《陳三設計為奴》（80223 ~ 80224）は、古典演目の『陳三五娘』を題材としている。《李臣妃晒窯》と同じく清香、碧雲、水蓮の三人による吹き込みだが、《李臣妃晒窯》のレコードと決定的に異なる点は、伴奏において中国楽器は太鼓と梆子《バンズ》（ウッドブロックに似た木製打楽器）しか用いられておらず、西洋楽器（ヴァイオリン、ピアノ、マンドリン、トランペット、トロンボーン、シロフォン）が主体となって、和声的な伴奏がなされている。

また、このレコードは台詞がつかない歌唱曲の構成で、その旋律は歌仔戯の伝統的な旋律［留傘調］でありながらも、伴奏のリズムは「フォックストロット」とよばれる当時流行していたダンスのリズムで進行する。

《李臣妃晒窯》と《陳三設計為奴》は共に歌仔戯レコードで、どちらも一九三三年制作である。したがって、伝統的な構成に準ずるのか、それとも伝統から逸脱した新しい構成かは、作品のレコード製作年とはさほど関係がないのである。両作品とも、レコードのレーベル面にはジャンル名は「歌仔戯」としか記されていない。しかし、そのレコードの吹き込み内容を実際に聴いてみると、ジャンル区分が「歌仔戯」とされたレコードでも、伝統的な構成方法に乗っ取った作品と、新しいスタイルの作品も含まれている。同じ歌仔戯でありながらこれだけ構成が異なるというのは、実際に音源を聴いて初めてわかったことである。

では、ジャンル名そのものが「新しい劇」や「文明的な劇」のように旧劇との違いを示している、新興劇系統の作品は、どのようなものだったのだろうか。

4　コロムビアにおける新興劇系統のレコード

『外地録音ディスコグラフィー』に掲載された劇レコードのうち、そのジャンル名から伝統戯曲系統に属さない、すなわち新興劇の系統と判断できるレコードは、章末に掲載した表の№3から№22である。これらは、次のように分類される。

新劇と分類されたレコード…四演目：№3《運河奇案》(T146A - T148B)、№9《黄金時代》(80329A - 80329B)、№10《回陽草》(80336A - 80336B)、№15《紅鶯之鳴》(80361A - 80363B)

新歌劇と分類されたレコード…九演目：№4《百劫鐵鴛鴦》(80230A - 80232B)、№11《騎驢看花》(T1013A - T1013B)、№12《桃花泣血記》(80308A - 80309B)、№13《倡門賢母》(80315A - 80317B)、№14《二重春》(80322A - 80323B)、№17《雨夜花》(80382A - 80383B)、№18《望春風》(80390A - 80391B)、№19《月夜愁》(80397A - 80398B)、№20《不落花》(80402A - 80403B)

文化劇と分類されたレコード…一演目：№22《山歌小調》(T360A - T360B)

文化歌劇と分類されたレコード…一演目：№16《蓮英托夢》(T1121A - T1129B)

風俗戯と分類されたレコード…四演目：№5《招娘罵迌迌》(T096A - T096B)、№6《正月十五燈謎》(T116A - T117B)、№7《鬧洞房》(80124A - 80125B)、№8《猿咬猿》(T186A - T188B)

広東歌劇と分類されたレコード…一演目：№21《河妹慘史》(T1130A - T1132B)

なお、原資料に異なるジャンルの名称も示されている作品は、表中に別称を併記した。

また、№19《月夜愁》と№10《回陽草》および№13《倡門賢母》は、コロムビアレコードがレコーディングの際に作成した吹き込み内容の記録「カッティングシート」から演者やジャンル名などの文字情報は確認できるが、目下のところ音源が不明で試聴できないため、吹き込み内容を直接確認することができない。

新興劇のジャンル分類について考えてみたい。

新興劇の各作品は、レコード一枚二面のものから九枚十八面を一組とするものまで様々である。これらのレコードは、製作年が記された文字資料とレコード番号の前後関係から、一九三三年から一九三八年にかけて製作販売されたと思われる。ただし、例えば同じ新劇と分類された作品でも、No.3《運河奇案》は一九三三年頃、No.9《黄金時代》とNo.10《回陽草》は一九三五年、No.15《紅鶯之鳴》は一九三六年と年が異なる。よって、製作販売された年毎にジャンル名が定められていたとは考えにくい。

各作品の題材も様々である。No.3からNo.22の作品の題材を整理すると、風俗風習を描いたもの、実際の事件を題材としたもの、映画作品を原案とするもの、流行歌を原案としたもの、の四つのタイプに分類できる。ただし、題材とジャンル分類に関係があるわけでもなさそうだ。

例えば、風俗風習を描いた作品はNo.5《招娘罵日迌迌》、No.6《正月十五燈謎》、No.7《鬧洞房》、No.8《猿咬猿》、No.9《黄金時代》、No.22《山歌小調》である。

実際に起きた事件を題材にした作品は、No.3《運河奇案》とNo.16《蓮英托夢》である。《運河奇案》は一九三二年に台南で起きた悲恋事件を、《蓮英托夢》は一九二〇年代の上海で起きた殺人事件をベースにしており、後に京劇や歌仔戯の演目にもなった。

中国の無声映画が原案となった作品がNo.12《桃花泣血記》とNo.13《倡門賢母》である。台湾で映画が公開された際は、同名曲の流行歌が台湾コロムビアから発売されてヒットした。[5]

一方、No.15《紅鶯之鳴》とNo.17《雨夜花》、No.18《望春風》、No.19《月夜愁》は、コロムビアレコードから既に発売されヒットしていた同名の流行歌に着想を得たと考えられる。[6]

このように、実在の事件を題材としたり、映画を原案としたり、また流行歌を原案とする新興劇の作品とレコードは、大衆の関心事にあやかる、あるいはそこからヒット作を生み出そうとする商業戦略であり、新興劇の特徴といえるだろう。

続けて、以下では歌仔戯と比較しながら、新興劇系統の作品における音楽を項目ごとに確認する。

5 流行歌「桃花泣血記」（レコード番号80172A-80172B）は、一九三二年頃台湾コロムビアから発売された。作詞は詹天馬、作曲は台湾コロンビアの専属作曲家であった王雲峰、歌唱は純純による。純純は歌仔戯俳優である清香の別名。この曲は台湾初の流行歌と言われる。なお、レコードレーベルに記載されたジャンル名は「電影（映画）主題歌」。流行歌「倡門賢母的歌」（レコード番号80207A）は一九三三年に台湾コロムビアから発売された。作詞は李臨秋、作曲は歌仔戯の演奏者で作曲家の蘇桐、歌唱は純純による。レコードに記載されたジャンル名は「主題歌」。

6 流行歌「紅鶯之鳴」（レコード番号80273A）は一九三三年に台湾コロムビアから発売された。編曲は日本コロムビアの専属作曲家でもあった奥山貞吉、歌唱は林氏好による。中国民間歌謡の「蘇武牧羊」が原曲だが、「紅鶯之鳴」はコロムビア管弦楽団による伴奏で、西洋音楽的な音の響きに編曲されている。流行歌「雨夜花」（レコード番号80300A）は、一九三四年に台湾コロムビアから発売された。作詞はコロムビアレコード文芸部に所属していた作詞家の周添旺、作曲は同じくコロムビアレコード専

・吹き込み者

コロムビアレコードの歌仔戯と新興劇では、吹き込み者すなわち演者が共通する。当時の人気歌仔戯女優であった清香と紅蓮のほか、梅中玉・永吉・碧雲・雪梅・玉安・白蓮・金蓮・碧卿・韶琅といった歌仔戯の役者の名前が、新興劇でも並ぶ。また、清香は純純という名前で、また紅蓮は愛愛という名前で流行歌歌手としても活躍しており、№12の《桃花泣血記》の劇中で歌われる歌唱曲の一つは、まさに純純が放った一九三二年の大ヒット流行歌であった。なお、№8《猿咬猿》、№21《河妹慘史》、№22《山歌小調》の吹き込み者である梁松林・桂花・梁阿才・阿玉妹・阿桂妹・阿好妹は、客家語を用いる採茶戯の役者である。

・使用楽器

新興劇では、西洋楽器が伴奏楽器の主を担っている。音源を実際に聴くと、伝統戯曲との違いを最も顕著に感じる。ただし、作品によっては中国楽器を用いるものもあり、よって新興劇の音楽は、洋中合奏形式の場合と、洋楽器と中国楽器のいずれかによる場合の二つのタイプがある。新興劇で用いられる中国楽器は、従来の伝統戯曲と同様に主旋律をすべての楽器がヘテロフォニー的に奏している。興味深いことに、例えば№20《不落花》で複数の中国楽器とピアノが一緒に奏される場合でも、中国楽器はヘテロフォニーだがピアノは和音進行で、演奏方法を分けながらも混在していた。

伝統戯曲の音色でもっとも特徴的ともいえる、派手でけたたましい鑼鼓の音は、新興劇ではほとんど聴こえてこない。日本統治期は鑼鼓が禁止されたため、その影響とも考えられるが、旧劇の聴覚的象徴ともいえる鑼鼓を排除することで「新しさ」を表象しているといえるかもしれない。

一方で、№16《蓮英托夢》は一九一〇年代のモダンかつ退廃的な社会で起きた実際の事件を描いているにもかかわらず、中国楽器主体の伴奏や鑼鼓で音楽が構成されており、劇音楽のあり方は伝統戯曲そのものである。ここから、「文化歌劇」や「新歌劇」というジャンル分けが、旧来の様式を突破し新

属の鄧雨賢、歌唱は純純による。流行歌「望春風」（レコード番号80283A）は一九三三年に台湾コロムビアから発売された。作詞は李臨秋、作曲は鄧雨賢、歌唱は純純による。流行歌『月夜愁』（レコード番号80274A）は一九三三年に台湾コロムビアから発売された。詞の補作は周添旺、編曲は鄧雨賢、歌唱は純純による。原曲は台湾原住民のひとつである平埔族の伝承歌謡と言われる。

しい楽器が導入されたことのみで決定づけられているわけではないことがわかる。

・使用旋律

極めて伝統劇的な楽器構成で、かつ歌仔戯の演者らによって演じられる№16《蓮英托夢》だが、一方で、［七字調］をはじめとする歌仔戯の伝統的な旋律は一切用いられていない。他の新興劇作品でも同様で、新興劇では伝統旋律が「一曲多用」されていないのである。ここに、伝統戯曲の「戯曲性」を決定づける要素としての伝統旋律の意味が、明確に示される。つまり、戯曲の長い歴史の中で歌い継がれてきた伝統旋律が奏でられない以上、新興劇は歌仔戯あるいはその他の伝統戯曲を現代劇風に発展させたのではなく、あくまでも新しいジャンルの「新劇」や「文化劇」となる。

とはいえ、新興劇の音楽は、すでによく知られている既存の流行歌や西洋音楽の旋律を作品中で用いるという手法で、劇中の音楽を構成している。これはある意味で、伝統戯曲の「一曲多用」の表現方法を踏襲したと捉えることができるのではないだろうか。例えば、先に述べたように、流行歌歌手の純純が歌いヒットした流行歌「桃花泣血記」は、№12新歌劇《桃花泣血記》の同名劇作品中で歌われるが、№18《望春風》の挿入歌としても用いられる。ただし、「桃花泣血記」を歌った純純は、作品№18新歌劇《望春風》には出演していない。流行歌「桃花泣血記」の楽曲に備わる雰囲気を、複数の作品中で「一曲多用」で利用したともいえよう。

もう一つ、新興劇における「一曲多用」の例と捉えたいのが、一演目中における一曲の変奏方法である。作品№15新劇《紅鶯之鳴》では同名作品の曲「紅

譜例2：《紅鶯之鳴》における楽曲「紅鶯之鳴」の一曲多用

鶯之鳴」の旋律が、節回しや使用楽器を変えながら、歌唱旋律として七回、背景音楽として五回、劇中で奏される。こういった方法は、西洋音楽的にみれば主題旋律の変奏による提示だが、中国戯曲の音楽にもともと「一曲多用」の手法があったからこそ、演者にも聴者にも受け入れられやすかったのかもしれない。

・録音音源の使用

新興劇のレコードを実際に聴くことで初めて明らかになったこととして、劇中で録音音源すなわちレコードを背景音楽として用いた作品が複数あったことを挙げておきたい。残念ながら現段階ではすべての楽曲名を確認するに至っていないが、例えば№9《黄金時代》では山田耕筰作曲「からたちの花」が、№10《回陽草》では流行歌の「倡門賢母的歌」が、№17《雨夜花》では同名流行歌の「雨夜花」が、№14《二重春》ではフランティシェク・アロイス・ドルドラ（František Alois Drdla）の「思い出」が、また№15《紅鶯之鳴》ではロベルト・シューマン（Robert Alexander Schumann）の「トロイメライ」とフランツ・シューベルト（Franz Peter Schubert）の「セレナード」が、それぞれ生演奏ではなくレコードを用いて場面の背景音楽として流れていた。このような録音音源の使用は、劇中の状況と既成楽曲に備わる雰囲気を重ね合わせた、演出意図によるものと考えられる。こういった録音音源を作品の雰囲気作りとして利用する劇音楽の構成は、歌仔戯などの伝統戯曲では見られない方法である。同時代に普及した映画、あるいはラジオにおけるラジオドラマの音楽構成からの影響も考えられる。新興劇とその他の大衆娯楽の音楽に関する比較研究は、今後の課題である。

・リズム

新興劇では、フォックストロット（単にトロットとも）やワルツ、ジグといった、当時流行していたダンス音楽のリズムが多用される。このダンス音楽のリズムこそ、モダンで文明的な社会と文化の象徴であった。

一九三三年の台湾語流行歌「跳舞時代」の歌詞を例にみてみよう。

作詞：陳君玉／作曲：鄧雨賢／演唱：純純

阮是文明女　東西南北自由志　逍遙佮自在
世事怎樣阮不知　阮只知文明時代　社交愛公開
男女雙雙　排做一排　跳 TOROTO　我尚蓋愛

私たちは文明女　いつでもどこでも自由に生きる
世間がどう言うかは知らない　知っているのは　文明時代はオープンに生きるべきということ
男女が並んでトロットを踊る　私はそれが好き

（日本語訳は筆者による）

この歌詞に描かれるように、男女が肩を並べてダンスを踊ることは旧社会ではあまり考えられない行為であり、だからこそ、ダンス音楽のトロットのリズムは文明社会、文明都市、文明人の象徴だった。新興劇でダンス音楽のリズムが多用されるのは、こういった文明社会を劇中で描くための効果音的意味を狙っただけではなく、旧劇・伝統戯曲と新興劇の違いをより明確に示すための、音楽的表現方法だったのではないだろうか。

なお、伝統戯曲の音楽のリズム表現を変え、モダンさを強調した作品もある。歌仔戯の《陳三設計為奴》（80223A-80224B）では、歌仔戯の伝統旋律［留傘調］を洋楽器で伴奏するだけでなく、トロットのリズムを用いて、モダンで文明的な音楽構成にアレンジされている。

おわりにかえて

戦前戦中の台湾で流布しながらも、こんにちではほぼ忘れ去られてしまった新興劇の音楽について、レコードに記録された音を通して確認してきた。レコードに残された音を再生すると、時代とともに生まれながら、時代とともに駆け足で去っていった新興劇のカタチが、立体的に現れてきた。

他方、歌仔戯は伝統戯曲の系統に属しながらも、洋楽器を用いたり、流行歌の旋律やリズムを取り入れるなど、音楽的には新興劇の構成とよく似た部分があることも明らかとなった。演者や作詞・作曲などの製作者がジャンルを横断して参加していることも、二つのジャンルを似せる要因だろう。むしろ、新興劇からも影響を受けて伝統戯曲の形式をさらに発展させていこうとする、歌仔戯の柔軟性が為せると言えるのかもしれない。

演者の発声方法も同じため、一聴しただけでは歌仔戯なのか新興劇なのか聴き分けにくい。しかし、この二つには明らかな違いがあり、それは、伝統旋律の使用／不使用に現れる。同時代を生きた新興劇と歌仔戯の繋がりを注意深く観察することは、新しい素材や方法の導入と削除を繰り返しながら各劇のアイデンティティをより明確にしていく中国戯曲の姿を捉え直すことにも繋がる。

歌唱	既存曲	背景音楽	和声	録音音源使用	音階	リズム	効果音
○	[暗中悲調]・[七字調]・[月清思愛調]・[七字調]・[雑念仔調]・[七字調]・[倍思調]・[七字調]・[小春景調]・[大哭調]（すべて歌仔戯伝統旋律）	○（吹牌4種）	無	無	徴調式	—	無
○歌唱のみ台詞なし	[留傘調]（歌仔戯伝統旋律）	無	○	無		Foxtrot	無
○（8回、旋律3種）	歌1：運河哭（歌仔戯旋律、無伴奏）	○（旋律2種）		○（背景2）	歌1：商調式、歌2・3：宮調式、背景1・2：宮調式	背景2：Foxtrot	
○（9回、旋律7種）	歌7：運河哭（歌仔戯旋律、無伴奏）	無	○	無	歌1・2・3・4・5・6：宮調式、歌7：商調式	歌1：Walz、歌2・3・5：Foxtrot、歌4：Habanera、歌6：Clave	無
○歌唱のみ台詞なし *無伴奏で背景音楽と同時進行	歌：相褒歌、背景：？	○（旋律1種）	○（背景）	無	歌：徴調式、背景：宮調式	背景：Foxtrot	無
無	無	無	無	無	音楽無	—	無
無	背景：北管曲	○（旋律1種）	無	？背景レコード？	背景徴調式	—	○（爆竹、鼓吹）
○歌唱のみ台詞なし	歌：相褒歌（客家歌謡）	無	無	無	歌：徴調式	—	無
無	背景1・2・4・5・6：？（Vn.小品）、背景3：山田耕筰作曲『からたちの花』（唱歌）	○（旋律6種）	○	○（背景すべて）		—	無
○（1回、旋律1種） *80336Aのみ確認	背景1：純純唱『倡門賢母的歌』（流行歌）	○（旋律2種、うち1つは歌付）	○	○ （背景1：『倡門賢母的歌』コロムビア80207A）	すべて宮調式	歌1Foxtrot、背景1sFoxtrot、背景2March	無
○（1回、旋律1種）	？	無	無	無	宮調式	—	無
○（8回、旋律8種）	歌1：王雲峰作曲『桃花泣血記』（流行歌）	○（旋律5種）	○	無	歌と背景すべて宮調式	すべてFoxtrot（スロー含む）	無
○（2回、旋律2種） *80315Bのみ確認	歌1：蘇桐作曲『倡門賢母的歌』のアレンジ？（流行歌）	？	○	？	歌	歌1・2：Foxtrot	無
○（4回、旋律4種）	背景3：ドルドラ作曲『思い出』ほか（Vn.小品）	○（旋律4種、すべてレコード）	○	○（背景すべて）	歌すべて宮調式	歌すべてFoxtrot	無
○（7回、旋律1種：[紅鶯之鳴]）	歌と背景『紅鶯之鳴』（流行歌）、シューマン作曲：『トロイメライ』（Pf.小品）、シューベルト作曲『セレナード』（Vn.小品）	○（『紅鶯之鳴』、『トロイメライ』、『セレナード』）	無	○ （『トロイメライ』、『セレナード』）	歌：徴調式	—	無
○（24回、旋律9種）[小鳳花]［雲中雨］［木香草］［露柳糸］［涙痕調］［鳳鶯調］［恋恋調］［山流水］［水波痕］	△京調：劇中劇（京劇または北管）	無	○ （Pfのみ）	無	歌すべて宮調式	—	○（クラクション）
○（4回、旋律2種、1つは《雨夜花》）	歌：鄧雨賢作曲『雨夜花』（流行歌）	○（旋律7種）	○（洋楽器のみ）	○（『雨夜花』）	宮調式	《雨夜花》:Walz、背景2:Foxtrot、背景4Jig	○（機関車）
○（7回、旋律6種）	歌1・7：鄧雨賢作曲『望春風』（流行歌）、歌3：王雲峰作曲『桃花泣血記』（流行歌）	○（旋律3種）	○（洋楽器のみ）	無	歌5ヨナ抜き短音階、それ以外は宮調式	歌5:Walz、歌6:演歌風	無
○（3回、旋律1種）	？	○（旋律4種、歌旋律のヴァリアント含む）	○（洋楽器のみ）	無	宮調式	背景：walz	無
○（11回、旋律3種）	背景：『茉莉花』（中国民謡）、『蛍の光』（唱歌）	○（旋律2種：茉莉花、蛍の光）	○	無	宮調式	—	無
○（3回、旋律2種）	歌1：相褒歌（客家歌謡）、歌2・3と背景：客家山歌（客家歌謡）	○（旋律1種：客家山歌の旋律）	無	無	歌1：徴調式、歌2・3・背景：羽調式	—	無

No.	劇ジャンル（別記載）	作品名（レコード番号）	年	枚数（面数）	題材	吹込者	西洋楽器	中国楽器	鑼鼓
1	歌仔戲	李臣妃睏窯（80302 ～ 80305）	1933	4（8）	古典小説（包公案）	清香、碧雲、紅蓮、雪梅、永吉、コロムビア華楽班	無	殼仔弦・月琴・大広弦・鑼鼓	有
2	歌仔戲	陳三設計為奴（80223 ～ 80224）	1933	2（4）	古典演目（陳三五娘）	清香、碧雲、水蓮	Vn., Pf., Mand.,Tp., Tb., Xyl. ＊中国楽器と合奏	鼓、梆子	無
3	新劇（勧世悲劇）	運河奇案 (T146A-T148B)	1933頃	3（6）	実際の事件	梅中玉、林金龍	Vn, Vc, Acc	揚琴、二胡	無
4	新歌劇	百劫鐵鴛鴦 (80230A-80232B)	1933頃	3（6）	?	清香、省三	Vn. ,Gt., Mand., Acc., Fl., Cl., Sax., Tp., Tub., Xyl., Cast.	無	無
5	風俗戲	招娘罵廻廻 (T096A-T096B)	1933頃	1（2）	客家風習（相褒歌）	蘇萬松、女	Vn., Pf., Fl.	無	無
6	風俗戲	正月十五燈謎 (T116A-T117B)	1933頃	2（4）	風俗（謎かけ）	艋舺解頤倶楽部	無	無	無
7	風俗戲	鬧洞房 (80124A-80125B)	1933頃	2（4）	風俗（婚礼）	解頤倶楽部	無	嗩吶・鑼鼓　レコード？	無
8	風俗戲	猿咬猿 (T186A-T188B)	1933	3（6）	客家風習（相褒歌）	梁松林、桂花	無	無	無
9	新劇（新歌劇）	黄金時代 (80329A-80329B)	1935	1（2）	風俗（モダン）	清香，紅蓮，永吉，碧雲	生音は無し、レコード音で Pf., Vn.	無	無
10	新劇（新歌劇）	回陽草 (80336A-80337B) ※確認は 80336A のみ、他は所在不明	1935	2（4）	?	清香，紅蓮，雪梅，碧雲	Vn., Gt., Acc., Cl., Tp., Tub., Xyl.	無	無
11	新歌劇	騎驢看花 (T1013A-T1013B)	1935	1（2）	?	永吉，清香，紅蓮，碧雲，利家華楽班	無	殼仔弦、月琴	無
12	新歌劇	桃花泣血記（80308A-80309B)	1935	2（4）	無声映画	清香，紅蓮，永吉，雪梅，碧雲，古倫美亜西楽班	Vn., Vc., Cl., Pf., Mand., Xyl.	無	無
13	新歌劇	倡門賢母 (80315A-80317B) ※確認は 80315B のみ、他は所在不明	1935	3（6）	無声映画	清香，紅蓮，永吉，雪梅，碧雲，古倫美亜西楽班	Vn., Vc., Cl., Pf., Mand., Xyl.	?	無
14	新歌劇	二重春 (80322A-80323B)	1935	2（4）	?	清香，紅蓮，永吉，雪梅，碧雲	Vn., Pf., Gt., Mand., Sax	無	無
15	新劇（新歌劇）	紅鶯之鳴 (80361A-80363B)	1936	3（6）	流行歌	古倫美亜新劇芸員全班合演	生音は無し、レコード音では有	殼仔弦、大広弦、月琴、揚琴、笛、鴨母笛	無
16	文化歌劇（新歌劇）	蓮英托夢 (T1121A-T1129B)	1937	9（18）	事件	永吉，玉安，白蓮，清香，金蓮，紅蓮	Pf.（歌 11 のみ使用）	殼仔弦、大広弦、月琴、揚琴、笛、鴨母笛	○
17	新歌劇	雨夜花 (80382A-80383B)	1937	2（4）	流行歌	詹天馬，純純，艶艶，伝明	Vn., Pf., Gt., Fl.	二胡、揚琴、月琴、殼仔弦、笛 ＊歌２のみ、洋楽器と別に使用	無
18	新歌劇	望春風 (80390A-80391B)	1937	2（4）	流行歌	詹天馬，愛愛，艶艶，張伝明	Vn., Vc., Pf., Fl., Tp.	殼仔弦、大広弦、月琴、揚琴、鴨母笛 ＊歌１・２・７のみ	無
19	新歌劇	月夜愁 (80397A-80398B) ※未確認、所在不明	1937	2（4）	流行歌	詹天馬，純純，愛愛，艶艶，張伝明			
20	新歌劇	不落花 (80402A-80403B)	1938	2（4）	?	詹天馬，愛愛，張伝明	Pf., Vn., Vc., Fl. ＊Pf. 以外は背景音楽のみ	殼仔弦、大広弦、月琴、揚琴、鴨母笛	無
21	広東歌劇（改良採茶）	河妹惨史 (T1130A-T1132B)	1937	3（6）	?	梁阿才，阿玉妹，阿桂妹，阿好妹	Pf. ＊歌は中国楽器と合奏	二胡、三絃 ＊西洋楽器と合奏	無
22	文化劇	山歌小調 (T360A-T360B)	1938	1（2）	客家風習（相褒歌）	碧卿、韶琅	無	殼仔弦、月琴、三絃、笛、梆子、鑼	○

資料2：コロムビアレコードにおける新興劇レコード一覧

＊以下の資料をベースに、長嶺が音源から聴き取った情報を加えて表を作成した。

人間文化研究機構連携研究「外地録音資料の研究」プロジェクト編『日本コロムビア外地録音ディスコグラフィー』

国立民族学博物館所蔵「外地録音レコード（台湾）」〔非一般公開〕

なお、戦前戦中にコロムビアレコードから発売された新興劇は、現時点で分かっている限りではこれらが全作品である。ただし、今後新たなレコードが発見される可能性も皆無ではないので、継続的な「発掘」調査が必要であり、将来的な楽しみでもある。

第8章　清朝末期から中華民国期の崑曲SPレコード

——吹込者と録音内容にたどる近代伝統劇界の変遷

尾高　暁子

はじめに

崑曲《こんきょく》は、明の時代の知識人が洗練を極めた古典伝統劇である。崑曲の「清唱（扮装も演技もせずに崑曲の「一節」を歌う）」は、琴棋書画《きんきしょが》と同じく、明から清の時代の知識層にとって重要な嗜みであった。崑曲愛好者は「曲友《きょくゆう》」と総称され、韻文《いんぶん》の理論と歌唱に長ずる者は、敬意を込めて「曲家《きょくか》」と呼ばれる。知識層は崑曲の同好組織「曲社《きょくしゃ》」を結成し、定期的に集まっては清唱を楽しんだ。崑曲は、知識層のステータスシンボルであり、お互いにとって強い社会的な絆ともなった。

一方、崑曲の上演は、基本的に芸人の生業《なりわい》と見なされた。明から清の時代にわたり劇壇の首位を占めた崑曲は、清代の半ばから庶民的な地方劇に押されて急速に衰え始める。清朝末期に京劇が伝統劇界を制すると、崑曲芸人は京劇に商売がえし、知識層の関心も京劇に移った。京劇の前身は、他の伝統劇から様々な要素を吸収した。そこには、歌唱旋律の構成原理が全く異なる崑曲も含まれる。京劇の旺盛な生命力に打ち負かされた崑曲。それが、清朝末期における伝統劇界の構図であった。このため、現在確認できる崑曲SPレコードはごく少なく、これに焦点を当てた研究もほとんどない。だが崑曲レコードは、崑曲界が示すアマチュアとプロの二面性や、近代中国における伝統劇の変遷と葛藤を刻む、貴重な史料であると筆者は考える。

そこで筆者は、中華人民共和国の成立以前に「発売」「制作」されたSP崑曲レコード（以下、「崑曲レコード」と略記）を対象として、基本情報を改めて調査、整理した上で、崑曲界の動向と、レコードの収録内容との相関を探った。この録音には、崑曲界で歴史的な録音と言われた曲家、兪粟廬のレコードについては字数を割いた。特に、正統な崑曲を伝える役割が期待されたが、兪の自己評価や聴き手の反応について先行研究はほとんど言及していない。今回は、兪のレコードに関する記載を、当時の新聞雑誌と当事者の書簡で洗い直し、彼らの肉声に迫りたいと考えた。

一　崑曲界の推移

レコードを俯瞰《ふかん》する前に、近代崑曲界の概要をみておきたい。[1] 崑曲の拠点は、南方（蘇州を筆頭とする江蘇・浙江一帯）と、北方（北京、天津）に分かれる。もともと伝統の本流である南方では崑曲が人々の生活に密着し、接する機会もいろいろだった。崑曲のプロには、士大夫が私邸に抱える俳優から地域の一座、崑曲の個人教授、さらに花街の妓女《ぎじょ》も含まれた。アマチュア愛好者の層も厚く、曲社の伝統も培われた。[2] 士大夫は純粋な韻文の享受《きょうじゅ》を理想として清唱を重んじたが、中には積極的に舞台上演を行う曲社もあった。明朝末期からは上海も拠点に加わる。英米仏の租界《そかい》が広がる十九世紀半ば以降、上海には全国から人々が流れ込み、崑曲熱が高まると本場蘇州の崑劇団も頻繁に来演した。だが間もなく地方劇に押され、一九二三年には最後の蘇州劇団も解散した。その二年前、崑曲の消滅を恐れたアマチュアたちが「崑劇保存社」を結成し、崑曲俳優を育てる蘇州崑劇伝習所を開いたので、

1 以下の記載は、胡忌、劉致中『崑曲発展史』（中国戯劇出版社、一九八八）および、顧篤璜『崑劇史補論』（江蘇古籍出版社、一九八七）より抄訳。
2 朱琳『崑曲與江南社会生活』（広西師範大学出版社、二〇〇七）一二一–四二頁。

崑曲興行の道がかろうじて保たれたのである。[3]

北方の崑曲には、次の三系統があった。①京崑：清朝の宮廷で正当な宮廷演劇となった崑曲のこと。②河北農村一帯に明の時代から引き継がれ独自の演目や伝統を生んだが、清朝の滅亡で消滅した。②河北方言の明の時代から伝わる崑弋班《こんよくはん》（崑曲と弋陽腔という2種類の伝統劇を上演する劇団）の系統。北方方言の影響が目立った。③京劇俳優の崑曲：京劇の成立過程で崑曲から吸収した演目や音楽的要素。京崑の影響を多分に受けた。崑曲は、音楽と身体表現の両面で京劇とは様式が大いに異なる。この両者を満足に演じられる「崑乱不擋《こんらんふとう》」は、清朝末期から民国期初期にかけて京劇俳優の理想となった。とはいえ、崑曲その物への関心は一向に高まらなかった。

ところが、民国四（一九一五）年から五年にかけて、京劇界の大スター、梅蘭芳が集中的に崑曲を上演すると、崑曲は突然脚光を浴びる。それ以来、京劇が盛んな北京や天津では、知識層が崑曲のアマチュア愛好組織を続々と立ち上げ、[4] 一九三〇年代まで活発に活動を続けた。[5] 梅の成功は崑曲需要を生み、一九一七年冬から、河北農村部の崑弋班より、孫悟空役で評判の郝振基や、女形の若きホープ、韓世昌らが北京デビューした。一九一九年には上海にも北京デビューした俳優達が登場する。さらに北京の京劇女形スター達も、崑曲を看板演目に加えて上海で評判をとる。韓世昌たちの上海進出は、南方の崑曲中興に繋がった。その南方では、前掲の崑劇伝習所出身者が、上海と蘇州を拠点に、崑曲劇団「新楽府（一九二七〜一九三〇）」、「仙霓社（一九三一〜一九三八）」を結成して活動したが、観客の減少、団員の死、第二次上海事変が重なり、離散した。団員が再び崑曲で陽の目を見るのは、中華人民共和国の成立後である。彼らは新たに発足した崑曲劇団等で指導にあたり、崑曲伝承の命綱となったのである。

このように、崑曲実践の担い手は、南北のアマチュア知識層とプロの俳優、そして京劇俳優とに分かれていた。興行界で熾烈な競争の波に洗われる俳優と、あくまで文人趣味の世界に遊ぶアマチュア知識層。両者は別世界に身を置きながらも協働関係にあった。

3 崑劇伝習所については主に以下二件を参照。傅謹「蘇州崑劇伝習所的歴史経験」『文芸研究』第五期、二〇一一、八一-八八頁、周伝瑛口述、洛地整理『崑劇生涯六十年』（上海文芸出版社、一九八八）。

4 梅蘭芳口述、許姫伝、許源朱整理『梅蘭芳回憶録：舞台生活四十年』（団結出版社、二〇〇五）三〇〇頁。

5 梅蘭芳、前掲書、三〇八-九頁。

二　録音年代別に見る吹込者と録音内容

1　レコード面数、録音年代、吹込者、録音内容の特定について

表一「録音年代別 崑曲レコードリスト」は、レコードの基本情報を、先行研究の照合と筆者の補足調査に基づき整理した結果である。目下、唯一の崑曲レコード目録である、朱復編「離山堂崑曲唱片目録」（以下「離山堂目録」）[6]によれば、一九四八年以前のレコードは二二〇面（＊片面のみのレコードも一面と数える）である。これにレコード研究者の張洪涛による修正を加え、[7]さらに筆者がオークションに出品されていた商品情報から得た四面を追加すると、二七七面[8]となった。以下の記述はこの二七七面を対象とする。

吹込者《ふきこみしゃ》を地域と劇種、プロとアマチュアの別で分けると、内訳は以下の通りである。プロ一八三面（南方崑曲七五、北方崑曲四八、京劇五六、晋崑（山西省の崑曲）四。アマチュア八一面（南方崑曲）七一、北方崑曲）十）、未詳十三面。[9]アマチュアの録音が三割近くをも占めることは、京劇や地方劇との大きな違いである。[10]アマチュアでは、曲社の伝統を誇る南方が北方に大差をつけた。意外にも南北の著名な崑曲学者に録音がないのは、学者が歌上手とは限らないという現実の現れだろうか。

録音時期については、「離山堂目録」と張の前掲書（注7参照）、Brooks、[11]およびの筆者の見解を照合し、判断の多くを張洪涛の見解に負った。ウェブサイト「京劇老唱片」[12]も部分的に参照した結果、各レコード会社が行った録音は、一九〇三年のグラモフォンから一九四八年の大中華まで、計二六回と判断した。また吹込者と録音内容から、以下の三期に大別できると判断した。

吹込者の内訳

	プロとアマチュアの別		
劇種と地方	プロ	アマチュア	未詳
南方崑曲	75	71	—
北方崑曲	48	10	—
京劇	56	—	—
晋崑（山西省の崑曲）	4	—	—
未詳	—	—	13
小計	183	81	13

6　二二九頁参照。

7　二二九頁参照。

8　「離山堂目録」の七件はレコード番号の記載がなく、うち五件の面数は特定未了である。このため、目録にある歌詞の段数から面数を推測し、歌詞情報がない場合は機械的に一面とカウントした。従って数面のズレは見込む必要がある。

9　プロとアマチュアが一緒に録音したレコード二件は、プロの面数と換算した。

10　二二九頁参照。

11　Brooks, Tim, *Columbia Master Book Discography: Vol I: U.S. Matrix Series 1 Through 4999, 1901-1910 with a History of the Columbia Phonograph Company to 1934.* Greenwood Press, Westport, 1999.

12　http://oldrecords.xikao.com/index.php（二〇一八年九月一日最終閲覧）

2 吹込者の傾向と録音内容の変遷

第一期：一～八回（一九〇三年グラモフォン～一九一七年パテ百代）

(1) 南方崑曲俳優の最終世代：この期間は、南方で崑曲と京劇が勢力交代する最晩年に当る。吹込者には、蘇州や上海の崑劇俳優と「崑乱不擋」の京劇俳優、若干のアマチュアが並ぶ。崑曲俳優の主な人物は、周鳳林[13]、姜善珍[14]、金阿慶[15]、邱鳳翔[16]、周鳳文[17]、銭宝卿[18]、陳鳳鳴[19]、小桂枝[20]、林歩青[21]である。いずれも蘇州の劇団の看板役者であるが、録音時には京劇に転向していた者も少なくない。録音地は、五回目（一九〇七年五～一一月）の百代録音を除き、全て上海である。一回目の、録音技師であったF．ガイスバーグによるグラモフォン社の録音では[22]、本人の日誌によると、中国人買弁のShing Chongをコーディネータに雇い三二五面を収録した。崑曲は一七面ある。二回目は、録音技師であったCharles W. Carsonによるコロムビア録音で[23]、上海分に割りふられたマトリックス番号は1260から1350の九一面分であり、崑曲は一一面ある。張は、Carsonの上海録音には、レコード番号15500から15895の四百面近くが該当すると述べるが、明確な典拠は示していない[24]。何れにせよ、第一回と二回の吹込者は大半が南方崑曲の俳優である。ただしガイスバーグ録音は名優を騙る偽物が多いことで有名で、張は、崑曲録音の周鳳林や林歩青、薛瑶卿[25]、姜善珍は全て偽物と推測している[26]。

(2) 妓女の残影：ガイスバーグ録音のレーベル表記は、a吹込者の氏名だけを記す物、b「崑曲老生」や「文班[27]大面[28]」のように、劇の種別と役柄のタイプを記す物、c「崑曲」とだけ記す物、の三種に分かれる[29]。aは説明も不要な著名俳優、bは知名度が低い俳優であることは役柄の種別名から推測できるが、問題はcである。これに該当する王媛媛と花翠宝を、筆者は確証がないまま妓女と推測していたが、レコード研究者のSteen[30]による以下の言及に気づき、遅ればせながらこの二人を妓女と断定できた。Steenは一九〇二～一九一九年の上海レコード業界が、欧米のレコード会社が中国市場開拓のために採った戦略を二つ挙げる。一つは、録音内容の多様性を重視する事。もう一つが「娯楽スター路線」の採用で、対象は京劇と花街であった。Steenは引き続きガイスバーグ録音目録を参照し、

13 二二九頁参照。
14 二二九頁参照。
15 二二九頁参照。
16 二二九頁参照。
17 二二九頁参照。
18 二二九頁参照。
19 二二九頁参照。
20 二二九頁参照。
21 二二九頁参照。
22 二二九頁参照。
23 二二九頁参照。
24 二三〇頁参照。
25 二三〇頁参照。
26 二三〇頁参照。
27 文班は崑班、すなわち崑曲劇団の別称。
28 大面は隈取りをする立ち役。
29 これらレーベルの補足情報は、張洪涛、前掲論文（二〇一六・第十期）、四六頁による。
30 二三〇頁参照。

花翠宝や王媛媛など、知名度の低い清の時代の妓女の一一面には、「妓女」の記載があると言及した。[31]五回目の一九一〇年に百代が上海で行ったと推測される録音の張五宝も、妓女の可能性を残す。清朝末期から民国期のレコード事情に詳しい呉小如は、張五宝を民国初期の女優で、その崑曲レコード《思凡》と《喬醋》の評判が高く、京劇レコードも録音したと述べる。[32]一九三三年刊行の『百代唱片公司戯考大全』でも、この二面だけが崑曲欄にあり、[33]ロングセラーだったことが推測できる。これらのレーベルには「特請姑蘇，蘇州超級名角張五宝小姐」と印字があるが、吹込み当時、蘇州の主要な崑劇団は全福班のみであり、ここで超級の名女優が活躍した形跡はない。この吹込者と同一人物かは不明だが、一九〇五（光緒三一）年四月には、蘇州花街の張五宝宅で文人客が宴席を設けたと、文人本人が日記に残している。[34]花街には妓女の他に、技芸専門の歌妓《かぎ》もいた。そのどちらかは別として、張五宝が技芸に秀でた花街のスターだった可能性は否定できない。

(3) 京劇俳優の崑曲：第三回以降のビクター、オデオン、パテ録音では、京劇俳優の崑曲録音が現れる。演目としては、武生《ぶせい》（立回り専門の男役）劇の定番と、関羽役の大スター、三麻子の十八番が繰り返し収録された。武生劇は一九三〇年代まで根強い人気を保ち、西遊記に題材をとる《安天会》や、南宋の英雄岳飛と金の対決を描く《挑滑車》、水滸伝の一節《林冲夜奔》などが収録された。吹込者には、南方武生の創始者と崇められる李春来も含まれる。これらのビッグネームを除けば、北京上海とも吹込者の知名度は低く、北京録音には科班（京劇俳優の養成学校）の生徒まで含まれる。[35]

第二期：九～一一回目（一九二〇～一九二五年）

この三回の録音は、南方崑曲最後のプロ集団が解散し、上海や蘇州のアマチュアが、プロの後継者養成に奔走した時期と重なる。彼らは一九二一年に崑劇保存会を組織し、一九二二年に崑劇伝習所を設立するが、伝習所の卒業生が活躍するのは少し後である。いっぽう北方崑曲界からは、韓世昌らが一九一九年末に上海入りして評判を呼んだ。ただし、反響がレコードに現れるには更に時間がかかった。この南北プロの端境期《はざかいき》に録音を残したのは、全て南方の著名な曲友で、崑劇保存社や崑劇伝習所

31 Ditto, p.99.

32 呉小如『戯曲随筆続集』（天津古籍出版社、二〇〇五）一七三頁。

33 劉豁公、前掲書、一三三頁。

34 劉鶚『抱殘守缺齋·乙巳日記』一九〇五（光緒三十一）年十二日（四月一六日）。

35 陳永高、張永喜、王永鴻、呉永桐、劉永龍らは、崑曲京劇の名優、陳徳霖が一八八七年に開いた科班の同期生。「永」の字を芸名で共有する。張洪涛、前掲論文（二〇一六、第一期）四〇頁。

の運営メンバーであった。

(1)　吹込者全般について

個人名の記載がない鈞天集社員を除き、三回の吹込者は兪粟廬を含む次の一一名である：兪粟廬、兪振飛、殳九組、徐摹煙（字名は凌雲）、王慕詰、項遠村、楊習賢、袁轟龠、項馨吾、翁瑞午、高硯耘。

兪粟廬（一八四七〜一九三〇）は、上海市松江出身。清光緒年間に武官として一三年を蘇州で過ごし、一八九四（光緒二〇）年以降は四〇年にわたり、同地の有力者宅で考古学史料や書画の考証や教育に当たった。崑曲全盛期の松江で少年期を過ごしたため、兪は二十歳そこそこで百余齣《しゅつ》もの演目を歌いこなした。更に一八七二（同治一一）年には、曲家の韓華卿から二百齣を学び、韓を介して崑曲清唱の大家、葉懐庭[36]にも師事する。清代曲家の権威である葉派の衣鉢《いはつ》を継いだ兪は、若くして崑曲清唱の模範となった[37]。その唱法を、同時代の著名な崑曲研究者、呉梅[38]も高く評価する[39]。当然、兪粟廬の影響は他のレコード吹込者にも及んでいた。息子の兪振飛はもちろん、殳、徐、王、項遠村、楊、袁の七名は、兪粟廬が指導する曲社、粟社のメンバーであった。粟社社員ではない項馨吾も、若い頃に兪の指導を受け、残る人々も兪の信奉者であった。

ここで、吹込者ではないが、粟社を発起した穆藕初に触れておきたい。穆は、アメリカ留学を経て、繊維業で成功した実業家である。中華民国政府の農業部門で顧問も務めた。超多忙な事業の傍ら、一九一九年に崑曲を学び始める。一九二〇年始めには、兪粟廬に上海への出張教授を願い出るが、高齢の父親に代わり息子の兪振飛が、一九二〇年三月から指導を始めた。それから間も無く、穆は曲友たちと兪粟廬のレコード録音を実現し（第一回＝一九二〇年一一月、第二回＝一九二一年六月上旬）、崑劇保存社を結成（一九二一年仲春）、同社事業の一環として、一九二二年には崑劇伝習所を開設した。穆の要請を受けて、保存社メンバーは伝習所の発起人を募り、組織を固めた。兪粟廬も請われ顧問となった。穆は運営経費の大部分を負担したほか、不足分を工面するため、保存社を率いて大規模なチャリティー公演を実施した。多忙な本業の合間に劇場との交渉にあたり、舞台出演まで引き受けるなど、

36　葉堂（字名は懐庭、一七二二？〜一七九二）、蘇州の人。清乾隆年間の崑曲清唱家にとり典範となった人物。各種の伝承譜を収集校訂した『納書楹曲譜』は、刊行譜として最多の演目を収録し、崑曲伝承に大きな影響を及した（呉新雷、前掲書、四一六頁）。

37　呉新雷、前掲書、四一八頁。

38　呉梅（一八八四〜一九三九）、崑曲の専門家。蘇州人。一九一七年から三七年まで、北京大学を始め、国立東南大学、国立中央大学、金陵大学他で崑曲を講じた。（呉新雷、前掲書、四一九頁）

39　「気納于丹穴、声翔于雲表、当其挙首展喉、如太空晴絲、随微風而上下、及察其出吐腔、則字必分開合、腔必分陰陽、而又渾灝流転、運之以自然」（「兪粟廬」中国戯曲誌編集委員会、前掲書、八三四頁）。

準備に奔走した。粟社の正式な発足は一九二二年だが、これらの事業を、穆が粟社メンバーと推進した事は間違いない。

粟社メンバー以外の協力者には、崑曲界の著名人が揃った。徐摹煙は京劇にも通じ、北方の紅豆館主（本名溥西園）[40]とともに、崑曲界の双璧と讃えられた。高硯耘は、東京音楽学校に留学後、洋楽普及に貢献したほか、上海孤児院の運営にも携わった。高と王慕詰は、大衆の公益と教育普及を目指す群学会の中堅メンバーで、同会内の潤鴻曲社で崑曲の普及にも力を入れた。[41]穆藕初と高、王の間には、穆の留学前にすでに崑曲とは別の接点があったらしい。[42]高は上海孤児院から崑劇伝習所に生徒を送り込み、[43]王は伝習生全員の芸名の名付け親となった事からも、彼らの信頼関係がうかがわれる。

(2)　兪粟廬の百代録音——その時期、準備、自他の評価

兪粟廬の録音は、伝習所開設準備の真っ只中、二回に分けて実施された。これも崑劇保存社の事業の一貫であるが、[44]資金の捻出方法を含めて計画の経緯はよく分かっていない。

兪粟廬は百代レコードで一三面を収録した。曲目は全て、冠生《かんせい》（風雅な皇帝役など）と巾生《きんせい》（未成年の書生）の代表作である。これらの録音時期については、先行研究の見方が一致しない。そこで今回は、兪粟廬の録音に関する諸情報を時系列で並べ直し、吹込年代の再考を兼ねて、兪自身と第三者がレコードに示した反応を拾った。

筆者は、一回目が一九二〇年一一月で五面を収録、二回目が一九二一年六月初旬で、八面を収録したと考える。一回目の根拠は、上海での録音を兪に促すため、一一月初めに穆が蘇州に出向いた事である。[45]二回目の根拠は、兪が一九二一年五月二一日付けの書簡で、外国人録音技師や関係者のスケジュールを勘案し、六月四日（農暦四月二八日）に録音を設定した、と記した事である。[46]二回目について、張洪涛は一九二一年四月中旬と推測する。根拠は、穆がペンネームで発表した一九二一年五月二十日の申報記事で、[47]前月の中旬に録音したとした事である。では兪の書簡と穆の記載に一月半以上もズレがあるのはなぜか。筆者は次のように、その要因を推測する。おそらく当初は、第二回録音を

40　紅豆館主（一八七一～一九五二）、清代宮廷一族に連なる貴族。本名は愛新覚羅溥侗。京劇と崑曲に通じ、北京天津の曲社、票房活動を牽引した。（呉新雷、前掲書、四二四頁）。

41　群学会については、倪縠『清朝末期民国上海地方社団研究：以群学会為例（一九〇四～一九三七）』、二〇一五年華東師範大学歴史系修士論文が、初のまとまった論考。

42　二三〇頁参照。

43　二三〇頁参照。

44　朱建明、前掲書、二二二頁。

45　穆家修、柳和城、穆偉傑編著『穆藕初年譜長編（上下）』（上海交通大学出版社、二〇一五）四〇〇頁。

47　「上月中旬，粟老來滬，百代又請其唱辭朝賜盒拾畫亭會書館哭像仙縁秋江等八齣。聞須至下半年始能製就云」。

46　唐葆詳編注『兪粟廬書信集（兪経農蔵本）』（上海古籍出版社、二〇一二）信三七（六六頁）。

四月中旬に終える計画だった。このため、レコード販売に合わせて配布する曲譜集、『度曲一隅』の扉にも「辛酉暮春之月（一九二一年農暦三月）」と記したのだろう。ところが、録音時期が予想外に延びてしまった。穆は、計画に合わせて予め準備していた記事を、『度曲一隅』と辻褄を合わせるため、敢えて修正せずに掲載したのではないか。

録音に先立ち、穆や関係者は周到な準備を進めた。一九二〇年八月までに、穆は百代レコードに兪の録音の重要性を説き、録音の了解をとりつける前提で、兪に録音準備を促していた。[48]傍証の一つが、前掲の『度曲一隅』である。これには、兪自身が筆書きした一三曲の歌詞と工尺譜《こうしゃくふ》、呉梅による兪の年譜紹介、崑曲保存社同人《どうじん》の祝辞が掲載された。一九二〇年五月に北京へ出張した穆は、北京大学に呉梅を訪ね、崑曲保存の方策を話し合い、そこでは兪の録音計画にも言及し、呉梅も関心を示した模様である。穆が五月十日以降に上海から呉梅に送った礼状では、呉が『度曲一隅』の校正を引き受けた事へ謝意を表している。[49]一九二一年三月二三日には、穆藕初、馮超然、謝縄祖の連名で、上海最大の日刊紙『申報』に、レコード刊行を告知した。[50]記事は文化・娯楽欄ではなく、裁判審理や諸案件の解説などを扱う社会欄に投稿された。「敬告提倡国粋之韻学家」（国粋の音韻学を提唱する方々へ謹んで申し上げる）と、重々《おもおも》しい見出しを立て、南方崑曲の重鎮がレコードを通して曲学の成果を披瀝《ひれき》すると予告する。掲載欄の選択や文面からは、兪粟盧の録音を、学術的業績として印象付ける意図が読み取れよう。

では、第三者は兪の録音にどんな反応を示したのか。第一回録音のうち三面が一九二一年四月に売り出された。同年四月二七日の『申報』に、ペンネーム「悚」が「説戯片（下）」を投稿し、初めて兪のレコードに言及する。悚こと丁悚[51]は有名なレコードマニアで、この記事ではジャンルごとに名盤を語る。彼は京劇に相当な字数を割き、語り物を経て崑曲にたどり着くと、張五宝の《思凡》と《喬醋》の二面を「聴きもの」と評価した。だが、未聴を理由に兪の録音へはコメントしない。[52]それから約半月間、何の反応も無いことに業を煮やしたのか、穆藕初自身が圓のペンネームで『申報』に投稿

48 朱建明、前掲書、一三一―一三二頁。

49 穆家修ほか、前掲書、三五三―三五四頁。

50 同日、第一一版の掲載記事。

51 丁悚（一八九一～一九六九）：一九二〇～三〇年代の上海漫画界とポスター業界の中心人物、画家。『文虎半月刊』特約執筆者。https://baike.baidu.com/item/丁悚/3547515?fr=aladdin（二〇一八年一一月一日最終閲覧）

52 「戯片話」『申報』（一九二一）五月一九日、第一四版。

し、俞の録音が、崑曲レコードの演目を増やした貢献を強調した。[53] これが呼び水となり、ペンネーム「舎予」こと文豪の老舎が、投稿記事「唱盤雑記（下）」で、初めて俞のレコードに好意的な評を寄せた。老舎は自身を門外漢と謙遜しながらも、俞の《八陽》の悲壮感に胸を深く打たれた事や、《定情》では「不」と「及」の発音が典範と呼ぶに相応しいと、マニアックな賛辞を贈る。[54] 六月下旬には、別の人物が『申報』に「評戯片（上）」を投稿し、俞が七五歳の高齢を圧して録音に臨み、歌唱で音韻の厳密を期す姿勢に敬意を表した。[55]

その後『申報』には関連記事は現れなかったが、前掲の丁悚が、一九二二年八月三〇日に上海の小新聞『晶報』で、またも未聴を理由に俞のレコードへの言及を避けた。[56] それが当時の『晶報』主筆、袁寒雲[57]への配慮だったことは想像に難くない。袁は北方崑曲界の超大物だったが、一九二〇年代直前に上海に移り住んだ時に、南方崑曲界からは全く関心を払われなかった。屈辱を感じた袁の敵愾心《てきがいしん》は、南方崑曲界が崇拝する俞に向かったのか、袁は一九二一年十月の『晶報』で、俞の《亭会》に歌詞の誤読があると批判した。その実、南方の伝承では正しい読みであり、公のメディアで愚弄されたことに俞は怒りを覚えた。一九二一年一〇月末に息子に宛てた書簡でも、怒りをあらわにしている。[58] 俞親子と袁との関係は、一九二六年に袁が息子振飛の実力を認め、ようやく修復に向かった。[59] 袁と俞の対立は、個人的な怨恨以上に、南北崑曲界を隔てる深い溝を感じさせる。また同時に、自身の伝統に対する、アマチュア知識層ならではの自負も覗かせる。

続けて、俞粟廬自身のレコードに対する反応に触れよう。俞の書簡では、録音を試聴した感想を、息子の振飛に二回書き送った。第一便（一九二一年四月八日）では、高音を歌う際には、音が割れないように、マイクから離れるべきだと初めて気づき、何事も初めに仔細な検討が必要だと、録音を振り返る。[60] 第二便（一九二一年四月一八日）でも、張五宝の《喬醋》《思凡》は正しい音高なのに、自身の《定情》《八陽》《拆書》は、伴奏の厳蓮生が道士笛を使ったため、本来より一調子高くなった、と録音の不首尾を嘆く。[61] 初めての録音にも関わらず、予備知識も与えられず、伴奏者との事前準備も

53 『申報』（一九二二）五月一四日、第一四版。

54 『申報』（一九二二）五月二七日、第一四版。

55 『申報』（一九二二）六月二五日、第一四版。

56 丁悚「唱片語（三）」『晶報』（一九二二）八月三〇日、第六版。

57 袁寒雲（一八九〇～一九三一）袁世凱の次男。京劇と崑曲に通じる。一九一三年に、紅豆館主が主催する北京の曲社、言楽会に参加。呉新雷、前掲書、四三四頁。

58 唐葆詳、前掲書、信十（二一頁）、原文は以下「滬上人所喜者賣野人頭。袁二如此行径，乃無恥之徒，而一班逐臭之人，猶與彼專衍，無謂極矣」。上海人は虚勢を張って人を驚かすのを好むと述べ、袁の行動を恥知らずと詰る。

59 唐葆祥「俞振飛伝（続）」『中国戯劇』（一九九七）五期、六二－六四頁。

60 唐葆詳、前掲書、信七（七頁）、原文は以下「今日晤篠漁聽唱片，始悟以後若開口逢高腔，應離遠寸餘，庶免迸裂之聲，凡事務須細考原頭」。篠漁は、道和曲社メンバーの張笛漁。

61 二三〇頁参照。

どうやら不十分なまま、一発勝負で録音に突入した後悔がひしひしと伝わってくる。

崑曲の演唱では、笛の奏者が臨機応変に装飾音を加えながら、歌の旋律に沿って休みなく助奏する。もし笛の十分な支えがなければ、歌は破綻してしまう。現代の笛奏者ならば、歌い手の声域に合わせて半音刻みで笛を準備するが、当時はそこまでは期待できなかった。また兪のレコードでは、笛の装飾音が現代よりかなり簡素である。そして道士笛を使った厳蓮生が、録音の重要性をどこまで認識していたのかには疑問が残る。兪の録音は、一回目に限らず、全般に音高が高い印象を拭えない。一回目と二回目の録音に落差が生じないよう、あえて高い調子を貫いたのか。あるいは録音技術の問題なのか。今となっては謎である。

二回目の録音では、兪は別の問題に見舞われた。外国人の録音技師が時間配分を誤ったせいで、テイク一では全ての唱句を歌い終わる前に盤面が尽きた。それを見た技師は兪の口を手で押さえ、これ以上歌うなと命じたという。仕方なく、テイク二ではテンポをあげて最後まで歌い切ったが、不満を残す結果となった[62]。当時、中国音楽に疎い外国人技師が、しばしば録音を形なしにするため、吹込者も聴き手も不満を覚えていた。不運にも、兪はその状況に見舞われたのである。兪は、この二回目の録音については何も書き残していない。自分のレコードに書簡で最後に触れたのは、袁との不愉快な一件から半年近く経った、一九二二年三月三〇日付けの便である[63]。内容は、道和曲社社長[64]の汪鼎丞が、百代公司まで兪のレコードを買いに行かせたところ、一三面のうち《定情》以外は完売だった、というもの。録音状態は決して理想的ではなかったが、兪の支持者は貴重な資料としてこぞって購入し、おそらく売れ行きは上々だったのであろう。兪の録音は、事実上、穆らの持ち込み企画で、レコード会社による通常の商業録音ではない。それだけに、兪の責任も大きかった。書簡の短い文面には、その重圧から多少とも解放された兪の安堵が見てとれる。

第三期：一一一～一二六回目（一九二八～一九四八年）

(1) 抜きん出た北方崑曲と崑劇伝習所のスターたち

62 唐葆祥「江南曲聖兪粟廬（参）伝承崑曲為己任」『上海戯劇』第九期、（二〇一三）四八-四九頁。

63 唐葆詳、前掲書、信一三（一八頁）。二五頁。原文は以下「前日汪鼎丞托人至百代購唱片，只有定情一張，未必售盡，莫明其故。」

64 蘇州の老舗曲社。この主要メンバーが、崑劇伝習所の発起人となった。

第三期の約二〇年間の録音は一四三面である。吹込者の系統から見ると、北方崑曲の俳優と蘇州崑劇伝習所の出身者、梅蘭芳ら京劇人、南北アマチュアが混在する。もっとも存在感を示したのは崑弋班につながる北方崑曲で、合計面数四八。特に女形スターの韓世昌は、共演も含めて二〇面もあり、高い人気を証明する。蘇州崑劇伝習所の出身者では、顧伝玠と朱伝茗、張伝芳、沈伝芷の四名が合計三一面を残した。うち二二面が顧伝玠と朱伝茗の録音である。二人は容姿歌唱ともに優れ、伝習所時代から花形として頻繁に舞台で共演しており、レコードでも共演が多い。中でも人気演目は《販馬記》である。厳密には崑曲ではないが、庶民的なストーリーの魅力もあり、ロングセラーとなった。

京劇俳優の吹込みは全部で二七面であるが、崑曲復活の火付け役となった梅蘭芳が三面、荀慧生が三面、尚小雲が一面と、予想外に少ない。梅や荀は、「皮簧《ひこうしん》新戯《ぎ》の牌子曲《はいしきょく》」（京劇の基本である皮簧調をベースに、一部だけ崑曲の曲調を挿入する新作）の創作や、この手法による旧作の改編も行った。これらの試みは、梅蘭芳の《抗金兵》と荀慧生の《釵頭鳳》を除くと、レコード化されていない。《抗金兵》は、満州事変に直面した梅が、日本軍への抵抗と愛国心を示すために、既往作品を大々的に改変した大作であった。全一九場のうち、クライマックスの第一六場のみ崑曲を用い、音楽が物語の見せ場と一致する。荀慧生の《釵頭鳳》は、南宋時代の政治家で著名な詩人、陸游の同作品に感動した荀が、一九二八年に楽師の曹心泉に編曲を依頼した新作で、一部のみ崑曲を挿入する。彼ら名女形たちが崑曲レコードを僅かしか残さなかったのは、京劇を本分とする矜持であろう。[65] また梅の場合は崑曲を、京劇をより効果的に演出するため実利的に利用した観がある。いずれにせよ、舞台上演では古典的な崑曲を演じた梅蘭芳と荀慧生も、レコードでは皮簧新戯の牌子曲や、厳密には崑曲とカウントできない《販馬記》を録音するに止まる。

女形以外では、武生の伝統的な立ち回り劇が根強い人気を見せた。特に、不世出《ふせいしゅつ》の武生と称えられる楊小楼（一八七八〜一九三八）が南北の観衆を魅了し、第一期をはるかに凌ぐ武生劇ブームが巻き起こった。楊小楼のレコード《林冲夜奔》《安天会》《挑滑車》は、全て楊の代表演目で、楊の人気が

65 『晶報』一九二〇年七月三日第六版で、京劇票友の春覚生の執筆記事「説梅」は、梅蘭芳の崑曲を、似ても似つかない似非崑曲と、徹底的に批判する。田舎の崑曲を歌う韓世昌や白玉田の方が、梅よりはるかに上等だ、と口調は厳しい。南方の伝統崑曲界なら梅の真価がわかるだろうに、と梅の崑曲に友好的な南方人士まで批判する。梅は春覚生のような本音を吐く聴者の存在を認識しており、崑曲吹込みには慎重な態度をとったとも考えられる。

頂点に達した一九二〇年代末の録音である。[66] 楊以外には、林樹森、黄旭東、黄元慶の3名がこの第三期に武生劇を吹込んだ。京劇の武生劇はおおむね崑曲由来であり、楊小楼や楊の芸風を継ぐ俳優は原本どおりの上演を重んじたが、一九四〇年代に入るとその観念が明らかに薄れていく。例えば一九四〇年代に流行した孫悟空物の上演では、崑曲から吹腔《すいこう》（京劇の歌唱旋律の一つ、崑曲と同じで横笛で伴奏する）にさし代える者もいれば、崑曲をやめて京劇の皮簧調に変更する者もおり、孫悟空物らしさが失われたと記す記事が、新聞にも見える。[67] 第三期の武生レコードは、どれも一九三五年以前の録音なので、崑曲ベースの京劇武生劇が本来の姿を見せた最終期にあたる、と言えるだろう。

(2)　初登場の北方アマチュア、南方曲社の著名人たち

第三期には、北方のアマチュアが初めて登場する。一九二〇～一九三〇年代の北京と天津で曲社活動が続いた上に、韓世昌の人気沸騰で北方崑曲界全体が活気づき、愛好者層が厚みを増した結果であろう。一九三〇年五、六月の北京録音では、劉仰乾と諸少国、張芝糜の三名が合計一〇面を残した。三名とも既存の曲友情報に該当しないが、劉仰乾は、民国版『北京晩報』を創業した劉煌でほぼ間違いないと判断した。劉は北京大学法律学科を卒業後、一九二一年一月に学友と『北京晩報』を立ち上げた。しかし一九二六年から一九二七年にかけて、北京で大元帥となった張作霖が新聞業界の言論を弾圧し、劉は二度も逮捕された上に、同僚が殺害されるという悲劇に見舞われる。その結果、一九二七年に新聞社の経営を季迺時に託し、法律家への転身を余儀なくされた。[68] レコードの録音当時、劉は北京で弁護士の身分にあった。

劉仰乾という人物が、言詠社（北京の曲社）の一員である事は、天津の雑誌『風月画報』で確認できていた。[69] その劉が『北京晩報』の創業者と結びついたのは、「崑曲唱片目録」の製作者、朱復氏の講義メモ[70]がネットにアップされ、劉の孫娘のブログ[71]が公開されたからである。彼女は、中国の古典や崑曲を厳しく仕込む祖父が、幼い自分には少々煙たい存在だったと振り返る。著名人にも関わらず、公刊資料の曲友情報に劉が含まれないのは、おそらく彼が民国期の十大漢奸（抗日戦争下における対

66 中国京劇百科全書編輯委員会編『中国京劇百科全書』（中国大百科全書出版社、二〇一一）九四五頁。

67 「由尚和玉談到猴戯」『半月戯劇』四巻五期（一九四二）で、ペンネーム求幸福齋主は、楊小樓、尚和玉、兪振庭ら武生の芸の系譜を論じ、特に尚和玉の孫悟空物を賞賛する。本来、京劇の武生劇では動作が歌の旋律と不可分のため、崑曲の旋律抜きには上演不能と主張するが、崑曲を吹腔に、さらに京劇の皮簧調に変更する現象は、記事発表当時（一九四二年九月）の過渡的な状況を窺わせる。

68 李迺時「劉仰乾興北京的第一家晩報」『民国的報業巨頭』（中国文史出版社、二〇一三）四九－五〇頁。

69 二三〇頁参照。

70 https://www.douban.com/group/topic/4736995/（二〇一八年一〇月一日最終閲覧）

71 「我的爺爺」http://blog.sina.com.cn/s/blog_5e25cef50100wbsd.html（二〇一八年八月一五日最終閲覧）

日協力者）の一人、王揖唐の私設弁護士を務めたためであろう。王揖唐は、汪兆銘が率いる南京国民政府で要職に就いており、十大漢奸は抗日戦争後に全員処刑されている。親日政府の要人に関わった劉仰乾にも、類が及ばなかったとは考えにくい。

南方アマチュアでは、兪振飛、徐炎之、張善薌、褚民誼[73]、甘貢三、唐蔚芝、唐謀伯、程禹年の八名が吹込者となった[72]。兪振飛と徐炎之は、この第三期の録音面数がアマチュアのツー・トップであったが、兪は一九三一年にプロの京劇俳優に転じた。褚民誼は汪兆銘政権の要人で、八年間に三つも曲社を起こした人物である。その手始めが、第一次南京国民政府の行政秘書長時代に発起した、公余聯歓社戯劇部崑曲組（一九三四）であった。吹込者の徐炎之・張善薌夫妻[74]と、甘貢三（南京の有力者で著名な曲家）もメンバーである。彼らはラジオや舞台に自ら出演することで、南京の人々に崑曲への関心を惹き起こしたらしい[75]。褚民誼は、第二次南京国民政府で駐日大使となり、一九四一年に中日文化協会理事長に就任すると、協会内に戯曲組を結成して崑曲を奨励した。当時、日本軍閥や官僚との会合で好んで崑曲を高唱し、「崑曲大使」と称されたという[76]。唐蔚芝と唐謀伯の父子は、崑曲や京劇、古典の詩文に造詣が深かった。父の蔚芝は蘇州劇団の上海公演に頻繁に通い、その姿が新聞記事で書かれるほどの芝居好きである[77]。また蔚芝は近代三大崑曲研究家の一人、王季烈と正俗曲社を設立し、蘇州や上海の著名な曲友を会員に招聘したほか、清の時代の名演目を精選した『正俗曲譜』を刊行するなど、曲社活動の中心にあった。一方息子の謀伯は、アメリカ留学後に上海交通大学で英語教育に携わり、将来を嘱望されていたが、三三歳の若さで全盲となった。その失意の中で謀伯は崑曲や京劇を心の糧とした。唐蔚芝は清朝末期の著名な国文学者で、自ら考案した韻文朗唱法「唐調」のレコードを、大中華から一九三〇年代に吹き込んだことがある。一九四八年に再び大中華で唐調の録音を行い、その際に、息子の唐謀伯と吹込んだ崑曲が《長生殿》一面であった[78]。この録音の前年（一九四七）に、国民党中央広播事業管理処は大中華電器実業股份有限公司を引き継ぎ、国営大中華唱片廠に改組した[79]。これ以前に崑曲レコードの吹込みがなかった国営大中華唱片廠が、一九四八年のみ録音を行ったのは、

72 褚民誼（一八八四〜一九四六）。政治家、医学者。崑曲を酷愛した。上海戯曲研究会（一九三八結成）での崑曲俳優養成を計画、また第二次南京国民政府では、行政副委員長や外交部長、駐日大使を歴任する。一九四六年、反逆者として処刑。（李新主編『中華民国史人物伝第一巻』中華書局、二〇一一）

73 兪粟廬に近い曲友の一人と思われるが、詳細は不詳。

74 林佳儀「論徐炎之、張善薌在臺灣的崑曲薪傳及表演特色」『戯劇研究』第一三期、二〇一四年一月、九九−一四四頁。徐と張夫妻は一九四九年に台湾に渡り、以後、台湾で崑曲アマチュア活動の裾野を広げた。

75 曼「戯劇：崑曲在南京」『風月書報』九期、一九三七、四一頁。

76 周雯「褚民誼崑曲迷」『海涛』一七、一九四六、一〇頁。

77 天亶「南部枝言」『申報』（一九二〇）七月二八日、第一四版。

78 唐親子に関する以上の記載は、劉桂秋「唐文治、唐慶詒父子与崑曲」『四川戯劇』一一期、二〇一四、六二−六四頁による。

79 張洪涛「大中華唱片公司沿革及灌制発行唱片考略」『戯曲芸術』第四期、二〇一七、四九頁。

国営化で教育事業に重点が置かれたことが要因と考えられる。その教育事業の一つとして古典詩詠唱を録音することになり、その過程で、唐父子から崑曲録音の強い働きかけを受けたためと推測される。

3　全三期の概略と傾向

ここまでに見た各期の概略内容を、以下にまとめる。

第一期は、清朝中期から始まる雅部《がぶ》（＝崑曲）と花部《かぶ》（地方劇）の争いが、京劇の圧勝で終わりを告げた時期に重なる。京劇は崑曲の演目や音楽的要素を吸収し、表現力を増した。この期に吹込者となった崑乱不擋の京劇俳優と、京劇に転向した南方崑曲の名優たちは、まさに雅俗《がぞく》交代期の証人である。また今回改めて存在を確認した妓女の録音は、妓女達がプロの芸能者として士大夫の文人趣味を満足させた、前近代の残影と言える。

第二期には、南北で崑曲の興行中興に布石が打たれたが、レコードに成果はまだ反映されず、この隙間を、兪粟廬ほか南方アマチュアの主流が埋めた。兪の録音は、曲家が正統な崑曲の継承を目指す、最初で最後の試みとなった。

第三期には、崑曲興行界、京劇界、南北崑曲アマチュア界、それぞれの動向が反映された。崑曲興行界では、南方の崑劇伝習所出身者と北方で崑弋班出身の韓世昌らが、短命だが鮮烈な新風を巻き起こした。京劇界では、京劇上演の装飾的効果や差別化の手段として、崑曲を活用する傾向が、より顕著になった。梅蘭芳の「皮簧新戯の牌子曲」は典型である。これらは、あくまで京劇として観客と俳優に認識された。アマチュア界では、北方崑曲興行界の興隆を受けて、北方アマチュア層が活発に活動した。本稿で人物を特定した劉仰乾の録音も、その一端と考えられる。南方では、国民政府の首都となった南京が新しい曲社の拠点となり、ここに集う曲友たちが吹込者の中心となった。

収録演目をプロとアマチュアで比べると、プロでは時代が下るほど、定番の折子戯《せっしぎ》（長編物語から見せ場を選んだ伝統演目）が減少し、崑曲の本質が薄れると共に、世俗化が進んだ。一方、アマチュア知識層は、時期を問わず、一貫して伝統的な折子戯を選び、正統への固執を示した。

おわりに

かつて知識層は、韻文を操ることを文人の自負とし、崑曲の厳密な歌唱法と、独自な享受の形を作り上げた。アマチュアとプロとの二重規範は崑曲だけの特徴で、それ自体が一つの伝統となった。この構図は、本来商業ベースのレコード製作にも持ちこまれた。だが、正統の継承を正面からうたった録音は、結局、兪粟廬の一三面のみである。兪の吹込みから二〇年以上たった一九四〇年代でも、知識層は清唱を崑曲の理想としたが、伝承はあやうくなり、曲社活動の見直しを望む曲友も現れた。[80] この局面で、レコードを伝承に活用する余地もあっただろうが、そうした動きは全く見えてこない。

原因はいくつか考えられるだろう。第一に、地方や指導者の系統によって規範が変わり、各人が一家言を持つこと。それが、いかに自他を隔てる険しい壁であったかは、兪粟廬のレコードをめぐる騒動が示す通りである。崑劇保存社を共に支えた兪粟廬と呉梅ですら、実は立場が微妙に違ったことは、崑曲界では暗黙の了解だった。[81] 第二に、SPレコード一面の再生時間が最長四分半しかないこと。崑曲では、複数の旋律形を接いで一つの唱段を作り、一段が五分を超える唱段がざらにある。また、細かい装飾音を加えながら、母音を引き延ばす唱法が必須であるため、歌詞と旋律の繋がりを保ちつつ唱段を分けることが難しい。表一の「曲目・唱段」欄で、「未完」とあるのは、唱段が一面に収まらなかった事例である。録音時間の短さは他のジャンルでも問題ではあったが、[82] 崑曲ではとりわけ大きな難点となった。第三は、崑曲が文人趣味の一角を成したこと。詩や書画と同じく、崑曲は知識層にとって単なる鑑賞の対象ではない。自ら実践する趣味であり、実践によって、素養を共有する人々と交わる手段であった。

80 旨昉「改善曲社同期辦法」『戯曲月輯』第一期（二）、一九四二、一五二―一五四頁。

81 班公「聴曲夢憶：兪平伯、兪粟廬、兪振飛」『雑誌』第一三期、一九四四(四)一九―二二頁。

82 蘇少卿「機片可聴不可學」『晶報』(一九二二)五月二二日、第四版。京劇レコードが実演を理想通り記録しない事を指摘する。蘇は『晶報』執筆の常連で、著名な劇評家、舞台経験もある京劇アマチュア、レコード・コレクター（中国京劇百科全書編集委員会、前掲書、七四七頁）。

演唱の忠実な再現を望めば、録音時間という物理的な制約が立ちはだかる。伝統的な曲社活動にとりこむ可能性や積極的な理由も、簡単には見つからない。こうした崑曲レコードを、アマチュア知識層は案外醒めた目で見ていたのかも知れない。中国近代の転換期に、すでに大多数の知識人は、韻文を操る自負や責任から自身を解放し、庶民的な地方劇を抵抗なく楽しんでいた。彼らが最も興味を示した京劇では、俳優たちがレコードの物理的な制約を逆手にとって、レコード限定の演出や工夫をこらして注目をあつめた。[83] 変化を恐れず、ハンディを商機に変える発想は、正統の保持に意義を見出す崑曲のアマチュア知識層とは相容れない。崑劇保存社を発起した穆藕初がプロの養成に奔走したのも、崑曲の将来が興行界の底力で切り開かれる日を待ち望んだからであろう。

83 蘇少卿、前掲記事。文中、譚鑫培のレコード《宿店》を例にあげ、二面の冒頭を、通常の演唱ではあり得ない方法で始めながらも、効果的で巧みな処理方法だと評す。

［表1］録音年代別 崑曲レコードリスト

回	会社	レコード番号［面数］	吹込者［南北．プロアマ］	曲目［曲牌名］・唱段ほか	録音年代、地点
1	Gramophone	12565［1］	劉雲定［南崑］	絮閣	［離］未収、［張］1903.3 上海
	•［離］は	12582［1］	沈銀奎［南崑］	弾詞	同上
	Grbmopbomeg.C	12587［1］	沈銀奎［南崑］	訪普	同上
		13316［1］	花翠宝［南妓］	惨睹	同上
		14201［1］	薛瑤卿［南崑］	絮閣	同上
		12800［1］	沈銀奎［南崑］	弾詞	同上
		12829［1］	林歩青［南崑］	活捉三郎	同上
		13404［1］	花翠宝［南妓］	八陽	同上
		13407［1］	王媛媛［南妓］	思凡［風吹荷葉煞］	［離］年代未記載、［張］1903.3 上海
		12820［1］	姜善珍［南崑］	問探	［離］未収、［張］1903.3 上海
		12842［1］	林歩青［南崑］	下山	同上
		11323［1］	林歩青［南崑］	下山	同上
		13411［1］	周鳳林［南崑］	驚変	同上
		13332［1］	周鳳林［南崑］	驚変	同上
		13402［1］	周鳳林［南崑］	思凡	同上
		10281［1］	全班合演［南崑］	上寿加官	同上

2	Columbia（克倫便）	15551 [1]	小桂枝［南崑］	問病偷詩［清平楽］［繍帯児］（未完）	［離］清光緒末年、［CMB］1903 ［張］1904,11-1905,3？［上海］
		15552 [1]	小桂枝［南崑］	蝴蝶夢［錦纏道］（未完）	同上
		15705 [1]	姑蘇名角［南崑］	訓斥子［粉蝶児］［酔春風］（未完）	同上
		15706 [1]	無名氏［不詳］	北餞［点絳唇］［混江龍］	同上
		15763 [1]	無名氏［不詳］	刀会［新水令］	同上
		15849 [1]	周鳳林［南崑］	遊園驚夢［歩歩嬌］［酔帰］（未完）	同上
		15852 [1]	金阿慶［南崑］	問路［尾犯序］	同上
		15855 [1]	邱鳳翔、周鳳林［南崑］	折柳陽関［寄生草］頭二支	同上
		15858 [1]	邱鳳翔［南崑］	八陽［傾杯玉芙蓉］（未完）	同上
		15885 [1]	姜善珍［南崑］	活捉	同上
		15895 [1]	夜来香（周鳳文）［南崑］	長生殿・小宴［泣顔回］第一支	同上
3	Victor（役挫）	7328 [1]	全班合演［京］	大賜福	［離］未収［張］1905,7-11 月以後
		7329 [1]	北京一等名角合演［京］	大賜福［喜遷鶯］［刮地風］	［離］民国初 -1920 年代 ［張］1905,7-11 月以後
		7619 [1]	邱梓琴（梓琴）［南了］	議剣［錦纏道］	同上
		7622 [1]	浦叔雲［南了］	訪普［端正好］［滾繡毬］［倘秀才］二句	同上
		7642 [1]	邱梓琴［南了］	望郷	同上
		7649 [1]	邱梓琴［南了］	酔菩提・伏虎［朝天子］［煞尾］	同上
		9183 [1]	北京名角文武合演［京］	大賜福［酔花陰］［喜遷鶯］未完	同上
		9234 [1]	董長清［京］	張飛落蘆花蕩［斗鵪鶉］一曲	同上
		* 未詳 1 [1]	未詳［未詳］	白蛇伝・水斗［酔花陰］	［離］民国初 -1920 年代［張］無し
4	Pathé（百代）	32053 [1]	劉永龍［京］	安天会一段	［離］無、［張］1907,5 月初 -11 月［北京］
		32054 [1]	劉永龍［京］	安天会二段	同上
		32055 [1]	劉永年［京］	安天会三段	同上
		32056 [1]	劉永年［京］	安天会四段	同上
		32057 [1]	陳永高［京］	封王	同上
		32058 [1]	劉永年［京］	封王一段	同上
		32059 [1]	劉永年［京］	封王二段	同上
		32060 [1]	陳永高［京］	封相	同上
		32061 [1]	陳永高［京］	封相	同上
		32062 [1]	張永喜．王永鴻［京］	回営打囲一段	同上
		32063 [1]	安如意［京？．］	回営打囲二段	同上
		32064 [1]	安如意［京？．］	回営打囲三段	同上
		32065 [1]	呉永桐［京］	財源輻輳一段（吉祥開場）	同上
		32066 [1]	呉永桐［京］	財源輻輳二段（吉祥開場）	同上
		32067 [1]	呉永桐［京］	財源輻輳三段（吉祥開場）	同上
		32068 [1]	安如意［京？．］	金山寺頭二段	同上
		32069 [1]	安如意［京？．］	金山寺頭三段	同上

4	Pathé（百代）	32070［1］	陳永高［京］	十面埋伏一段	同上
		32071［1］	陳永高［京］	十面埋伏二段	同上
		32072［1］	陳永高［京］	十面埋伏三段	同上
		32073［1］	陳永高［京］	十面埋伏四段	同上
		32074［1］	陳永高［京］	安天会五段	同上
		32205［1］	田雨農［京］	雅観楼　頭一段	［難］1921前後［張］1907,5月初-11月［北京］
		32206［1］	田雨農［京］	雅観楼　頭二段	同上
		32207［1］	田雨農［京］	探庄	同上
		32208［1］	田雨農［京］	乾元庄（乾元山と同じ？）	同上
5	Pathé（百代）	32829［1］	張五宝［南崑］	思凡［風吹荷葉煞］	［難］1921前後［張］1910［上海］？
		32830	張五宝［南崑］	喬醋［太師引］	同上
6	Victor（物克多）	42793A［1］	全班合演［南崑］	上寿加官（吉祥開場）［園好］［山花子］	［難］民国初-1920年代［張］1915下半期
		42793B［1］	全班合演［南崑］	天官賜福（吉祥開場）［酔花陰］［喜遷鶯］	同上
		42843A［1］	李春来［京］	挑滑車［石榴花］	同上
		42996A［1］	周鳳文［南崑］	小宴［泣顔回］第一支	同上
		42996B［1］	周鳳文［南崑］	佳期［十二紅］前半段	同上
		42997A［1］	周鳳文［南崑］	楼会［懶画眉］二支	同上
		42997B［1］	周鳳文［南崑］	説親回話［錦纏道］	同上
7	Odeon（高亭）	105136［1］	三麻子（王鴻寿）［京］	十面［点絳唇］［混江龍］［油葫蘆］一段	［難］1920-26年前後［張］1906-07
		105137［1］	三麻子（王鴻寿）［京］	十面［点絳唇］［混江龍］［油葫蘆］二段	同上
		105138［1］	三麻子（王鴻寿）［京］	十面［点絳唇］［混江龍］［油葫蘆］三段	同上
8	Pathé（百代）	32885［1］	銭宝卿、陳鳳鳴［南崑］	梳妝擲戟［懶画眉］二支	［難］1921前後［張］1917以前［上海］
		32886［1］	銭宝卿、陳鳳鳴［南崑］	絮閣［酔花陰］	同上
		32887［1］	客串［南ア］	茶坊［孝順歌］	同上
		32888［1］	客串［南ア］	三酔［粉蝶児］［酔春風］	同上
		33187（1-2）［2］	馮子和［京］、馬飛珠［京］	打花鼓［鮮花調］［花鼓曲］頭二段	同上
		33234［1］	小紫娟、花珍珍［南崑］	小宴［泣顔回］第一支	同上
		33235［1］	小紫娟［南崑］	八陽［傾杯玉芙蓉］	同上
		33236（1-2）［2］	花珍珍、徐寅生［南崑］	琴挑　頭二段	同上
		33237（1-2）［2］	徐寅生、陳鳳春［南崑］	下山［一江風］［菩提］［清江引］頭二段	同上
		33254［1］	三麻子（王鴻寿）［京］	封金掛印（吹腔）	同上
		33360（1-2）［2］	李連仲［京］、王長［京］	五人義［斗鵪鶉］頭二段	［難］1921前後［張］録音1917以前
9	Pathé（百代）	33400［1］	兪粟廬［南ア］	定情［古輪台］	［難］1921前後［張］1920,10,10以前［尾］1920,11,10以前［上海］
		33401［1］	兪粟廬［南ア］	八陽［傾杯玉芙蓉］	同上
		33402［1］	兪粟廬［南ア］	三酔［粉蝶児］［酔春風］	同上
		33403［1］	兪粟廬［南ア］	拆書［一江風］	同上
		33407［1］	殳九組［南ア］	学堂［一江風］	同上
		33408［1］	殳九組［南ア］	掃花［賞花時］二支	同上
		33409［1］	鈞天集社員［南ア］	投淵［榴花泣］	同上

		33410［1］	殳九組［南ア］	小宴［泣顔回］ 第二支	同上
		33419［1］	俞粟廬［南ア］	佳期［臨鏡序］	同上
		33420［1］	殳九組［南ア］	佳期［十二紅］ 後段	同上
10	Pathé （百代）	33454［1］	俞粟廬［南ア］	亭会［桂枝香］	［離］ 1921 年前後［張］ 1921,4 中旬 ［尾］ 1921 年 6 月上旬［上海］
		33455［1］	俞粟廬［南ア］	拾画［顔子楽］	同上
		33456［1］	俞粟廬［南ア］	仙園［油葫蘆］	同上
		33457［1］	俞粟廬［南ア］	秋江［小桃紅］	同上
		33458［1］	俞粟廬［南ア］	辞朝［啄木児］	同上
		33459［1］	俞粟廬［南ア］	書館［太師引］	同上
		33460［1］	俞粟廬［南ア］	賜盒［綿搭絮］	同上
		33461［1］	俞粟廬［南ア］	哭像［快活三］［朝天子］	同上
11	Odeon （高亭）	A26010a-b［2］	俞振飛［南ア］	西楼記・拆書［紅衲襖］ 二支（未完）頭二段	［離］ 1920-26 前後 ［張］ 1925,9,16 か数日前［上海］
		A26011［1］	俞振飛［南ア］	牡丹亭・驚夢［山桃紅］ 未完	同上
		A26012［1］	俞振飛［南ア］	長生殿・驚変［粉蝶児］	同上
		A26013a-b［2］	翁瑞午［南ア］	義妖記・断橋［山坡羊］ 頭二段	同上
		A26014［1］	項遠村［南ア］	荊釵記・見娘［刮鼓令］ 未完	同上
		A26015［1］	項遠村［南ア］	白羅衫・看状［太師引］	同上
		A26016［1］	項馨吾、徐蓁煙［南ア］	鉄冠図・刺虎［叨叨令］	同上
		A26017［1］	項馨吾［南ア］	紫釵記・陽関［寄生草］ 第一支	同上
		A26018［1］	項馨吾［南ア］	牡丹亭・驚夢［綿搭絮］［尾声］	同上
		A26019［1］	項馨吾［南ア］	長生殿・絮閣［酔花陰］	同上
		A26020a-b［2］	袁寵龠［南ア］	牡丹亭・游園［歩歩嬌］［酔扶帰］ 頭二段	同上
		A26020c-d［2］	袁寵龠［南ア］	牡丹亭・游園［皂羅袍］［好姐姐］［尾声］ 三四段	同上
		A26021a［1］	楊習賢［南ア］	琵琶記・南浦［尾犯序］	同上
		A26021b［1］	楊習賢［南ア］	琵琶記・廊会［二転］ 未完 一曲	同上
		A26022a-b［2］	王慕詰［南ア］	邯鄲夢・三酔［紅繍鞋］［迎仙客］ ［耍孩児］［煞尾］ 頭二段	同上 同上
		A26023a-b［2］	張某良［南ア］	長生殿・弾詞［一枝花］［三転］ 頭二段	同上
		A26024［1］	徐蓁煙（凌雲）［南ア］	還金鐲・哭魁［叨叨令］	同上
		A26025［1］	俞振飛、項馨吾［南ア］	玉簪記・琴挑 説白［琴曲］	同上
		A26026a［1］	高硯耘［南ア］	単刀会・刀会［新水令］	同上
		A26026b［1］	高硯耘［南ア］	単刀会・訓子［十二月］［尭民歌］	同上
12	Beka （蓓開）	B34100I-Ⅷ（8 面）	顧伝玠、朱伝茗［南崑］	販馬記－写状［吹腔］ 頭至八段	［離］ 1929 以前 ［張］ 1928,11-1929
		B34101I［1］	顧伝玠、朱伝茗［南崑］	紫釵記・折柳［寄生草］ 頭二支	同上
13	Odeon（高亭）	A24701a［1］	姑蘇名角全班合演［南崑］	賜福［点絳唇］	［離］ 1920-26 前後、［張］ 1928,4 月初［上海］

14	開明	54028-AB [2]	兪振飛［南ア］	牡丹亭・叫画［二郎神］［集賢賓］未完頭二段	【離】1930 以前［張］1929.12［上海］
		54029A [1]	兪振飛［南ア］	琵琶記・賞荷［桂枝香］	同上
		54029B [1]	兪振飛［南ア］	牧羊記・望郷［江児水］	同上
		54030A [1]	兪振飛［南ア］	連環記・梳妝［二犯朝天子］	同上
		54030B [1]	兪振飛［南ア］	長生殿・驚変［石榴花］	同上
		54050A [1]	顧伝玠［南崑］	玉簪記・琴挑［懶画眉］	同上
		54050B [1]	顧伝玠［南崑］	玉簪記・問病［山坡羊］	同上
		54051A [1]	朱伝茗［南崑］	邯鄲夢・掃花［賞花時］二支	同上
		54061B [1]	朱伝茗［南崑］	占花魁・受吐［好姐姐］	同上
		54052A-B [2]	顧伝玠［南崑］	西楼記・玩箋［集賢賓］［二郎神］未完頭二段	同上
		54053A-B [2]	顧伝玠、朱伝茗［南崑］	玉簪記・茶叙［出隊子］二支［二郎神］未完 頭二段	同上
15	Beka（蓓開）	1334054I-II [2]	楊小楼［京］	林冲夜奔［点絳唇］［新水令］［駐馬聴］頭二段	【離】1929 以前［張］1929.2.8
		B34055I [1]	楊小楼［京］	安天会［喜遷鶯］［刮地風］	同上
		B34055II [1]	楊小楼［京］	挑滑车［石榴花］	同上
		B3A097II [1]	荀慧生［京］	釵頭鳳（陸游詞）	同上
		B3410III [1]	顧伝玠、朱伝茗［南崑］	紫釵記・陽关［解三醒］頭二支	同上
		B34110I [1]	顧伝玠、朱伝茗［南崑］	風儀亭・梳妝［懶画眉］二支	同上
		B34110II [1]	顧伝玠、朱伝茗［南崑］	獅吼記・梳妝［懶画眉］二支	同上
		B34111I [1]	顧伝玠［南崑］	牧羊記・望郷［園林好］二支	同上
		B341111 [1]	朱伝茗［南崑］	南柯記・瑶台［梁台第七］未完	同上
16	Victor（勝利）	54136A [1]	白雲生［北崑］	昭君出塞［梧桐雨］	【離】1930 前後［張］1929.10.12-11.9［北京］
		54136B [1]	白雲生［北崑］	陽告［叨叨令］	同上
		54137A [1]	白雲生［北崑］	春香鬧学［一江風］	同上
		54137B [1]	白雲生［北崑］	刺虎［滚繍球］未完	同上
		54140A [1]	陶顕庭［北崑］	長生殿・弾詞［一枝花］頭段	同上
		54140B [1]	陶顕庭［北崑］	長生殿・弾詞［六転］二段	同上
		54141A [1]	陶顕庭［北崑］	長生殿・弾詞［貨郎児］［二転］未完 三段	同上
		54141B [1]	陶顕庭［北崑］	長生殿・弾詞［三転］四段	同上
		54142A [1]	陶顕庭［北崑］	長生殿・弾詞［五転］五段	同上
		54142B [1]	陶顕庭［北崑］	功臣宴［油葫蘆］	同上
		54143A-B [2]	龐世奇［北崑］	火焰山［叨叨令］［快活三］［鮑老児］［柳青娘］［道和］［煞尾］頭二段	同上
		54144A [1]	龐世奇［北崑］	学舌［雁児落］［川撥棹］［七弟兄］	同上
		54144B [1]	龐世奇［北崑］	天罡陣［酔花陰］［喜遷鶯］未完	同上
		54145A [1]	龐世奇［北崑］	琴挑［懶画眉］第二支	同上
		54145B [1]	龐世奇［北崑］	断橋［金絡索］第一支末完	同上
		54146A-B [2]	郝振基［北崑］	棋盤会［新水令］［雁児落］［沽美酒］［挂玉鈎］［殿前歓］頭二段	同上
		4147A [1]	郝振基［北崑］	麒麟閣［酔花陰］［喜遷鶯］一句	同上
		54147B [1]	郝振基［北崑］	琼林宴［粉蝶児］［上小楼］	同上
		54148A-B [2]	郝振基［北崑］	安天会［酔花陰］［喜遷鶯］［出隊子］欠一句 頭二段	同上

17	Victor（勝利）	54357A-B［2］	梅蘭芳［京］	刺虎［滚繡毬］［朝天子］頭二段	［離］1930前後、［張］1929,10,12-11,9［北京］
		54392A-B［2］	梅蘭芳、姜妙香［京］	販馬記・写状（吹腔）頭二段	同上
		54789B［1］	梅蘭芳［京］	抗金兵［粉蝶児］［石榴花］	同上
18	Victor（勝利）	54248A-B［2］	黄旭東［京］	林冲夜奔［新水令］［駐馬聽］［折桂令］	［離］1930前後［張］1930.5-6月［北京］
				［雁児落帯得勝令］頭二段	同上
		54230A［1］	黄旭東［京］	華容道［点絳唇］［混江龍］	同上
		54230B［1］	黄旭東［京］	古城相会［粉蝶児］［石榴花］	同上
		54231B［1］	尚小雲［京］	游園驚夢［歩歩嬌］［酔扶帰］未完	同上
		54249A-B［2］	劉仰乾［北ア］	聞鈴 頭支［武陵花］後段 頭二段	同上
		54250［1］	劉仰乾［北ア］	男祭［新水令］［折桂令］頭二段	同上
		54251［1］	劉仰乾、諸少国［北ア］	連環記・梳妝［懶画眉］四支 頭二段	同上
		54252A［1］	諸少国［北ア］	絮閣［喜遷鶯］	同上
		54252B［1］	諸少国［北ア］	秋江［紅衲襖］	同上
		*未詳2［2］	劉仰乾、張芝糵［北ア］	陽関 第一、二、三支［解三酲］頭二段	同上
		54343A-B［2］	劉仰乾、諸少国［北ア］	琴挑 第三、四支［朝元歌］頭二段	同上
		54266A［1］	楊宝忠［京］	金山寺［酔花陰］	同上
		54269A［1］	韓世昌［北崑］、美国女士銭太太［北ア］	偷詩［繍帯児］后半支、［宜春令］二句 頭段	同上
		54269B［1］	韓世昌［北崑］、美国女士銭太太［北ア］	偷詩［浣渓紗］后半支、［滴溜子］［鮑老催］［猫児墜］前半支二段	同上
		54304A［1］	韓世昌［北崑］	絮閣［刮地風］欠一句	同上
		54304B［1］	韓世昌［北崑］	偷詩［繍帯児］前半支 頭段	同上
		54341A-B［2］	韓世昌［北崑］	痴夢［鎖南枝］［漁灯児］［錦魚灯］頭二段	同上
		54413A-B［2］	韓世昌［北崑］	瑶台［梁州第七］欠二句、［牧羊関］頭二段	同上
		54278A-B［2］	傅小山［京］	連環套（盗勾）頭二段	同上
		*未詳3［2］	王文絢夫人［北ア］	佳期［十二紅］頭二段	同上
19	長城	*未詳5［1］	荀慧生［京］	販馬記・写状（吹腔）	［離］年代未記載［張］1932［北京］
		32094［1］	荀慧生［京］	春香鬧学［一江風］	同上
20	Odeon（高亭）	原盤 Tab685［1］	林樹森［京］	単刀赴会［新水令］［喜遷鶯］	［離］1920-1926年前後［張］1934,6
21	Pathé（百代）	34655a［1］	甘貢三［南ア］	掃松［歩歩嬌］	［離］1935年［張］1934夏［南京］
		34655b［1］	徐炎之［南ア］	琵琶記・書館［解三酲］	同上
		34656a-b［2］	甘貢三、張善薌［南ア］	寄子［勝如花］二支 頭二段	同上
22	Regal（麗歌）	41000A-B［2］	韓世昌［北崑］	長生殿・絮閣［酔花陰］［喜遷鶯］頭二段	［離］1930以前［張］1935,1［北京］
		41001A-B［2］	韓世昌、白雲生［北崑］	長生殿・小宴［粉蝶児］［泣顔回］頭二段	同上
		41002A-B［2］	韓世昌、白雲生［北崑］	長生殿・小宴［石榴花］［泣顔回］	同上
				第二支、三四段	同上
		41003A-B［2］	韓世昌、白雲生［北崑］	紫釵記・折柳［寄生草］三支 頭二段	同上
		41004A-B［2］	韓世昌［北崑］	牡丹亭・游園［歩歩嬌］［酔扶帰］［皂羅袍］	同上

	Regal（麗歌）			［好姐姐］頭二段	同上
		41005A［1］	侯益隆［北崑］	火判［酔花陰］［出隊子］	同上
		41005B［1］	侯益隆［北崑］	嫁妹［粉蝶児］［石榴花］	同上
		41006A-B［2］	侯永奎［北崑］	夜奔［折桂令］［沽美酒］［収江南］頭二段	同上
		410007A-B［2］	馬祥麟［北崑］	昭君出塞［梧桐雨］［山坡羊］頭二段	同上
		41491A-B［2］	黄元慶［京］	林冲夜奔［点絳唇］［新水令］［駐馬聴］頭二段	同上
22	Regal（麗歌）	原盤 A4713-14［2］	高元升、高元阜、曹元第、姚元秀［京］	仙圜［点絳唇］［混江龍］頭二段	同上
23	Pathé（百代）	35256b［1］	郝寿臣、甄洪奎［京］	荊軻伝［酔花陰］＊皮簧新戯の牌子曲	［離］1935［張］1936,3-1937,4［北京］
		＊未詳 4［2］	獅子黒（喬国瑞）［晋京］	功宴［点絳唇］［混江龍］［油葫蘆］頭二段	［離］1935［張］言及なし
		35295a-b［2］	獅子黒（喬国瑞）［晋京］	青草坡	［離］［張］未掲載［尾］1936,3-1937,4［北京］？
24	Victor（勝利）	42052AB［2］	褚民誼［南ア］	風雲会・訪普	［離］未収［張］1937,3 月前後［南京］
		42053AB［2］	褚民誼［南ア］	三国志・訓子	同上
		42054A［1］	徐炎之［南ア］	紅梨記・亭会［桂枝香］	［離］1930 年前後［張］1937,3 月前後［南京］
		42054B［1］	程禹年［南ア］	紅梨記・花婆［油葫蘆］	同上
		42055A［1］	徐炎之［南ア］	琵琶記・辞朝［啄木児］	同上
		42055B［1］	徐炎之［南ア］	琵琶記・賞荷［懶画眉］	同上
		42056A-B［2］	張善薌［南ア］	漁家楽・蔵舟［山坡羊］頭二段	［離］1930 前後［張］1937,3 月前後［南京］
		43002A［1］	周鳳文［南崑］	昭君跑馬	［離］1930 前後［張］1937,3 月前後［南京］？
		43002B［1］	周鳳文［南崑］	鳳凰山（吹腔）	同上
25	国楽	K133-A［1］	韓世昌［北崑］	邯鄲夢・掃花［賞花時］二支	［離］年代未記載［張］録音 1938,7 月［北京］
		K133-B［1］	韓世昌［北崑］	金雀記・庵会［二郎神］	同上
26	大中華	1364［1］	唐蔚芝、唐謀伯［南ア］	長生殿・小宴	［離］1930 以前［張］1948,3［上海］
		36156A-B［2］	張伝芳［南崑］	佳期［十二紅］一至四段	同上
		36157A-B	張伝芳［南崑］	思凡［山坡羊］頭二段	同上
		36158A-B［計 4］			
		36160A［1］	沈伝芷［南崑］	白兔記・養子［鎖南枝］	同上
		36160B［1］	沈伝芷［南崑］	慈悲愿・認子［後庭花］	同上

脚注

6 呉新雷主編『中国崑劇大事典』（南京大学出版社、二〇〇二）九五七–九六五頁に「付録三　崑曲唱片目録」として掲載。編者の朱復は崑曲愛好家兼研究家。朱の補記によると、同目録は一九七四年初編、一九八七年に補充編集。発行年代校訂に王正来が協力。洪惟助主編『崑曲研究資料索引』（国家出版社、二〇〇二）八七三–八八三頁、陳鈞主編『唱片研究与存目』（天津楊柳青画社、二〇〇二）一一〇–一三〇頁は、いずれも「離山堂目録」の引用。

7 張洪涛「崑曲老唱片史話（一九〇三～一九四八）:『離山堂崑曲唱片目録』断代考（上）」『中国京劇』第一〇期、二〇一六、四六–四九頁。および「〃断代考（下）」『中国京劇』第二期、二〇一六、四〇–四三頁。張は自身のブログで二〇一五年に両編の内容を公開済。一部演奏者の身分を除き、『中国京劇』の上記掲載論文と同内様である。http://blog.sina.com.cn/s/blog_4cf1ec920102vt3u.html（二〇一八年九月一〇日最終閲覧）。

10 例えば劉豁公『百代公司唱片戯考大全』（文華美術圖書公司、一九三三年五月）の京劇欄では、吹込者の総数が七一名、演目総数が二八四のうち、アマチュアは二名、演目数六で、全体の二%に止まる。鄭子褒編『大戯考』（一九三七）の京劇欄では、吹込者の総数が一三九名。うちアマチュアは臥雲館主、聴楓館主、盧江慵樵の三名のみで、人数の割合は二%に止まる。

13 周鳳林：元蘇州大雅班の女形、小本戯（簡略化した通し狂言）や灯彩戯（舞台をライトで装飾するモダンな演出の芝居）を率先した。（中国戯曲誌編集委員会『中国戯曲志・上海巻』（文化芸術出版社、一九九六）八四三頁）。

14 姜善珍：清同治・光緒年間に蘇州大雅班で活躍した副丑（崑曲独特の役柄、比較的身分が高い悪役で狡猾冷淡な人物が多い）。一八七八年八月から、名女形の周鳳林と《打斎飯》、《描金鳳》など新演目を演じて一世を風靡する。同年年末に京劇に転向。（呉新雷、前掲書、三四二–三頁）。

15 金阿慶：長年全福班で活躍した浄角（立役）。一九〇三年以降に一度京劇に転向し、上海天仙茶園に所属したが、一九〇九年に全福班の再結成（文全福班と改称）で崑曲に復帰。一九一三年に京劇に再び転向。一九二〇年の全福班上海新舞台公演では《西楼記》ほかで主演（中国戯曲誌編集委員会、前掲書、八四四頁）。

16 邱鳳翔：青年役と少年役。名立役邱炳泉の子。一九〇〇（光緒二六）年京劇に転向するが崑曲演目での出演を続けた。周鳳林との共演歴が長い。一九〇〇（光緒二六）年に蘇灘（崑曲の音楽的要素を多分に含む、世俗的な語り物）も上演。その後、再び上海春仙茶園で崑曲女形の夜来香や小桂枝、王小三らと共演。四〇歳代でアヘン中毒死。兄の邱梓琴は画業で有名、アマチュア曲社の中堅人物でもあった（中国戯曲誌編集委員会、前掲書、八六四–八六五頁）。

17 周鳳文［？～一九六〇］：別名、夜来香。崑曲と京劇の女形。崑曲の名小生、周釗泉の息子。初めに全福班に属し、後に上海春仙茶園などで上演。光緒年間中葉の崑曲没落にあたり京劇に転向。芸名を夜来香に改める。（中国戯曲誌編集委員会、前掲書、八五三頁）。

18 銭寶卿［一八五六？～一九三〇］、清朝末期蘇州全福班の名女形（呉新雷、前掲書、三四四–三四五頁）

19 陳鳳鳴［一八七四？～一九三八］、蘇州全福班の青年役（小生）、曲師として、上海の平声社（アマチュア曲社）でも長く教授した。

20 小桂枝［一八八〇？～一九二二］、本名、田桂枝。蘇州大雅班の女形、小桂林の弟子。周鳳林の次世代で最上の女形と言われた。金阿慶や林歩青、章瑞卿、陳硯香らと上海大舞台で崑曲を共演（中国戯曲誌編集委員会、前掲書、八六一頁）。

21 林歩青［一八六〇～一九一七］、蘇灘芸人および崑曲俳優。崑曲好きが昂じて、上海の店員から一八八四年に蘇灘の芸人に転じた。物売りの調子を取り入れた社会派の新演目で注目を浴び、改良蘇灘家と賞賛される。一九〇八年には崑曲俳優、周鳳文らの要請を受けて丹桂茶園や新舞台に道化役で出演。劇中、蘇灘を挿入して大人気となった（中国戯曲誌編集委員会、前掲書、八四五–八四六頁、中国戯曲誌編集委員会『中国戯曲志・江蘇巻』（文化芸術出版社、一九九二、九一九頁）。

22 ガイスバーグ（Frederick W. Gaisberg 一八七三～一九五一）は、グラモフォン社の要請で、一九〇二年九月から一九〇三年八月まで、コルカタ、シンガポール、香港、上海、東京、バンコク、ラングーン（ロンドンに一時戻り、シンガポール経由で）、コルカタ、デリー、ボンベイを周り収録。上海では、グラモフォン社の代理商社Moutrie & Co.（中国語表記は〝謀徳利洋行〟）が現地収録の受け皿と発行元となった。上海到着は一九〇三年三月一六日。一八日から録音を開始し、同月二七日までに三二五面の中国語レコード（Chinese-Mandarin）を収録。マトリックス番号E1503-1702（七インチ）、E429-557（十インチ）が該当する［Gaisberg：1948］。この回の録音は同年七月に上海で発行された。ガイスバーグが記すマトリックス番号の合計は三二九面で、三二五面とは誤差がある。これに関連して張洪涛は、実際の発行数は三二五面を更に下回った可能性を指摘する（張洪涛、前掲書論文（二〇一六、第十期）四六頁）。

23 Spottswoodによれば、カールソン（Charles W. Carson 一八七〇～一九？？）は、一九〇四年一月に、Columbiaの上海代理商社Ullmann and Co.（中国語表記は「烏利文洋行」）の企画実施のため、上海に派遣された。今回の仕事の差配と録音のアレンジは、

Columbiaサンフランシスコ事務所に席を置くStanleyが担当した。録音内容は現地の中国人コーディネータに依頼した。カールソンは一九〇四年一一月から一九〇五年三月まで上海に滞在し、中国北方伝統劇を録音した。この間の収録分に該当するマトリックス番号は1260から1350である。上海録音を終えると、同年四月から八月まで香港で粤劇を収録。カールソンは一九〇四年六月から一九〇五年九月まで合計一五ヶ月中国に滞在した[Spottswood, Richard K., *Ethnic music on records : a discography of ethnic recordings produced in the United States, 1893 to 1942 (v.5), Urbana : University of Illinois Press, c1990*]。このSpottswood本に典拠するはずのBrooksは、なぜか上海録音を一九〇三年と記す[SeeBrooks (1999) p.30]。Brooks本を引用するレコード・コレクターのDu Junminも、自身のウェブサイトでColumbia上海録音を一九〇三年と記載するが、これは誤認ではないか[http://www.capsnews.org/apn2008-1.htm]。なおSpottswood自身は、カールソンとColumbiaの関連情報を、アメリカ議会図書館の下記所蔵資料に典拠する（Scrapbooks [consisting of photocopies of 1904-1907 correspondence between Charles W. Carson and Columbia Phonograph Co. concerning his recordings in Mexico, China, and Japan, 2 vol.] n.d.（in: Jim Walsh Collection, Series VII: Volumes: Box 17（RPC 00003）, Folder 561-2）(Library of Congress)。Brooksは中国に続く日本録音まで一九〇三年四月と六月に実施したと記しており、信憑性に乏しい[Ditto, 1999, p.30]。このため本稿ではSpottswood本の一九〇四年を、Columbia上海録音年とした。

24 張洪涛は四百面近いと判断する根拠を示していないが、吹込者や録音内容、地域から判断したと推測される。コロムビア社のマトリックス一覧では、確かに1260から1350の前後は他地域の録音であり、張の見解が正しければ、"Allocated to Far East?"と一覧にある57500以降（58000未満？）のマトリックス番号が当てられた可能性が高い[Ditto, 1999, p.419]。

25 女形（正旦）、後に、歐陽予倩開設の南通伶工學校で崑曲を教授。

26 張洪涛、前掲論文、四七頁。ガイスバーグがコーディネートを依頼した売弁が、経費を抑えるため、二流劇団の録音に名優の名前をつけて売り出させた事が要因。

30 Steen,Andreas. *Zwischen Unterhaltung und Revolution: Grammophone,Schallplatten und die Anfänge der Musikindustrie in Shanghai, 1878-1937*. Harrassowitz Verlag, Berlin, 2006.

42 穆藕初の曾孫、穆偉傑氏は、ブログ「穆藕初参与創建崑劇伝習所始末」で以下のように記す：〝穆藕初は留学前に高硯耘や王慕喆らと交流し、特に高硯耘との関係は密接だったと思われる。しかしこの時点で穆藕初が崑曲に強い関心を抱いたとは考えられない〟。

43 朱建明著、洪惟助編『穆藕初與崑曲』（民初実業家與傳統文化、崑曲叢書第三輯）（台北、秀威資訊科技股份有限公司、二〇一三）一七〇－一七三頁に掲載された、伝習所開設時の暫定在籍者名簿では、四九名中六名が上海孤児院の出身者である。同書三三〇－三四一頁「從孤児到崑劇演員」には、高硯耘の孤児の熱心な推薦を伝習所が断れなかった実情と、孤児達のその後が記される。

61 唐葆詳、前掲書、信九（一八頁）。原文は以下「聴《定情》《八陽》《拆書》唱片。以笛湊之均高一調。而張五宝《喬醋》《思凡》二曲皆準。蓮生所用乃道士笛也」。現行の道士笛は等間隔の指孔を持つ横笛をさす。特定の道観で道士が用いるのが呼称の由来だが、平均律が普及する以前は、崑曲を伴奏する曲笛も同じ構造であった。兪粟廬が「道士笛」に言及した意図は明かではないが、おそらくは伴奏者がまともな曲笛を用意せず、そのため笛のピッチが自分の音域に合わなかった不満を表したと思われる。

69 雪花「北平電台播曲記」『風月畫報』第七期（一九三六）、一一頁参照。記事によると、劉を含む言詠社社員が一九三六年に北平電台に出演し、曲家や曲友から好評を得たため、放送局主任も、頻繁に曲友に放送出演への協力を求めたいと述べる。同日の放送参加者と演目は、滑苜「凝夢」、許智方「刺虎」、許勇三「聞鈴」、瀋葊居士「拾金」、綠蔭館主「絮閣」、童曼秋「夜奔」、王厚柳「男祭」、王女士「水門」、劉仰乾・張女士「斷橋」。

第9章　義太夫節・パンソリ・蘇州弾詞の歴史的音源に聴く演奏様式の変容

垣内　幸夫

はじめに

東アジアの語り物音楽を代表する義太夫節（日本）・パンソリ（朝鮮半島）・蘇州弾詞（中国）について、歴史的音源によってそれぞれの近現代における演奏様式の変容を探ることが本章の目的である。筆者がこれまで行ってきた義太夫節の演奏様式に関する研究と、近現代の東アジアにおける語り物音楽の演奏様式の変容に関する研究成果[1]を踏まえ、義太夫節・パンソリ・蘇州弾詞それぞれの歴史的音源が伝える近代の声について考えていく。

本章は義太夫節・パンソリ・蘇州弾詞の三つの節で構成される。各節の冒頭ではそれぞれのジャンルの演奏様式の根幹にある「風（ふう）」「制（ジェ）とパディ」「調（流派）」について説明した。またパンソリと蘇州弾詞に関しては、共通理解のためにそれぞれの芸能の概念や歴史について言及した。

各節の第一項「歴史的音源の概況について」は、本共同研究の代表者が総説で述べた「初期の一枚のレコードが当時の音楽文化を知るための扉となる」という点を意識し、義太夫節・パンソリ・

1　これまでに受けた科学研究費補助金のうち、本稿に関わるものは以下のとおりである。
①「義太夫節における様式展開の研究」（昭和五九－六〇年度　研究課題番号：456155、研究代表者・井野辺潔）
②「近現代における文楽の演奏・演出様式に関する比較分析研究」（平成一四－一五年度　研究課題番号：14510062、研究代表者・垣内幸夫）
③「東アジアにおける語り物音楽の伝承並びに声の技法に関する比較分析研究」（平成二一－二三年度　研究課題番号：21520137、研究代表者・垣内幸夫）
④「近現代の東アジアにおける語り物音楽の演奏様式の変容に関する分析研究」（平成二四－二六年度　研究課題番号：24520154、研究代表者・垣内幸夫）

蘇州弾詞の最古の音源を確定した。その後各ジャンルの歴史的音源の概況についてまとめた。第二項「歴史的音源から聴こえるもの」では、「音楽ジャンルの共有、変容、独自の音楽ジャンルの形成と展開」（総説）を追及するために、三つのジャンルの事例研究を行った。

筆者は義太夫節の演奏様式の変容を探るため、長年にわたり歴史的音源を対象とした比較分析を行ってきた。義太夫節の音盤約四〇〇〇枚が現存し（第一節第一項）、それらを対象とした研究で得た知見が、本共同研究に生かされることを願っている。

パンソリの研究は二〇〇九年八月に韓国の全州に行き、全羅北道立国楽院における金美貞教授のパンソリクラスに参加したことに始まる。二〇一四年まで毎年全羅北道立国楽院に通い、パンソリの長短（チャンダン）やチュイムセ（掛け声）を実習した。ソウルでは国楽音盤博物館館長の盧載明やパンソリ伝承者に対するインタビューを重ねた。

蘇州弾詞については二〇〇九年から二〇一四年まで、上海と蘇州で文献資料及び歴史的音源の収集に努めた。二〇一一年から二〇一四年にかけて上海において、上海評弾団団長の秦建国、蘇州弾詞演奏家の江文蘭・楊徳麟・陳希安に対するインタビューを行った。

義太夫節・パンソリ・蘇州弾詞は、日本・朝鮮半島・中国においてそれぞれの近代を生き抜けてきた。これらの芸能は互いに影響することなく独自の発展の歴史を刻んでいる。

おわりにでは第一節から第三節のまとめと、三つの事例研究の比較結果について考察する。

一　義太夫節

義太夫節の伝承を考える上で最も重要なものは、演奏様式の基盤にある「風《ふう》」である。

「風」は次の様に分類して捉えることができる。

① 西風《にしふう》（竹本座《たけもとざ》）・東風《ひがしふう》（豊竹座《とよたけざ》）の特徴を示す「座の風」

② 五段組織における各段の位置格式による「段の風」

③ 初演時の演奏者・作曲者または改曲者の個性によって形成される「太夫の風」

以上の三種の「風」は一つの段を支配している。『絵本太功記《えほんたいこうき》』十段目「尼ケ崎の段」を例に挙げると、この作品は一七九九（寛政一一）年七月に大坂道頓堀の若太夫座《わかたゆうざ》（豊竹座）で初演された。この時「尼ケ崎の段」を語ったのは初世豊竹麓太夫《とよたけふもとだゆう》（一七三〇－一八二二）であり、この段は麓場《ふもとば》と呼ばれ、今日まで麓太夫の語り口（「太夫の風」）を伝えてきた。すなわち『絵本太功記』十段目「尼ケ崎の段」は、①東風 ②四段目[2] ③麓太夫の「風」によって演奏される。

明治期になると、古風を残す文楽系《ぶんらくけい》と近代の新たな演奏・演出様式を展開する彦六系《ひころくけい》（近松系《ちかまつけい》）の二大勢力が台頭し、互いに芸を競い合って人形浄瑠璃最後の黄金時代を迎えた。ここに近代における義太夫節の演奏様式の変容を見ることができる。

筆者はかつて「義太夫節における〈風〉の研究で最も重要な点は実際に聴くことの可能な音源を基礎資料とすることにある」[3]と述べたが、これが歴史的音源を聴いて演奏様式の変容を探究する出発点となった。

2『絵本太功記』十段目「尼ケ崎の段」は、時代物五段組織の四段目に相当する。

3 垣内幸夫「第二章　口伝情報」井野辺潔・横道萬里雄他『義太夫節の様式展開』（アカデミア・ミュージック、一九八六）一〇頁。

1　歴史的音源の概況

我が国最初の義太夫節録音は蝋管蓄音機時代に行われている。最古の録音は一八九九（明治三二）年六月に我が国初の蓄音機専門店三光堂を開業した松本武一郎（元浦和の造船所勤務）によって行われたことが、山口亀之助『レコード文化発達史　第一巻　明治大正時代初篇』の以下の記述から伺い知ることができる。「蝋管芸術家の顔触は……女義太の和廣、義太夫では竹本昇太夫と絃の兵吉といった連中であった」[4]。録音日時や場所は不明だが、同書の記述から三光堂開業以前に録音がなされた可能性も考えられる。ここには曲目についての記述は見当たらない。

『レコード文化発達史　第一巻』によれば、蝋管全盛期に三光堂がお抱えあるいは特別関係の芸人によって演奏録音した数は五八〇余種に上る。その中に六〇種の義太夫節が含まれていた[5]。

二〇一五年一一月二〇日に開催された楽劇学会第九〇回例会において、発表者の映像文化史家・松本夏樹所蔵の蝋管コレクションの中に、現存する最古の義太夫節録音が存在するという発表があった[6]。もう一人の発表者、蝋管等初期録音資料群の音源保存、音声復元、内容分析、情報共有に関する横断的研究を展開する日本女子大学教授・清水康行によって再生された松本所蔵の蝋管は、収納された箱の底書に「明治三拾五年十二月十八日　東京馬喰町三丁目坪内にて求　越後　長岡町　池田忠蔵」と書かれているもので、平円盤最古の義太夫節録音、一九〇三（明治三六）年二月四日－二八日に東京のメトロポール・ホテルで英国グラモフォンが行ったガイズバーグによる出張録音の前年に池田が購入したものである。従来ガイズバーグよりも古い義太夫節録音の存在は知られていなかったため、今回発表された蝋管の音声が現在確認し得る最古の義太夫節録音ということができる。例会当日に聴いた義太夫節は「袖萩祭文」「安達原三段」「阿古屋」「橋弁慶」「太功記十段目夕顔棚」の五種であった。さらに蝋管ケースの上書きからは「玉藻ノ前三段目」が存在したことも推測される。『レコード文化発達史　第一巻』の義太夫節蝋管録音六〇種の中に「太十夕顔棚」「玉三」「安達三」「袖萩祭文」「阿

4　山口亀之助『レコード文化発達史　第一巻　明治大正時代初篇』（録音文献協会、一九三六）七八頁。

5　山口、前掲書、八五頁。

6　児玉竜一（口頭発表）「蝋管による音声・芸能記録とその再現（松本夏樹・清水康行）」、楽劇学会第九〇回例会（早稲田大学、二〇一五年一一月二〇日）。

古屋」の記述があるが、同書に「橋弁慶」は見当たらず、「船弁慶」の記載だけが確認できた。[7] 義太夫節に「船弁慶」は存在せず、山口による誤記あるいは出版社の誤植の可能性が考えられる。この例会で聴いた五種の音源のうちでは「太功記十段目夕顔棚」が最も聴き取りやすかった。他の四種の音源は、ほとんど内容が聴き取れない状態のものであった。

蝋管に義太夫節を吹込んだ演奏者で分っているのは「竹本昇太夫と絃の兵吉」であるが、『義太夫年表（明治篇）』[8] に竹本昇太夫の名を発見することができなかった。竹本昇太夫は文楽の床を勤めた経験がなかったのかも知れない。『義太夫雑誌』第三七号には竹本昇太夫の口絵写真が載っており、「評判」に竹本昇太夫は東京の各寄席に出勤した後、春木座・明治座で歌舞伎のチョボ語りとして活躍したという略歴が紹介されていた。[9] 一方、三味線の兵吉については『義太夫年表（明治篇）』巻末にある「略伝」の三味線の部に、「兵吉（豊澤）④五代豊澤廣助⑦後廣左衛門と改名」[10] との記述があった。但し、この人物が蝋管に吹込みを行った人物であるかは不明である。

次に、これまで我が国初の義太夫節録音とされてきた、一九〇三（明治三六）年のガイズバーグ出張録音に収められた義太夫・娘義太夫について概観する。最初にこの録音について記述したのは山口亀之助である。「日本へ一番槍の功名は英国グラモフオン会社が樹てた。時に明治三十四年五月」[11]。この一九〇三年五月説に異を唱えたのが倉田喜弘であった。倉田は『日本レコード文化史』で「いまや山口説と真向から相対せざるを得なくなった。日本で初めて録音した会社とその年月についてである」[12] と述べる。山口が示した四三名の演奏者の中の三名（竹本綾之助・西国坊明学・東夫人音楽隊）を取り上げ、彼らの出勤状況を当時の新聞記事によって精査し、その結果をもとに山口説の矛盾を指摘した。そして「三十五年九月から翌年三月までが録音可能の期間になる。したがって山口説の成り立つはずがない」[13] と主張したのである。この倉田の疑念を払拭したのが『全集　日本吹込み事始　一九〇三年　ガイズバーグ・レコーディングス』[14] の一一枚組CD全集であった。

この全集に収録された義太夫・娘義太夫の演奏者は以下の通りである。

7 山口、前掲書、八五頁。

8 義太夫年表編纂会編『義太夫年表（明治篇）』（義太夫年表刊行会、一九五六）。

9 『義太夫雑誌』第三七号（義太夫雑誌社、一八九八）一五頁。

10 義太夫年表編纂会編、前掲書、八二七頁。

11 山口、前掲書、九八頁。

12 倉田喜弘『日本レコード文化史』（東京書籍、一九七九）八六頁。

13 倉田、前掲書、八七頁。

14 『全集　日本吹込み事始　一九〇三年　ガイズバーグ・レコーディングス』（東芝EMI株式会社、二〇〇一）。

義太夫　　太夫 竹本和左太夫《たけもとわさたゆう》・竹本相生太夫《たけもとあいおいだゆう》（二代目）
　　　　　三味線 鶴澤語左衛門《つるさわござえもん》・竹澤彌七《たけざわやしち》（八代目）
娘義太夫　太夫 竹本文福《たけもとぶんぷく》・竹本京子《たけもときょうこ》・竹本友之助《たけもとともの すけ》・竹本綾之助《たけもとあやのすけ》（二代目）
　　　　　三味線 竹本土佐尾《たけもととさお》・竹本京枝《たけもときょうし》・竹本福之助《たけもとふくのすけ》

収録された曲目の種類は義太夫が一四種、娘義太夫が二一種である。また、「収録できなかった作品一覧」には、収録できなかった個々の理由とともに義太夫三種（うち娘義太夫一種）が示されている。一〇〇年以上が経過した蝋管の再生は、現段階ではほぼ絶望的な状況にあるとの楽劇学会例会での清水康行の発言と、当日聴いた「太功記十段目夕顔棚」の音の状況を考え併せると、一九〇三年二月のフレッド・ガイズバーグ（一八七三―一九五一）による出張録音に収められた義太夫・娘義太夫の演奏が、義太夫節の研究対象となる歴史的音源として最も重要な資料であるということができる。

安原仙三（一九〇三―一九五五）の残した「安原コレクション」

神戸市須磨区在住の義太夫愛好家、故安原仙三旧蔵の約六〇〇〇枚の邦楽レコードが、現在東京文化財研究所に保管されている。同研究所はこれらのレコードを「安原コレクション」と呼び、ここに含まれる義太夫節音盤約四〇〇〇枚のレーベルを調査して音盤番号を整理し、各音盤の演奏者及び音盤各面の詞章冒頭を記載した『音盤目録Ⅰ』[15]を上梓し、「安原コレクション」に含まれる義太夫節レコードの全容を明らかにした。

安原仙三の存命中に、彼が所蔵のSPレコード音源がNHK大阪放送局制作のラジオ番組「名人のおもかげ」（昭和二五―二八年放送）でしばしば取り上げられている。毎回ではないが、安原仙三自身も解説や対談で同番組に出演していた。また安原は戦前・戦中に「義太夫レコード談義」[16]、「摂津大掾のレコード」[17]、「義太夫レコード談義」[18]等を執筆した。戦後にも「義太夫レコードの事」の著述があり、その中で安原は「私は義太夫レコードを集め初《ママ》めてから約二十年余になるが今手許には約二千枚程に

15 東京国立文化財研究所芸能部編『音盤目録Ⅰ』（東京国立文化財研究所、一九六六）。
16 『郷土研究　上方』一二一号（文楽号）、一二五号（続文楽号）（創元社、一九四一）。
17 『文楽芸術』第三号（文楽社、一九四一）。
18 『文楽芸術』第四号―第七号、第九号―第一一号、第一三号（文楽社、一九四二）。

なった。自分の蒐集癖からであるが然し私の念願は今の文楽の人々なり、愛好者の方々に利用、研究して頂き度い事である」[19]と述べている。

『音盤目録I』と『全集　日本吹込み事始　一九〇三年　ガイズバーグ・レコーディングス』を照合した結果、「安原コレクション」には義太夫の竹本和左太夫・鶴澤語左衛門の録音が三種（418, 420, 1501）、竹本相生太夫・竹澤彌七が四種（374, 375, 376, 377）、娘義太夫の竹本京子・竹本京枝が一種（358）、竹本友之助・竹本福之助が二種（346, 1400）、竹本綾之助・竹本土佐尾が二種（355,356）あることが確認できた。

最後に安原仙三に関する記述を見つけたので以下に引用する。「附記、筆者安原氏は三井物産株式会社神戸支店の樞要椅子にある実業家で、録音の蒐集家として夙に知らる。特に義太夫レコードの蒐蓄其種類一千余組に及び、あらゆる古今の珍品を蔵せられている。（記者）」[20]。尚、安原仙三の生没年については「吉田兵次『とやぶれ』」に従った。[21]

2　歴史的音源から聴こえるもの

次にこれまで行った歴史的音源を対象とした義太夫節研究について述べていく。筆者は一九八〇年代前半（昭和五〇年代後半）から東京国立文化財研究所（現東京文化財研究所）に通い、「安原コレクション」の音源を聴いてきた。SPレコードに直接針を落として再生した音源の中には、激しいノイズのため内容がほとんど聴き取れないものもあったが、「安原コレクション」のお陰で、明治・大正・昭和の名人をはじめ、数多くの多様な義太夫節の演奏を知ることができた。また筆者が大学院一年生の時、東京芸大大学院で「東洋音楽史」の講義を担当していた東京大学名誉教授・岸辺成雄の紹介により、文楽三味線の四世鶴澤重造《つるさわじゅうぞう》（一八九九－一九八七）から義太夫節の語りの手ほどきを受けることとなっ

19『文楽』二月号（誠光社、一九四八）四二頁。

20『文楽芸術』第三号、一九四一、二〇頁。

21 飯島満「吉田兵次『とやぶれ』」『無形文化遺産研究報告 一号』（東京文化財研究所、二〇〇七）五八頁。

た。そしてお稽古の後に、重造が直接教えを受けた名人・先達に関する貴重な話を伺う機会を得た。

『絵本太功記』十段目「尼ケ崎の段」のヲクリ[22]に関する比較分析研究

この比較分析研究の対象は一四種の義太夫節録音であったが、そのうち次に示す五種が「安原コレクション」の音源である。①二世豊竹古靭太夫《とよたけこうつぼだゆう》・四世鶴澤清六《つるさわせいろく》（大正一五年）②二世豊竹古靭太夫・四世鶴澤清六（昭和六年一〇月発売）③初世竹本角太夫《たけもとかくたゆう》・五世鶴澤勇造《つるさわゆうぞう》（昭和一〇年代？）④四世竹本南部太夫《たけもとなんぶだゆう》・二世鶴澤観西翁《つるさわかんさいおう》（昭和一五年一〇月一四日　観西翁七十七歳記念吹込）⑤十世豊竹若《とよたけわか》太夫《たゆう》・四世鶴澤綱造《つるさわつなぞう》（昭和二七年）。「安原コレクション」には、他に二世豊竹古靭太夫・三世鶴澤清六（大正九年）や三世竹本津太夫・六世鶴澤友次郎（昭和七年）の「尼ケ崎の段」全曲の音源が残されているが、残念ながらここにはヲクリが収録されていない。筆者の調査では「安原コレクション」にある約四〇種（女義太夫・素人義太夫を除く）の「尼ケ崎の段」の音源の中で、ヲクリが収録されていたのは上記①－⑤の五種だけであった。幸いなことに、現在②二世豊竹古靭太夫・四世鶴澤清六（昭和六年）と三世竹本津太夫《たけもとつだゆう》・六世鶴澤友次郎《つるさわともじろう》（昭和七年）の「尼ケ崎の段」がCDに復刻されている。また二〇〇六（平成一八）年六月には、コロムビアミュージックエンタテインメント株式会社から豊《とよ》竹山城少掾《たけやましろのしょうじょう》・十世竹澤彌七《たけざわやしち》のライブ演奏（昭和二六年八月二二日　於：四ツ橋文楽座）がCDとして発売された。

近代における義太夫節の伝承－歴史的音源資料による『菅原伝授手習鑑』四段目「寺子屋の段」の比較分析研究

明治期から現在に至る義太夫節の芸の伝承を考える時、そこには様々な変革の歴史がある。明治期・大正期・昭和初期の演奏と比べてみると、現行の文楽で上演される義太夫節には芸の変化が認められる。ここでは『菅原伝授手習鑑《すがわらでんじゅてならいかがみ》』四段目「寺子屋の段」を取り上げて、この変化の実態について探ってみた。研究方法は以下の通りである。

22　ヲクリには様々な種類がある。ここでいうヲクリは、一段の途中で床（ゆか）の太夫と三味線が入れ替わった後に、新たに弾き始める三味線と語りの定型の旋律型をさす。

①芸談を中心とした書伝情報を検討し、「寺子屋の段」の伝承について考究する。
②太夫・三味線による芸談の口伝情報（音声記録）を分析する。
③SPレコード・LPレコード・ラジオ放送等の音源情報（実際の演奏）を比較する。
④明治期の演奏を記録した朱（義太夫三味線の楽譜）を検討する。
⑤現在、活躍中の技芸員（太夫・三味線）へのインタビューを行う。

これらの研究結果を統合して、近代における義太夫節の芸の伝承の実態について考察した。研究の視点としては、明治期に二世豊澤團平《とよざわだんぺい》（一八三一－一九〇四）によって確立された彦六系の演奏様式と、古来より伝承されてきた文楽系の演奏様式が、歴史的変遷の中でどの様に受け継がれて現在に至っているかという問題に焦点を絞って考察を進めた。分析の結果、八世竹本綱大夫《たけもとつなたゆう》の話にあったとおり、文楽系と彦六系の二つの演奏様式の存在について確かめることができた。さらに明治期に文楽座で三味線紋下を勤めた名人の五世豊澤廣助《とよざわひろすけ》が残した松葉家《まつばや》の型が存在することを確認した。

松葉家の型「花オオ落遁《おちのが》れしイイイーと」は、①九世竹本染太夫（1853-1916）四世豊澤廣作《とよざわひろさく》（1865-1918）、一九〇九、ライロホンSP。②七世豊澤廣助（1878-1957）、一九三四（七月一三日）、ハンプカイSPレコード・弾語り。③女義竹本京子（1883-1909）女義竹本京枝（1843-没年不詳）、一九〇三、ガイズバーグによる録音・旧ビクターSPレコードで聴くことができる。

八世竹本綱大夫が『芸談　かたつむり』[23]で述べた、松葉家の型の具体例については確認できなかったが、新たに発見した「花オオ落遁れしイイイーと」という独自の旋律型を、松葉家の型と断定した経緯について以下に述べる。

『淡路人形座』で現在この旋律型が弾かれていることを知り、その由来を確かめるため、二〇〇五年八月七日に南あわじ市の三原公民館で開催された〈第二十二回淡路人形浄瑠璃後継者団体発表会〉に出向いた。そして淡路の人形浄瑠璃を指導する人間国宝・鶴澤友路《つるさわともじ》の楽屋を訪れた。友路は「友次

23 竹本綱大太夫『芸談　かたつむり』（布井書房、一九六六）。同書の綱大夫図書室「寺子屋」に次の記述がある。「『祖父が抱へえて走りゆく』は文楽系と彦六系があって、このほかに松葉屋（五世広助）の型もあります。……松葉家の型は『クウファエ、ユ（テツツン）（ウンウン）ウウクウ、、』と文楽系より少し多い目になっており、私はこの方をつかっております。」二五〇－二五一頁。

郎師匠からこの珍しい手（旋律型）を教えて頂きました。」「七世廣助師からも教わりました。」と話した。文楽の舞台では聴かれることのないこの旋律型を松葉家の型とした根拠は、四世豊澤廣作・六世鶴澤友次郎（猿糸《えんし》時代）が五世豊澤廣助（松葉家）の直系の弟子であったこと、七世豊澤廣助が五世豊澤廣助の養子であったことに由っている。「寺子屋の段」の最も古い録音を残した娘義太夫の竹本京子・竹本京枝が、どの様な経緯でこの旋律型を演奏したかは不明であるが、歴史的音源に残された義太夫節の演奏を分析することによって、近代の義太夫節の伝承に関わる新事実が明らかとなった。

竹本京子・竹本京枝の演奏は、「ガイズバーグ出張録音」に収録された歴史的音源の中でも貴重な存在である。この演奏に松葉家の型を発見したことは、「寺子屋の段」の比較分析研究の大きな成果といえる。歴史的音源によって、明治期における文楽系・彦六系の「花落遁れしと」以外の松葉家の型「花オオ落遁れしイイイーと」の存在を証明することができた。

高木浩志と共に「ガイズバーグ出張録音」の義太夫を聴く

一九五七年から義太夫節の様々な演奏を六〇年近く聴き続け、文楽の技芸員（太夫・三味線・人形遣い）との長年に亘る深い交流で得た知見を元に、文楽に関する多くの著作を上梓した大先達の文楽研究家・高木浩志《たかぎひろゆき》（一九三八－）の自宅を二〇一四年二月三日に訪ね、「ガイズバーグ出張録音」の義太夫を聴きながら高木の感想と意見を聞いた。これは「ガイズバーグ出張録音」に収められた義太夫録音の歴史的音源としての価値を再認識するものとなった

①竹本和左太夫・鶴澤語左衛門の演奏について
「安達ケ原袖萩祭文《あだちがはらそではぎさいもん》」

まず声の遣い方が上手いなと思いました。表にも裏（裏声）にも行っていると思いますが、裏の声が強いですね。浄瑠璃は語っているというより、少し歌っているように聴こえます。一方、三味線の足取り[24]はべたべたしています。三味線の掛声が多いですね。

24 緩急・長短の変化を付けた太夫・三味線の技巧。運びともいう。高木浩志『文楽用語一覧（未定稿　六稿）』（私家版、一九九三）七頁。

「お染久松野崎村の段《そめひさまつのざきむら》」「加賀見山又助切腹《かがみやままたすけ》」

足が長い浄瑠璃ですね。[25] 引字が長くて歌っているように聴こえます。今の山城少掾の系統ではもっと詰めて語り、曲節にもよりますが、あまり歌ったり引き伸ばしたりしません。昔は声を聴かすこんな浄瑠璃だったんでしょうね。三味線の手（旋律型）は今と変わりませんね。ボツボツと聴こえるのは当時の録音技術のせいかも知れません。

「合邦ガ辻《がっぽうがつじ》」「忠臣蔵三段目伴内《ちゅうしんぐら　ばんない》」

忠臣蔵三段目の方は、ノリ[27]もハツミ[28]も面白いですね。チャリ[29]が……。

「阿漕ケ浦平治住家ノ段《あこぎがうらへいじすみか》」

ここでは詰めてどんどん語っていますね。伸ばしたり引字[26]はないですが、やはり声を聴かせたり歌ったりするのが前提になっているということをひしひしと感じます。地合[30]の部分だからかも知れませんが、全く訛って[31]いませんね。

②竹本相生太夫（二代目）・竹澤彌七（八代目）の演奏について

「千両幟サハリ《せんりょうのぼり》」

和左太夫さんと同じことを感じました。声を聴かせています。三味線は彌七さんの方が、音が細かくて綺麗ですね。

「伊賀越沼津《いがごえ》」

語左衛門と違って彌七の方が音楽的ですね。平作の声が七十の雲助にしては若過ぎます。言葉や間は今と同じですね。

「朝顔日記宿屋《あさがおにっきやどや》」

今と同じ間合です。昔から変わっていませんね。むしろ山城少掾からあんなに渋くなってくるんですね。このレコードの演奏は江戸時代に遡れるのではないでしょうか。明和年間（一七六四―一七七一）以降の義太夫節はこんなものだったんじゃないかと思います。三味線の手も今と同じですね。

25 色や地色を地合のように語ったり無闇に引字をすることで冗長に語りすぎになること。高木、前掲稿、六頁。

26 詰めて言い切らず、母音を伸ばして語ること。高木、前掲稿、二五五頁。

27 間拍子良くリズムにのる技巧。高木、前掲稿、二四〇頁。

28 太夫の技巧。急いだ動作の文章に用いられ、はずんで早く語る。高木、前掲稿、二四三頁。

29 滑稽な場。高木、前掲稿、一九〇頁。

30 地合は義太夫節固有の旋律であり、登場人物の動作・気持ち・立場、また季節・場所・時間などを説明する部分で、幅広い音域の声が用いられ、自由リズムや拍節的リズムが交錯する中でのアゴーギク（緩急の変化）が特徴的である。

31 義太夫節は大阪弁で作曲・表現されるので、大阪のイントネーション・アクセント以外の言い方を訛という。高木、前掲稿、二二九頁。

「太閤《たい》【功《こう》】記《き》十段目」

面白いですね。「光秀の出」を最近の山城少掾の遣り方では忍んで出るのでおどろおどろしく語りますが、これは大きな人物らしく豪快で、三世津太夫や十世若大夫の方の遣り方ですね。三味線の手は今と一緒です。声があって人物や局面に応じ豪快に或いは綺麗に聴かす浄瑠璃ですね。名人團平に鍛えられた三世大隅太夫あたりから渋く語るようになったのでしょうね。

「お染久松野崎村の段」「箱根《はこね》躄《いざりの》仇討《あだうち》三人上戸《じょうご》」

声が荒れているように聴こえますが、若い人物にはこんな若い声も遣えるんですね。この声で先程の「沼津」の平作を語れば良いのに。いい意味で即物的、表面的かも知れませんがお客さんは喜んで聴いて帰ったでしょうね。

「おしゅん伝兵衛堀川《でんべえほりかわ》」

俗に「地合が折れる」[32]と言うのですが、お俊にしては流れが悪いですね。チョボ（歌舞伎の義太夫語り）になった雛太夫も地合が折れました。声のある人は歌ってしまうと地合が折れるのかも知れません。流れが悪いというのは息が足りなくなって起ります。三味線が派手で浄瑠璃も声を聴かせてますね。与次郎でさえ女の声のように聴こえます。山城さんと初代の吉田栄三さんまでは与次郎はチャリだったんですが、山城さんと栄三さんが与次郎は臆病な正直者と主張してから、チャリではなく今日のように遣るようになったんです。今はこっちが主流ですね。この相生太夫の与次郎はノリも言い方も明らかにチャリです。だから昔の遣り方やと思います。江戸時代からこうだったんだろうと、明治の前はですね。三味線は派手に派手に行ってますね。録音の状態もあるんでしょうし、語左衛門よりも音がいいということもありますが、やはり「竹澤」の三味線ですね。彌七さん（十世）や喜左衛門（二世）さん、また先代の寛治（六世）さんから聴いているように、竹澤彌七の三味線は手が綺麗で華やかだったそうです。このお俊なんかは明らかに綺麗な音でいい運びで、綺麗だと思いますよ。語左衛門の三味線の方が渋くて地味やと思います。

32 急に音を上下させたりして、滑らかにつながらないぎこちない、下手な地合の語り方。高木、前掲稿、一三九頁。

「千両幟《せんりょうのぼり》櫓太鼓曲引《やぐらだいこきょくびき》」

響きを消した櫓太鼓の描写が非常に面白いですね。今と手は変わらないのですが、これは何を描写している、ここは何を表現しているということが、実によく分かります。

高木浩志と共に「ガイズバーグ出張録音」の義太夫を聴き、彼の貴重な話しを聞けたことは幸いである。江戸時代の義太夫節の演奏にまで遡ることができる一二二年前の義太夫節の演奏と、今日の義太夫節の演奏との共通点や相違点が明らかとなったのは、義太夫節最古の録音とされる「ガイズバーグ出張録音」の歴史的音源を聴いたことに因るものである。

二　パンソリ（판소리）

「パンソリは私たちの伝統的で固有な劇芸術である。鼓手が打つ太鼓の長短と機嫌取りで合わせ、一人多役の広大が辞説をその内容の劇的状況に合う楽想で演唱することによって、恨を絞り出す特異な総合芸術である。[33]」パンソリは当初一二のマダン（場・作品）が存在したが、現在はその中の五つのマダンが伝承されている（『春香歌《チュニャンガ》』『沈睛歌《シムチョンガ》』『興甫歌《フンボガ》』『水宮歌《スグンガ》』『赤壁歌《チョッピョッカ》』[34]）。

パンソリは、流派としての音楽的な特性や伝承地域の特色による演奏様式である「制《ジェ》」と、個人の芸風に基づく演奏様式の「パディ」によって成り立っている。「制」は義太夫節の「座の風」に該当し、「パディ」は「太夫の風」に相当するが、パンソリには義太夫節の「段の風」にあたるものは見られない。

33　姜漢永 강한영『パンソリ 판소리』（世宗大王記念事業会 세종대왕기념사업회、1974／第二版2000）の序文、筆者訳、一九頁。

34　申在孝著／姜漢永・田中明訳注『パンソリ 春香歌・沈睛歌他』（東洋文庫四〇九／平凡社、一九八二）、三一六-三一八頁。張師勛著／金忠鉉訳『韓国の伝統音楽』（韓国文化選書９／成甲書房、一九八四）六四頁を参照した。

パンソリの東便制《トンピョンジェ》は雲峰・求禮・淳昌・興徳等の地域で起こり、西便制《ソピョンジェ》は光州・羅州・宝城等の地域で発展した。一方義太夫節の西風は道頓堀の西側に竹本座が位置し、東風は豊竹座が同じく道頓堀の東側にあったことに由来する。パンソリの東便制と西便制、義太夫節の西風と東風は互いに独自の演奏様式を創出・発展して今日に至っている。近代以降の演奏様式の変化を知るためには、歴史的音源の分析が不可欠である。

「制」

東便制（宋興禄《ソンフンノク》一八〇〇－一八六三）→中高制《チュンゴジェ》（金成玉《キムソンオク》？－？）

西便制（朴裕全《パクユジョン》一八三五－一九〇六）→岡山《カンサン》（江山《カンサン》）制《ジェ》（晩年の朴裕全が創始[35]）

パンソリの最も古い制は豪傑制《ホゴルジェ》であるが、豪傑制は今日伝承が途絶え、東便制と西便制も同様に入り混じって区別することのできる特徴が失われつつある。

また中高制に関しては、東便制から生まれたという説と、古制である豪傑制と新制の東便制・西便制の間に生まれたので中古制とする二つの説がある。

35 本稿に於けるパンソリの人物とその生没年については、鄭範泰 정범태『名人名唱　명인명창』（깊은샘、二〇〇二）、及び各CDの解説書を参照した。

「パディ」

劉成俊《ユソンジュン》（一八七四－一九四九）パディ

丁貞烈《チョンジョンリョル》（一八七八－一九三八）制《ジェ》

鄭應珉《チョウンミン》（一八九六－一九六四）パディ

東超制《トンチョジェ》（金演洙《キムヨンス》一九〇七－一九七四）パディ

朴初月《パクチョウォル》（一九一七－一九八三）パディ

丁貞烈制はその名称にパディではなく制を用いるが、実態は個人様式のパディである。東超制は金演洙の号「東超」を用いた名称であり、金演洙パディを東超制と呼んでいる。

1　歴史的音源の概況

パンソリの最初の録音は、山口が「米国ヴィクターの出張録音が一九〇七（明治四〇）年以後に行われた」と推論した〔全羅道〕唱夫宋萬甲《ソンマンガップ》による『農夫歌《ノンブガ》』の音源である。[36]

ここでは宋萬甲の『農夫歌』より以前に録音された朝鮮半島の音楽の中に、パンソリが存在するかどうかを探っていく。『一八九六年七月二四日、韓民族最初の音源　1896년 7월 24일、한민족 최초의 음원』[37]にこの音源は一八九六年当時、Alice C. Fletcher（一八三八－一九二三）という学者が様々な国の民族音楽を録音する過程で、韓国人の音楽を録音したものであると書かれている。アメリカ議会図書館に長年保管されていたエジソンの円筒型音盤六枚全一一曲（一〇分余）の貴重な音源が、二〇〇七年に復刻CDとして関係者に配布された（筆者は植村幸生からこのCDの提供を受けた）。植村とパンソリに関する造詣が深い国楽音盤博物館（국악음반박물관）館長（관장）の盧載明（노재명）の二人に尋ねたところ、両者からこの音源にはパンソリは含まれていないとの回答を得た。また『韓国の初音盤 1907　한국의 첫음반 1907』[38]の復刻CDの中に、『遊山歌』『赤壁歌』『黄鶏詞』の三曲が含まれていたが、それらはパンソリではなかった。このCDに収められた全八曲を聴いたが、その中にもパンソリの音源は存在しなかった。

朝鮮曲（韓国伝統音楽）の初期録音に関する日本語による最初の記述は、『レコード文化発達史　第一巻』掲載の一九〇五（明治三八）年一一月と翌年二月の米国コロムビア出張録音に関する文章である。

「朝鮮からは、韓寅五、官妓崔紅梅、外三名を大阪に呼び寄せて遊山歌、燕鵲歌、赤壁歌、舟遊歌、多情歌、白鷗詞、黄鶏詞、孝女沈昌歌、南草歌、烈女刑杖歌、等々、全部三十面の朝鮮曲を録音さしめたのは、交通の便がスピードアップされていない当時にあっては一仕事だったと推せられる」[39]。

36 山口、前掲書、一一五頁。

37『一八九六年七月二四日、韓民族最初の音源　1896년 7월 24일、한민족 최초의 음원』（CKJCD-010、二〇〇七）、解説書、一三頁。

38『韓国の初音盤 1907　한국의 첫음반 1907』（東国大学校韓国音楽アーカイブ　동국대학교 한국음악아카이브 DGACD-001、二〇〇七）。

39 山口、前掲書、一〇三頁。

続いて山口は、「米国ヴィクターのカムデン工場で発売したレコードのレッテル」の付帯条件の日付から、「米国ヴィクターの出張録音が一九〇七（明治四〇年）以後に行われた」と推論する。

「それから、コロムビアの朝鮮譜は、総数三十面で、その演奏者は僅々五名に過ぎなかったが、ヴイクターの朝鮮譜は、数量が三倍に近く、又演奏者のメムバーを各地から招集した点において優越していた。

これだけの多人数を朝鮮から内地へ呼び寄せて、録音したのか、それともは、朝鮮の或る一地点で行ったのか判明しない。

……〔全羅道〕　唱夫宋萬甲。……

亜利郎歌。巫女歌。小春香歌。鷹獵歌。山獵歌。玉篇。花篇。骨牌歌。遊山歌。船遊歌。玄鳥歌。鶏眠。古梅花梅花詞。梨花歌。桃花歌。煙草歌。愁心歌。島歌。谷歌。農夫歌。老人歌。郎君歌。

の如きは、蓋しその内容を直覚せしめ、興をそゝる題目であつた」[40]。

ここに歴史上最初のパンソリ音源〔全羅道〕唱夫宋萬甲による『農夫歌』が存在する。現在確認し得るパンソリ最古の録音である[41]。

パンソリの歴史的音源で最も重要なものは、五名唱《オミョンチャン》[42]の残した録音である。

①金昌煥《キムチャンファン》（一八五四－一九二七）[43]西便制
②宋萬甲（一八六五－一九三七）東便制
③李東伯《イドンベク》（一八六六－一九四七）中高制
④金昌龍《キムチャンリョン》（一八七二－一九三五）中高制
⑤丁貞烈（一八七六－一九三八）西便制　丁貞烈制（パディ）

この五人の録音が初期のＳＰレコードに残されているが、特に一九一〇－一九三〇年代の録音は、

40 山口、前掲書、一一五頁。
41 二六五頁参照。
42 五名唱（パンソリの五大ソリックン）は、解釈の違いにより一部人物が入れ替わることがある。
43 金昌煥の没年は従来一九二七年とされていたが、一九三〇年代の動向が当時の記事や放送記録に残っていることと、一九四〇年に出版された鄭魯湜『朝鮮唱劇史』（朝鮮日報社出版部、一九四〇／影印 民俗苑、一九九八）の一四八頁に「数年前に亡くなった」と書かれていることから、一九三七年没の可能性がある。

近代におけるパンソリの演奏様式を知るための貴重な音源資料である（一部がCDに復刻されている）[44]。

2　歴史的音源から聴こえるもの

歴史的音源の中の五名唱の演奏を聴くことで、二〇世紀初頭のパンソリの演奏様式を知ることができる。前節に示した五人は日本の幕末から明治初期に生まれたが、その内の四人は第二次世界大戦以前に亡くなっている。五名唱の演奏を聴くとそれぞれが個性的であるが、そこに西便制・東便制・中高制の違いを感じとることができる。五名唱に共通して言えるのは、感情過多な表現が聴かれないこと、急激な速度の変化がないことである。今日のパンソリが劇的表現を展開するのに対し、素朴な演奏の中から豊かな感情が滲み出る古風で品のあるパンソリということができる。

五名唱が初期録音の第一世代とすると、第二世代は若き日に彼らとともに演奏した名唱たちであり、この第二世代が残したSP・LPレコードの歴史的録音が数多くCDに復刻されている。

第二世代を代表するのは、鄭應珉（一八九六－一九六四）・李花中仙《イファチュンソン》（一八九九－一九四三）・林《イム》芳蔚《バンウル》（一九〇四－一九六一）・金演洙（一九〇七－一九七四）・朴緑珠《パクノクチュ》（一九〇六－一九七九）・金如蘭《キムヨラン》（一九〇七－一九八三）・丁珖秀《チョンガンス》（一九〇九－二〇〇三）・朴東鎭《パクトンジン》（一九一六－二〇〇三）・金素姫《キムソヒ》（一九一七－一九九五）・朴初月（一九一七－一九八三）等の名唱である。

この第二世代から教えを受けたのが、朴松熙《パクソンヒ》（一九二七－）・呉貞淑《オジョンスク》（一九三五－二〇〇八）・成《ソン》又香《ウヒャン》（一九三五－）・宋順燮《ソンスンソプ》（一九三五－）・南海星《ナムヘソン》（一九三五－二〇二〇）・崔承姫《チェスンヒ》（一九三七－）・趙《チョ》相賢《サンヒョン》（一九三九－）・申英姫《シンヨンヒ》（一九四二－）等の現代の名唱たちである。

44　五名唱の金昌煥、宋萬甲、李東伯、金昌龍、丁貞烈の演奏は、以下のCDで聴くことができる。
『パンソリ五名唱　金昌煥、宋萬甲、丁貞烈、李東伯、金昌龍　판소리 5명창 김창환, 송만갑, 정정렬, 이동백, 김창룡』(SYNCD-004、一九九一)
『パンソリ五名唱　丁貞烈　판소리 5명창 〈정정렬〉』(SYNCD-080、一九九五)
『パンソリ五名唱　金昌龍　판소리 5명창 〈김창룡〉』(SYNCD-082、一九九五)
『パンソリ五名唱　金昌煥　판소리 5명창 〈김창환〉』(SYNCD-103、一九九六)
『国唱　宋萬甲　パンソリ　국창 송만갑 판소리』(NCM-091128、二〇〇九)

宋萬甲の東便制と金昌煥・丁貞烈の西便制

『韓国の伝統音楽』に、東便制・西便制・中古制に関する説明があるので要約する。

「パンソリは唱法の特徴により東便制・西便制・中古制の三つの系統に分けられる。東便制は全羅北道雲峯・亀礼・順昌・興徳の地を中心に、名唱宋興禄の唱調である羽調を尊ぶ唱調であり、西便制は全羅南道光州・羅州の地を中心に名唱朴裕全の唱調である界面調を尊ぶ唱調を指す。中古制は廉李達・全《ママ》成玉などの名唱が好んだ唱調で、東便制と西便制の中間とされ、京畿道・忠清道地方で広がった。」[45]

「歌王」と謳われた東便制の創始者・宋興禄は、一八〇一年に誕生し一八六三年に亡くなっており、西便制の創始者・朴裕全は一八三五年に生まれ一九〇六年に没している。一九〇七－一九〇八年のパンソリ最初期録音には間に合わず、残念ながら二人の肉声を聴くことはできない。

しかし、少なくとも歴史的音源を残した第一世代である五名唱のパンソリ演奏と第二世代以降の演奏には演奏様式の違いがある。唱劇が誕生したことによって、素朴でおおらかに歌い上げられてきた五名唱時代のパンソリが、演劇的色彩の濃い劇的な表現のパンソリへと変化する過程を、歴史的音源が伝えてくれる（次項）。また今日のパンソリでは、五名唱時代にはそれぞれの違いが明確であった東便制・西便制・中古制が混在する状況となり、個々の制の判別が難しくなってきている。[46] 五名唱の残した歴史的音源は、東便制と西便制あるいは中古制を唱者独自の語り口や東便制の羽調、西便制の界面調などの音階の違いによって、実際に演奏を聴きながら判別することができる貴重な資料なのである。

五名唱の唱劇と金演洙・東超制の歴史的音源

本来、一人の唱者と一人の鼓手によって演奏されるパンソリを、複数の唱者で分唱して上演するようになったのは、一九〇三年に「協律社」で上演した『春香伝』が最初であるといわれている。パンソリを演劇化した唱劇は、五名唱をはじめ多くの唱者によって上演されてきた。

45 張師勛、前掲書、一二七－一二八頁。前掲鄭魯湜『朝鮮唱劇史』に以下の記述がある。「東便制は羽調を主張し、雄健清淡で号令調が多く、発声の初めは重々しく始まり、句節の終わりの切れが良く金槌を振り下ろして打つようであり、一方西便制は界面調を主張し、軟美浮華で句節の終わりを引きずる感じがする。東便制が淡淡然・菜蔬的であるなら、西便制は津津然・肉味的であるといえる。東便制が千峯月出格であるとすれば、西便制は萬樹花爛格である。中古制は東でも西でもなくその中間であるが、比較的東便制に近い。それでは東便制及び西便制の由来が如何に分流されたかというと、宋興禄の法制を標準とした雲峰・求禮・淳昌・興徳等の地域を東便とし、朴裕全の法制を標準とした光州・羅州・宝城等の地域を西便とした。その後、地域の標準を離れてソリの法制のみを標準に分派された。中古制・豪傑制は廉李達・金成玉の法制を多く継承し、主に京畿と忠清の地域で流行した。」、筆者訳、一〇一－一一頁。

46 義太夫節では一七四八（寛延元）年の「忠臣蔵騒動」を契機に、竹本座（西風）と豊竹座（東風）の太夫が座を入れ替わったため、西風・東風の座の風が一つの演目の中に混在する状況が生まれ今日に至っている。

次に歴史的音源に残された唱劇の録音について見ていく。一九三〇年代初めに録音された日本ポリドールレコードの『赤壁歌』の唱者は、丁貞烈・李東伯・金昌龍・曺學珍《チョハクチン》・金楚香・林素香《イムスヒャン》（鼓手韓成俊《ハンソンジュン》）であり、同じ時期に録音された日本ビクターレコードの『春香歌』の唱者は、丁貞烈・林芳蔚・李花中仙・朴綠珠・金素姫（鼓手韓成俊）であった。また一九三五年に録音された日本ポリドールレコードの『沈清伝』の唱者は、金昌龍・李東伯・丁貞烈・曺學珍・林素香・文連香《ムンヨンヒャン》（鼓手韓成俊）の顔触れである[47]。

一九三〇年代初めから一九三五年までに録音された三つの唱劇の中に、五名唱の三人の演奏が残されている。丁貞烈・西便制、李東伯・中高制、金昌龍・中高制の語り口は西便制と中高制を知るための貴重な音源である。また、五名唱一人ひとりの演奏を復刻CDで聴くことができる。金昌煥・西便制と宋萬甲・東便制の演奏を含む五名唱の歴史的音源によって、最も古い東便制・西便制・中高制の演奏を確かめることができるのである（注44参照）。

東超制の創始者・金演洙（一九〇七－一九七四）は、劉成俊《ユソンジュン》（一八七四－一九四九）から東便制を学び、丁貞烈から西便制の『春香歌』を習った。そして流派にとらわれず様々なパディを受け入れて独自のパディ東超制を創始した。

金演洙は一九三七年から「朝鮮声楽研究会」傘下の「唱劇座」の代表を務め、一九七〇年に「国立唱劇団」初代団長を退任するまでの長きにわたり、唱劇の発展に尽力しその枠組みを築き上げた人物である。「パンソリは演劇であるため、辭說《サソル》の劇的要素によって曲調を変化させ演技を盛り込まなくてはならない」[48]と主張し、『唱本春香歌』[49]を含む五つのマダンの東超制唱本を完成させた。

一九六六年に出された五枚組LPレコード『唱劇 大春香伝』[50]の主な唱者は、金演洙・朴綠珠・朴貴姫・金如蘭・朴初月・金素姫・金慶姫《キムギョンヒ》・南海星等の名唱であった。ここには一九三〇年代に五名唱と共に唱劇を録音した朴綠珠・金素姫の名が見られる。

金演洙の東超制は、弟子の呉貞淑（一九三五－二〇〇八）によって引き継がれた。呉貞淑は

47 これらのSPレコードは全てCDに復刻されている。『赤壁歌』(Polydor 19260-19277)、『春香歌』(VICTOR 1111 -1129)、『沈清傳』(Polydor 599-608、610-617、19256-19258)。

48 金景姫 김경희『金演洙パンソリ音楽論 김연수 판소리 음악론』（民俗苑 민속원、二〇〇八）筆者訳、一三一－一四頁。

49 『唱本春香歌』（国楽芸術學校出版部、一九六七）。

50 『唱劇 大春香伝』（地球レコード公社、一九六六、LM-120235-1-5）。

二〇〇一年に五つのマダン全曲をCDに録音しており、それらの音源によって東超制パンソリの特徴である際立った演劇的表現と東超制以外の演奏の違いを確かめることができる。パンソリ研究者の金《キム》景《ギョン》姫《ヒ》が『金演珠パンソリ音楽論　김연수 판소리 음악론』を上梓した二〇〇八年には、金演洙が生前に残した五つのマダン全曲の放送音源は未公開であった。しかし、その後東亜日報資料室に保管されていたこれらの放送テープが全てCDとして公刊されている。

三　蘇州弾詞《スージョウタンツー》

評弾《ピンタン》は蘇州《スージョウ》評話《ピンファ》と蘇州弾詞の総称であり、一九四五年以降に使用されるようになった呼称である。蘇州評話は日本の講談に似た一人で演じる話芸で、蘇州弾詞は三弦《サンシェン》あるいは琵琶《ピーパー》を伴奏とする語り物音楽である。もともとは一人で演じる単档《タンタン》だったが、二〇世紀になって二人で演じる双档《シュアンタン》の形が定着し現在に至っている（三人による演奏を三档《サンタン》という）。

蘇州弾詞は次の三つの構成要素で成り立っている。第一は「書調《シューティアオ》」[51]及び「書調」から発展することによって形成した諸流派《リュウパイ》の歌い方である。これが蘇州弾詞の主体となっている。第二は「曲牌《チーパイ》」[52]と「山歌小調」[53]で、曲調を豊かにするために用いられる。第三は「譜唱類唱腔」[54]で、蘇州弾詞の発展過程で生まれた「音楽性」が強められた新しい曲調のことである。[55]

蘇州弾詞の基礎となるのは「書調」である。「書調」は清の嘉慶、道光年間（一七九六－一八五〇）に活躍した前期四大名人の一人毛昌佩（生没年不詳）が地声で歌った単純素朴な曲調をいう。

51 二六五頁参照。
52 「牌子」とも呼ばれ、蘇州弾詞では曲調に飾りを添える各種各様の曲調の総称。上海市文化広播影視管理局編『評弾』（上海文化出版社、二〇一一）甘蘭祁訳、一〇一頁。
53 農山村で流行した民謡と小唄、俗曲、端唄に類する各地方の独特な歌。同前。
54 「弾詞」の曲調とともに全体の構成を行い、詳細に研究し、実践して改定することによって、規範の評弾音楽の作品となるようにした。上海市文化広播影視管理局編、前掲書、一〇二頁。
55 「書調」、「曲牌」と「山歌小調」、「譜唱類唱腔」については、上海市文化広播影視管理局編、前掲書、九八－一〇二頁を参照した。

また流派唱腔（各流派の歌い方、節回し）の初めは、嘉慶、道光年代に陳遇乾（生没年不詳）が作り上げた「陳調」とされている。この曲調は「昆曲《クンチー》」（江蘇省昆山一帯に生まれた中国の古典的な舞台演劇で戯曲の一形式）と「蘇灘《スータン》」（蘇州の地方劇）の影響を大きく受けており、端正で落ち着いたものであった。清の嘉慶、道光年間に至って、陳遇乾と並ぶ蘇州弾詞の名人兪秀山（生没年不詳）が、裏声を多用し地声と裏声を結合させた「兪調」を創始した。「兪調」では二オクターブに亘る広い音域をメリスマ（一音節に多くの音符があてられる装飾的な旋律法）的に起伏豊かに歌うのが特徴である（「兪調」は蘇州弾詞の基本曲調であり基礎訓練のために必ず学ぶ調）。

そして咸豊、同治年間（一八五一－一八七四）に、後期四大名人の一人馬如飛（生没年不詳）が地声で歌う「馬調」を作り上げた。その曲調は単純素朴であり、旋律の高低がなく平らかで句と句が連続して歌われるものであった。たたみかけるように語る「馬調」では、旋律の起伏は小さいが叙事性に富んでいた[56]。

一九二〇年代末から一九三〇年代の初めになると、「周調」「夏調」「沈調」「徐調」などの新たな「調（流派）」が生まれ[57]、一九五〇年代までに二〇を超える「調」が創出された[58]（一九五〇年代以降に新たな「調」は公認されていない）。

ここにいう蘇州弾詞の「調（流派）」は一九二〇年代以降に生まれた個人の演奏様式であり、義太夫節における「太夫の風」、パンソリの「パディ」に相当する。

蘇州弾詞演奏家の江文蘭（一九三〇－二〇二二）・楊徳麟（一九二八－二〇二三）・陳希安（一九二九－二〇一九）は古い時代の蘇州弾詞に精通しており、彼らから貴重な話を聞くことができた。インタビューで語った調に対する三人の考えを以下に紹介する。

馬調（馬如飛）と蔣調（蔣月泉）をめぐって

江文蘭は「沈調（沈倹安）と薛調（薛筱卿）は昔からある馬調から生まれた。馬調と沈調から周調（周

56　上海市文化広播影視管理局編、前掲書、九八－九九頁。呉宗錫主編『中国曲芸音楽集成 －上海巻（上下）』（中国ISBN中心、一九九七）には、「書調」「曲牌」「陳調」「兪調」「馬調」をはじめ、数多くの調（流派）の数字譜が掲載されている。

57　楊徳麟はインタビューの際、蘇州弾詞の流派の成立条件は、以下の四点であると説明した。①歌い方の中にその人独自の風格がなくてはならない。②聴く人たちに広く認められなくてはならない。③玄人の人に認められなくてはならない。④その流派を伝承する人がいなければならない。二〇一〇年一月三一日に蘇州市で行ったインタビューで、蘇州弾詞演奏家・陶謀炯は楊徳麟と同様の見解を示した。

58　『弾詞流派唱腔大典』（中国唱片上海公司出版、二〇〇四、CD二六枚組）には、以下の二四の調（流派）が収められている。蔣調・張調・麗調・琴調・徐調・楊調・厳調・薛調・侯調・尤調・沈調・小陽調・魏調・陳調・兪調・祁調・夏調・翔調・香香調・小飛調・周調・姚調・朱耀祥調・李仲康調。

玉泉）が生まれ、昔からある兪調（兪秀山）と周調から蒋調が生まれた。馬調の伝承を汲んでいるのは、魏調（魏鈺卿）・沈薛調（沈倹安と薛筱卿）・琴調（朱雪琴）であるが、それぞれに独自の特徴があり、各流派を創出した」と話し、それぞれの調の特徴を実演した。また「蒋調の特徴は、老若男女の別なく、すべての人物が表現できること。蒋月泉は音楽に対する感覚が鋭く、蒋調は様々なテンポでの演奏が可能である。特にテンポの早い蒋調を快蒋調という」と説明した。

楊徳麟は書調と流派について「すべての流派は書調から発展してできたもの。弾詞の基本は書調で、次に兪調と馬調が生まれた。そして、この三つの曲調から後に様々な流派が生まれる。一九二〇－一九三〇年代に馬調から沈調と薛調が生まれた。沈薛調は沈倹安と薛筱卿が二人で演出するときの調をいう。書調から周調が生まれ、周調に京劇と兪調を取り入れて蒋調が生まれた。琴調は雄大な調である。兪調は混曲の音楽部分を取入れ、その特徴は裏声にある。兪調の継承者は多いが、本物を受継ぐのは朱慧珍である。馬調の本物は沈倹安が受け継いでいる」と話した後に、三大曲調の系譜を次のよう述べた。

①書調→張福田・周玉泉→蒋月泉　②兪調→朱介生→朱慧珍

③馬調→沈倹安→朱雪琴

陳希安は「書調は息で歌う。息で止まらずに自由自在に歌う（実演）。昔は朗読だけだった。兪調は裏声を使う。字が少ないのに節は長くゆったりと歌う。音楽性が豊か（実演）。沈薛調が馬調を継承している」と話しながら実演した。

1　歴史的音源の概況

蘇州弾詞最初の録音は、一九二三年前後に呉玉荪が上海百代公司唱片に吹き込んだＳＰレコード三枚（全六面）である。ここに収められた曲は『玉蜻蛉－産子』(33572)、『玉蜻蛉－賣子』(33573)、『描金鳳－踏雪』(33574)、『描金鳳－掃雪』(33575)、『白蛇傳－結親』(33576)、『白蛇傳－看燈』(33577)の六面であった。『評弾』所収の「早期的記録」[59]を執筆した朱佳や、『弾詞流派唱腔大典』の解説書を執筆した胡国梁に直接尋ねたところ、両者共にそれらのレコードを実際には確認していないとの回答であった。[60]また『老唱片博覧 評弾篇（1920-1940年代珍貴録音）』の解説書には、「呉玉荪の残した録音が一二面あったが、残念ながらこれらのレコードは行方不明となっている」[61]と書かれている。

一九二三年以降の蘇州弾詞の歴史的音源が、二〇一一年に五枚組CD『老唱片博覧 評弾篇（1920-1940年代珍貴録音）』として刊行された。そこには一九二四年前後に録音された沈倹安、薛筱卿の演奏の他、一九二〇年代から三〇年代に録音された歴史的音源が多数収録されており、近代の蘇州弾詞の演奏様式の変容を知るための貴重な資料となっている。

蘇州弾詞の歴史的音源で最も重要な資料は、二六枚組CD『弾詞流派唱腔大典』である。二〇〇四年に発売された『弾詞流派唱腔大典』には、近代における蘇州弾詞の発展の歴史が記録されている。『弾詞流派唱腔大典』所収の歴史的音源が伝えるのは、蘇州弾詞の華やかな黄金時代とその後の衰退の歴史である。ここに収められた二四の調（流派）は淘汰され、今日後継者が途絶えて実演が聴けなくなった調も多い。

2　歴史的音源から聴こえるもの

蘇州弾詞の歴史的音源から聴こえるものについて考えるため、江文蘭にインタビューを行った。[62]内容は『老唱片博覧 評弾篇（1920-1940年代珍貴録音）』の音源を聴きながら、各演奏者の特徴と曲についての説明を受けるものだった。楊徳麟と陳希安にも『老唱片博覧評弾篇』の音源を聴いても

59 朱佳「早期的記録」、上海市文化広播影視管理局編、前掲書、六六頁。

60 筆者は二〇一二年一二月二八日に上海図書館を訪れ、蘇州弾詞最初の録音である呉玉荪の上海百代公司唱片SPレコードの存在を確認した。そしてこの貴重なSPレコード全六面を、手動の蓄音機で再生して聴かせてもらった（録音は許可されなかったが、全六面のレコードレーベルを撮影した）。

61『老唱片博覧 評弾篇（1920-1940年代珍貴録音）』（中国唱片上海公司出版、二〇一一、CD五枚組）、「解説書」筆者訳、六頁。

62 二〇一一年一二月二六日（於：蘇州評弾団／通訳・甘蘭祁）及び二〇一三年八月一七日（於：上海サルボホテル／通訳・甘蘭祁）にインタビューを行った。

らった。一九二八年－一九三〇年に生まれた三人の蘇州弾詞演奏家は、一九二〇年代－一九四〇年代に録音された歴史的音源の演奏家たちを、一九四〇年代以降に直接聴いた経験が有り、彼らの証言こそが歴史的音源の価値を証明するものに他ならない。

江文蘭・楊徳麟・陳希安と共に『老唱片博覧 評弾篇（1920-1940年代珍貴録音）』を聴く

江文蘭は呉小松・呉小石が一九二八年に録音した『白蛇伝』を聴いて、「これは『白蛇伝』のもっとも古い演出。『白蛇伝』の演出パターンはいくつもある。呉小松・呉小石の息子の呉剣秋は呉小石より現代的な演出を行った。呉小松・呉小石の時代は、歌い方が単純であまり変化がなく流派もなかった時代である」と述べ、徐云志の演奏を聴いて「徐調は表現が柔らかいため、聴衆からの提案で銅線の糸を使用した」と語った。朱介生の演奏については、「兪調の伝承者である朱介生は、もともとの兪調をより豊かなものにして人々の人気を集めた。その結果、兪調を学ぶ人が増え、兪調の社会的な影響力も大きくなり、兪調そのものの芸術性が豊かになって、より完成されたものとなった。朱介生の弟子の朱慧珍がその兪調を継承した。兪調の発展は、朱介生→薛筱卿→周玉泉→蔣月泉という見方もある」とのことであった。

一九二〇年代－一九四〇年代の古い録音の価値について筆者が質問すると、江文蘭は「今、古い演奏を聴くと単調だというが、その時代の人がそれらの作品を聴いて価値があると思ったのだから、その時代に存在したことにも理由がある。当時の人たちに認められていたなら、それなりの価値があるはずだ」との見解を示した。

楊徳麟は楊月槎・楊星槎の録音を聴いて、「叔父の楊月槎は上手（蘇州弾詞の場合は、客席から舞台を見て左側）で三弦を弾いて書調を歌っており、父の楊星槎は下手（右側）で琵琶を弾きながら兪調を歌っている」と説明した。そして、このインタビューによって楊徳麟の家系が明らかとなった。

楊徳麟は馬如飛の一二弟子の一人である楊鶴亭（一八五七－一九〇〇？）を父方の祖父に持つ。母方の祖父は呉西庚（生没年不詳）。父は楊星槎（一八八五－一九六〇）で、楊月槎（一八七五－一九五四）は伯父にあたる。そして母の弟である呉玉荪（一八九〇－一九五八）・呉小松（一八九二－一九七二）・呉小石（一八九二－一九七一）（呉小松と呉小石は双子の兄弟）を叔父に持つ家系に生まれた。最初は父楊星槎に学んだが、後に呉小石の弟子となった。蘇州弾詞最初の録音を残した呉玉荪からも、『描金鳳』を習っている。

陳希安は、一九三一年録音の沈倹安・薛筱卿による『啼笑因縁』を聴いて、「私の師匠（沈倹安）と薛筱卿師は画期的な人。師匠はもともと声が良かったが、演出し過ぎて喉を痛めた。この演奏は薛師が琵琶を弾いている。裏声はお嬢さん役の薛師。二人の声が違うのでどちらが歌っているかはすぐにわかる」とのことであった。次に一九二四年前後録音の『珍珠塔』を聴いた陳希安は、「これは師匠の喉の良かった時の録音」と説明する。続いて呉小松・呉小石が一九二八年に録音した『白蛇伝』を聴き、「今の蘇州弾詞と全然違い、俗っぽくて芸術の香りがしない。過門（三弦と琵琶による前奏や間奏、合いの手）が少なくて単純素朴である。この頃には西洋音楽も受け入れるようになっており、単調なだけでは魅力がなくなった」と説明した。また「私と周云瑞（一九二一－一九七〇）さんとの双档では、音楽性を強め、ユーモアを作った。弾詞の演奏の前に当時流行っている曲を歌ったりもした。開篇（最初に演奏する曲）の場合は雰囲気を作るために、笛・二胡・洋琴を使う時もあったが、伝統的な演目では三弦と琵琶しか用いなかった」と話していた。

新しく生まれた調について

『弾詞流派唱腔大典』に収められた二四種の調（注58参照）の多くは、一九四〇年代に創出された。その中で最も重要な調が蒋調（蒋月泉）である。筆者は二〇一一年二月一四日、二〇一二年五月四日、同年一二月二七日に、蒋調の最後の正統継承者である秦建国（一九五九－　上海評弾団団長[63]）へのインタビューを行った。

63　秦建国は「師弟の間で杯事を行い、師匠蒋月泉から蒋調の正統継承者であることを認められた」と話した。戦前には正統継承者が何人か居たが、戦後になって認められたのは秦建国唯一人である。

秦建国は古い時代の演奏に余り興味を示さなかった。上海評弾団団長の重責にあり、評弾の未来を切り開く立場にある秦団長にとって、芸術的発展を遂げた現在の評弾の今後が最重要課題なのであろう。秦建国の見識は、江文蘭の「今、古い演奏を聴くと単調だというが、……その時代に存在したことにも理由がある」という見識とは一線を画すものであった。

蔣調の雰囲気を知ってもらうために、『蔣月泉唱腔選（蘇州弾詞）』に掲載された『戦長沙』の数字譜を五線譜化したものを載せておく。[64]『蔣月泉唱腔選（蘇州弾詞）』に収められた数字譜の全ては、楊徳麟が記譜し蔣月泉と相談してこの本に収めたものである。[65]

次ページの譜例に挙げた蔣調にしても、一曲毎に雰囲気や手数は異なるが、演奏を聴けば前弾きを聴くだけで即座に蔣調であることが理解できる。他の調についても弾き出しに独自の旋律型が認められ、蘇州弾詞に馴染めばそれぞれの調が判別できるようになる。また兪調のように裏声だけの調も判別が容易である。裏声を全く使わない調や、裏声と地声を巧みに操る調もあり、伴奏楽器のあしらい方やテンポ・強弱・アゴーギクなどの音楽表現の諸要素を組合せて考えることで、調の判別の精度はさらに増すこととなろう。ポルタメントの使用や発声の違いも調の判断材料となり、シラビック（一音節に一音符をあてる旋律法）に語るかメリスマティック（メリスマに同じ）に歌うかということも、調を識別するための有用な手段となる。

二〇一一年に出版された『老唱片博覧 評弾篇（1920-1940年代珍貴録音）』には、蘇州弾詞の最初期録音の音源が含まれている。それらの音源を聴いた江文蘭・楊徳麟・陳希安の証言は、蘇州弾詞の基礎となる「書調」「兪調」「馬調」の諸特徴と、その後創出された新たな調（流派）との関係を説明するものであった。『老唱片博覧 評弾篇（1920-1940年代珍貴録音）』に収められた歴史的音源は、近代における新たな調（流派）の胎動を理解するために不可欠な音源資料なのである。

64 上海評弾団編 楊徳麟記譜『蔣月泉唱腔選（蘇州弾詞）』（上海文芸出版社、一九八五、数字譜による曲集）、五六－六三頁。書名にある唱腔とは節、節回しを意味し、蘇州弾詞の蔣月泉の節回しを集めた数字譜が全二五曲掲載されている（全二三〇頁）。数字譜の元となった音源情報は一切示されていないため、『弾詞流派唱腔大典』に収録された蔣月泉の『戦長沙』（一九六一年録音）の演奏を参考音源とする。

65 二〇一三年八月一九日に行った楊徳麟へのインタビューの際に確認した（於：上海サルボホテル／通訳・甘蘭祁）。

譜例　蒋月泉演奏の『戦長沙』冒頭部分

おわりに

本稿では、東アジアの語り物音楽である義太夫節・パンソリ・蘇州弾詞の最古の音源を確定した。但し、この結論は現時点のものであり、今後新たな音源資料の発見によって書き直される可能性がある。[66]

筆者の関心は、歴史的音源を比較分析することによって、近現代における義太夫節・パンソリ・蘇州弾詞の演奏様式の変容を解明することにある。次に今回の研究で得た結果をまとめておく。

義太夫節は江戸時代にほぼ今日の形となり、その伝承が絶えることなく引き継がれてきた。平円盤の最初の録音である「ガイズバーグ出張録音」に収められた義太夫・娘義太夫の歴史的音源によって、少なくとも幕末期の義太夫節の演奏の有り様を想像することができる。近代になって二世豊澤團平が活躍した彦六座・稲荷座《いなりざ》において、三味線が主体となる彦六系の演奏・演出様式が生まれた。そして、古風を継承する文楽系の演奏・演出様式との間で火花を散らし、芸と人気を競い合って文楽最後の黄金時代を築き上げる。大正期に入って彦六系最後の拠点であった京都竹豊座《たけとよざ》が退転し、文楽座の対抗勢力は完全に消滅した。残された彦六系の芸人たちは、廃業するか文楽座に移るかの二者択一を余儀なくされた。その結果、唯一生き残った文楽座の興行で、文楽系と彦六系の演奏・演出様式が混在する状況が生まれ、様々な淘汰を経て現在に至っている。

もう一つの近代における演奏様式の変容は、豊竹山城少掾（二世豊竹古靭太夫）が新たに創出した、理知的で写実的な語り口の表現であり、この山城の表現が現在の義太夫節演奏の主流となっている。もともと庶民の楽しみとして享受されてきた芸能としての義太夫節は、時代の推移とともに聴衆の嗜好が変化したことにより衰退した。そして、娯楽としての文楽が教養としての文楽に姿を変えたのである。言い換えると芸能としての文楽が芸術へと変貌し、保存されるべき価値のある無形文化遺産としての道を歩み始めたのだ。歴史的音源の価値は、過去に存在した多様な義太夫節の姿を再現可能な形で記録したことにある。故に、義太夫節の歴史的音源は現行文楽では聴くことのできない様々な演

66 一八九六年七月二四日に韓民族最初の音源を記録したAlice C. Fletcherは、同時期に日本人の声を録音しなかったのか。もし録音が存在するなら、その中に義太夫節が含まれていなかったか。また、一九〇三年に来日して出張録音を行ったガイズバーグは、上海でも録音を行っているが、そこには蘇州弾詞が含まれていなかったのだろうか。今後の新資料発見に期待したい。

奏様式を再考するための貴重な資料ということができる。

パンソリの場合は、歴史的音源として東便制・西便制・中高制の違いが明確に判断できる五名唱の録音が残されていること、またそれらの音源を聴くことによって、近代における唱劇の発展過程を探ることができるという点が重要である。歴史的音源のCD復刻盤も多数刊行されており、パンソリ研究に関する文献は義太夫節や蘇州弾詞に比べて圧倒的に数が多い。五つのマダンの全曲録音CDも各数種類存在し、それらを比較分析することが今後の課題となる。特に金演洙の東超制については、金演洙（一九〇七－一九七四、創始者・第一世代）→呉貞淑（一九三五－二〇〇八、継承者・第二世代）の『春香歌』『沈睛歌』『興甫歌』『水宮歌』『赤壁歌』全曲のCD音源を入手したので、今後精緻な比較分析を行い、演奏様式の変容について研究を進めていきたいと思う。

パンソリは二〇〇八年にユネスコの無形文化遺産代表一覧に記載された（人形浄瑠璃文楽も同年に記載）。これを記念して、パンソリの人間国宝によるDVDが発売された。[67] ここには丁珖秀《チョンガンス》（一九〇九－二〇〇三）・韓承鎬《ハンスンホ》（一九二三－二〇一〇）・朴松熙《パクソンヒ》（一九二七－）・呉貞淑《オジョンスク》（一九三五－二〇〇八）・成又香《ソンウヒャン》（一九三五－）・宋順燮《ソンスンソプ》（一九三五－）・趙相賢《チョサンヒョン》（一九三九－）・安淑善《アンスクソン》（一九四九－）の八名の名唱たちの姿が映像に残されている。筆者は朴松熙・宋順燮・安淑善の生演奏を聴いたことがあるが、それぞれが他の追随を許さない境地の素晴らしい演奏であった。今はこの映像でしか見ることのできない故丁珖秀は、五名唱の一人金昌煥から直接教えを受けた人物であり、歴史的音源における第二世代に属する名唱である。金演洙の描く東超制の理想を具現化した故呉貞淑の渾身の演奏には、金演洙の東超制の神髄を彷彿させるものがある。

蘇州弾詞については、一九二〇年代－一九三〇年代にSPレコードとして発売された歴史的音源のCD化が遅れている一方、一九四〇年代以降、特に一九五〇年代－一九七〇年代の録音が数多くCDに復刻されている。それらは蘇州弾詞が最も盛んであった時代の証しであり、流派が百花繚乱した様子を伝えるものである。蘇州弾詞の歴史的音源の価値は、単調で素朴な演奏であった地方芸能の蘇州

67　67 KBSDVD『第5編 私たちの時代の最高のソリパン（パンソリを歌う場）、国唱 제5편 우리시대 최고의 소리판, 국창』（KBSメディア KBS Media, 二〇〇八）。

弾詞が、大都会の上海において新しい流派を次々と生成し、今日の芸術音楽に変貌していく姿が記録されていることと、それぞれの流派が変化・発展していく様子が音で追認できる点にある。

一九三五年の上海では既に一〇〇以上の放送局が営業を行っていた。『評弾』には、「一九三八年一一月二九日の『申報』の報道によれば、上海の放送業界で最も人気のある番組は『弾詞』であり、毎日一〇三の番組が放送されていた。一つの番組を四〇分と計算すると、毎日の放送時間は四一二〇分即ち六八時間四〇分になる」[68]とあり、蘇州弾詞が当時の上海でいかに市民に愛好されていたかということが窺い知れる。一九四三年に民営の「大中国ラジオ放送」が始めた評弾番組「空中書場」では、いわゆるゴールデンタイムの一八時から二三時までの時間帯に毎日評弾を放送した。安易に蘇州弾詞が楽しめるラジオ放送の普及と、何日も連続して聴き続ける長時間物の長編弾詞をSPレコード化する困難さが重なり、その結果、義太夫節やパンソリに比べ蘇州弾詞のSPレコードの数が少ないという状況が生み出されたのであろう。

68 上海市文化広播影視管理局編、前掲書、三三頁。

事例研究の比較結果による考察

㈠義太夫節・パンソリ・蘇州弾詞最古の音源について

義太夫節は一九〇三年のガイズバーグによる出張録音に収められた義太夫・娘義太夫の演奏。

パンソリは一九〇七‐八年の〔全羅道〕唱夫宋萬甲による『農夫歌』の音盤。

蘇州弾詞は一九二三年前後に呉玉荪が上海百代公司唱片に吹き込んだSPレコード三枚（六面）。

義太夫節最古の音源を聴いた筆者の印象は、現在の義太夫節の演奏様式と一九〇三年の義太夫・娘義太夫の演奏様式に大きな違いがないというものであった。高木も第一節第二項で「昔は声を聴かす浄瑠璃だった。三味線の手〔旋律型〕は今と同じである。」と述べている。

パンソリ最古の音源・宋萬甲による『農夫歌』を聴くと、演奏がおおらかで素朴であるという印象を持つ。演奏様式は現代のパンソリの演奏様式と大きく変わっていない。宋萬甲を含む五名唱の演奏についても同様のことがいえる。その後のパンソリは唱劇の影響を受け、演奏様式は劇的表現へと変容している。

蘇州弾詞最古の音源・呉玉荪のSPレコードを一度だけ聴いた印象は、現在の蘇州弾詞に比べ単調で音楽面の工夫が少ないというものである。その後著しい発展を遂げ様相を一変した現代の蘇州弾詞とは異なり、単純素朴だったころの蘇州弾詞の原点を知ることができる音源であった。

義太夫節・パンソリ・蘇州弾詞最古の音源は、二〇世紀初頭のそれぞれの芸能の有り様を今日に伝えてくれる。三つの芸能は独自の発展・変化を遂げ今日に至るのだが、実際に聴くことの可能な歴史的音源こそが、その変容を検証するための基礎資料となるのである。

(二)演奏様式の基盤にあるもの

義太夫節の「風」(「座の風」「段の風」「太夫の風」)。

パンソリの「制」と「パディ」。

蘇州弾詞の「調(流派)」。

義太夫節・パンソリ・蘇州弾詞の演奏様式の基盤にある「風」(「座の風」「段の風」「太夫の風」)、「制」と「パディ」、「調(流派)」について三者を比較しながら考察を進めていく。義太夫節と他の二つの芸能との違いは「段の風」の存在である。五段組織における各段の位置格式の違いによって演奏様式が異なるのは「段の風」の規範によるものである。注22で示したヲクリに関しても、二段目のヲクリ・三段目のヲクリ・四段目のヲクリでは演奏が違ったものになる。ヲクリの旋律型は同じであっても三味線奏者は各段の位置格式の違いを意識し、テンポや撥使い、音色や音程を微妙に弾き分けるのである。パンソリと蘇州弾詞にはこの「段の風」にあたるものが見られない。

義太夫節の「座の風」に該当するのがパンソリの「制」であるが、蘇州弾詞には該当するものがない。

義太夫節の西風と東風による演奏様式の違いは、パンソリの東便制と西便制の演奏様式の違いに類似している。注46で述べたとおり、現在は西風・東風の「座の風」が一つの演目の中に混在する状況にある。パンソリにおいても、五名唱時代とは異なり、個々の「制」の判別が難しくなってきている。

次に個人の演奏様式である義太夫節の「太夫の風」、パンソリの「パディ」、蘇州弾詞の「調（流派）」について検討する。初演時の演奏者・作曲者または改曲者の個性によって形成される「太夫の風」は、江戸時代つまり近世の義太夫節の演奏様式を継承するためのものである。一方パンソリの「パディ」は二〇世紀以降のパンソリ名唱の個人の演奏様式をいう。蘇州弾詞の二四種の「調（流派）」の多くは、一九四〇年代に創出された。義太夫節は芸の伝承において演奏様式の基盤にある「風」を規範として今日に至っているが、義太夫節の三つの「風」は近代以前に確立されたものであった。パンソリの「パディ」と蘇州弾詞の「調（流派）」は二〇世紀以降に確立された個人の演奏様式の規範である。特に蘇州弾詞の場合、新しい「調（流派）」の多くは一九四〇年代に創出され百花繚乱の時代を迎えたが衰退も早く、今日後継者が途絶えて実演が聴けなくなった調も多い。このように日本・朝鮮半島・中国のそれぞれの国における考え方や価値観の違いにより、各芸能の伝承の実態が大きく異なっていることを改めて認識した。

(三) 識者と演奏家へのインタビュー

義太夫節では文楽研究家・高木浩志と共に「ガイズバーグ出張録音」の義太夫を聴き、高木の感想と意見を聞いた（第一節第二項）。

パンソリに関する造詣が深い国楽音盤博物館館長・盧載明に対するインタビューを数年間にわたって行った。最初のインタビューで訪れた国楽音盤博物館において、盧載明はパンソリ最古の音源・宋萬甲による『農夫歌』を聴かせてくれた。その後のインタビューの際に、パンソリに関する新しい文献やＣＤの提供を受けた。

蘇州弾詞の演奏家である江文蘭・楊徳麟・陳希安・秦建国・陶謀炯へのインタビューも、数年間に及ぶものであった。

これらのインタビューで得た知見は、歴史的音源の内容を理解する上で極めて有益なものであった。後世の人々が歴史的音源を取り上げて、どのようなアプローチをするかは個々人に委ねるとして、近代を生き抜いた証人に対するインタビューは、一刻も早く行う必要がある。江文蘭・楊徳麟・陳希安は一九二八年－一九三〇年の間に生まれており、筆者がインタビューを行った二〇一一年の時点で彼らは八〇歳を超えていた。そして三人は二〇一九年－二〇二三年の間に、九〇歳代で天寿を全うされた。

＊本稿におけるルビ使用に関する原則
①日本語の読み方については平仮名（ひらがな）のルビを付した。
②韓国語および中国語の発音に関してはカタカナのルビを付した。
③引用文には、筆者によるルビを付さない。

＊漢字表記に関する原則
韓国及び中国の人名・曲名の漢字表記は、それぞれの国の表記に従った。

脚注

41「パンソリ名唱　宋萬甲初録音〈農夫歌〉留声器音盤(1907-1908年頃　録音側板)판소리 명창 송만갑 첫 녹음〈농부가〉유성기음반 (1907-1908년무렵 녹음쪽판)」『パンソリ名唱（第2号）　판소리 명창(제2호)』(国楽音盤博物館 국악음반박물관、二〇一〇)一五一-一五四頁。

パンソリの歴史的音盤については、盧載明 노재명『パンソリ音盤傑作選　판소리 음반 걸작선』(サムホミュージック 삼호뮤식、一九九七)を参照されたい。

宋萬甲による『農夫歌』の音源は、二〇一三年に出されたCD『三人三色 반락(盤樂)、ある男の音盤話〈盧載明〉清渓川からシルクロードまで　그 남자의 음반이야기〈노재명〉-청계천에서 실크로드까지-』(韓国文化の家　한국문화의집 KOUSCD-008, 2013)に収められている。

筆者は二〇一一年八月二八日に京畿道楊平郡西宗面水入里にある国楽音盤博物館を訪れ、館長の盧載明にインタビューを行った。インタビューの中で彼は最近このパンソリ最古の録音である宋萬甲の『農夫歌』のＳＰレコードを日本で入手したと語り、すぐに蓄音機を回して聴かせてくれた（同時に許可を得てレコードの録音とレコードレーベルの写真撮影を行った）。

51「書調」という言葉は今日多くの文献に見られる。二〇一三年八月一九日に筆者が行った楊徳麟（一九二八-　弾詞演奏家・弾詞音楽理論家 江蘇省蘇州の出身）へのインタビューにおいて、主編の呉宗錫が楊徳麟の提案を受け入れ、呉宗錫主編『中国曲芸音楽集成-上海巻（上下）』（中国ISBN中心、一九九七）に、「書調」という言葉を採用したと語った。但し、前年に出版された呉宗錫編『評弾文化詞典』（漢語大詞典出版社、一九九六）の中に「書調」の記述があるため、「書調」の初出は一九九六年ということになる。楊徳麟は同書の執筆者でもあり、彼の記憶違いの可能性も考えられる。

あとがき

福岡　正太

本書は、国立民族学博物館（民博）の共同研究「音盤を通してみる声の近代――台湾・上海・日本で発売されたレコードの比較研究を中心に」（代表者：劉麟玉）の成果報告論文集である。同共同研究では、二〇一一年一〇月から二〇一五年三月までの間に計一二回の研究会を開催し、のべ三〇名以上の方々にご発表いただき、戦前のレコードを中心に、ラジオや映画にも関心を払いつつ、さまざまな角度から東アジアの音楽あるいは声について議論をおこなった。一人一人お名前をあげることは控えるが、共同研究にご協力いただいた方々にお礼を申し上げるとともに、成果出版が遅れてしまったことについてお詫びを申し上げたい。

総説でも述べられている通り、共同研究の直接のきっかけとなったのは、民博が所蔵するコレクションである。そこには、戦前に日本蓄音器商会が朝鮮半島、台湾、中国大陸などに向けて製造したレコードの原盤六八〇〇枚（マスターおよびマザー）、そしてそれらの再生音源である七〇八本の録音テープが含まれている。それらは民博の音響資料目録データベースにて、「戦前の東アジアの音楽　SPレコード金属原盤」および「戦前の東アジアの音楽　SPレコード金属原盤より複製」という資料名で検索することが可能である。録音テープについては、一九八〇年から一九八三年にかけて民博が四回に分けて購入し、金属原盤については、日本コロムビア株式会社から一九八三年に寄贈いただいたものである。これらの資料は、民博の情報課映像音響係が管理しており、研究等への利用に備え、音源もデジタル化されている。

この資料が重要であることは認識されていたものの、一九九〇年代末まで、民博が積極的にそれらの研究を進めることはなかった。しかし、私がこの資料の研究を関係方面に呼びかけたところ、本書の執筆者でもある王櫻芬氏や劉麟玉氏が真っ先に強い関心を示してくれた。その後、編集者・音楽ジャーナリストである岩野裕一氏を通じて細川周平氏に、コロムビアミュージックエンタテインメント社（当時）の川崎工場に、この資料に関連する資料が残されているとの情報がもたらされた。それをきっかけとして細川氏を代表として民博の共同研究が組織された。その後、国立大学等が法人化された際、細川氏が所属する国際日本文化研究センターと民博が同じ人間文化研究機構内の機関となったため共同研究は一年で終了し、人間文化研究機構連携研究や科学研究費補助金（JSPS科研費JP17520565）などにより研究が続けられた。

これらのプロジェクトでは、ディスコグラフィーを作成することに重点を置いていた。これは民博所蔵資料のリストではなく、当時日本蓄音器商会が、台湾、朝鮮半島、中国大陸に向けて製造販売したレコードの書誌情報をできる限り網羅的に編纂したものだった。日本コロムビア社には、原盤は残されていたものの、製品レコードやそのレーベルは残されていなかった。そのため当時発売されたレコードのデータを集めるためには、現地のさまざまな資料を参照する必要があった。それぞれの地域の音楽の専門家である劉麟玉、山内文登、尾高暁子の三氏が中心となって作業を進め、三冊のディスコグラフィーの刊行が実現した。[1] これらは、今日の私たちの研究の基礎をなしている。

ディスコグラフィーの編纂は、一九八〇年代末から「音盤学」を標榜して研究や資料刊行が進められてきた韓国、二〇〇〇年ころから急速に日本統治時代の音楽への関心が高まり研究が充実してきた台湾など、各地域の先行研究に多くを負っている。同プロジェクトでは、二回の国際セミナーを開催

1 人間文化研究機構連携研究「日本コロムビア外地録音のディスコグラフィー的研究」プロジェクト編『日本コロムビア外地録音ディスコグラフィー――台湾編』（二〇〇七）、『日本コロムビア外地録音ディスコグラフィー――朝鮮編』（二〇〇八）、『日本コロムビアディスコグラフィー――上海編』（二〇〇八）。

するなど、[2] 各地域の研究者らとのネットワーク形成にも努めた。本書の執筆者のほとんどが、この国際セミナーにも参加していることからもわかる通り、地域を超えた研究者のつながりは、この研究に欠かすことができないものである。

日本のレコード史を体現するような存在だった日本コロムビアの川崎工場は、コロムビアミュージックエンタテインメント時代に閉鎖され、二〇〇五年跡地は売却された。同工場は、太平洋戦争における空襲を免れ、金属原盤など数多くの貴重な資料を今日に残した。同所には一九三一年に音符のマークに「Columbia」の文字を配したロゴのネオン塔が設置され、多摩川を渡る東海道線等からよく見えたことから、同線を利用した多くの人の記憶にも残っている。私自身も電車からよくネオン塔を眺めていたのを思い出す。同社は、その後歴史的資料等のアーカイブ化にも力を入れており、私たちの共同研究にもさまざまな形でご協力をいただいてきた。特に、同社でアーカイブ化を推進してきた斉藤徹氏には大変お世話になった。

本書の元となった共同研究は、これまでの研究プロジェクトに熱意をもって参加してくださった方を始めとする多くの方々の協力によって可能となった。各方面からの批判を乞うと共に、さらなる研究への呼び水となることを期待したい。

最後に、本書の出版を引き受けてくださったスタイルノートの池田茂樹氏にお礼を申し上げたい。なかなか最終稿がそろわず、すっかりご迷惑をおかけしてしまった。また同社の薄井真生氏は、丁寧に各章を読んでくださった。もちろん内容はそれぞれの著者の責任であるが、少しでも読みやすいものになったとすれば、スタイルノートのお二人のおかげである。なお、本書出版にあたり、館外での出版を奨励する国立民族学博物館の制度を利用した。

二〇二四年三月

2 「日本コロムビア外地録音の文化史的意義」（二〇〇六年二月一八日〜二〇日、民博）、「音盤に聴く東アジア」（二〇〇七年三月一日〜二日、民博）。

執筆者紹介（五十音順　＊は編者）

尾高暁子（おだかあきこ）――第8章
●東京藝術大学音楽学部非常勤講師
●学位　音楽学修士（東京藝術大学）
●専門　中国音楽
●研究テーマ　近現代における中国人の音楽音楽活動の変容や、日本・中国間の音楽交流を歴史的背景から考察する。
●主要著作　「音楽学校の中国人留学生――東京音楽学校を中心として」神奈川大学人文学研究叢書三五　神奈川大学人文学研究所編・大里浩秋・孫安石編著『近現代中国人留学生の諸相――「管理」と「交流」を中心に』（二〇一五、お茶の水書房）四一一－四五七頁。

垣内幸夫（かきうちゆきお）――第9章
●京都教育大学名誉教授
●学位　芸術学修士（東京藝術大学）
●専門　音楽学・音楽教育
●研究テーマ　義太夫節の音楽学的研究・東アジアの語り物音楽研究
●主要著作　『義太夫節の様式展開』（共著）（一九八六、アカデミア・ミュージック）『今日の文楽』（共著）岩波講座『歌舞伎・文楽』第一〇巻（一九九七、岩波書店）「義太夫節の音楽学的研究」『國文學二〇〇八年一〇月臨時増刊号』（二〇〇八、学燈社）

長嶺亮子（ながみねりょうこ）――第4章（訳）、第7章
●沖縄県立芸術大学芸術文化研究所共同研究員
●学位　芸術学博士（沖縄県立芸術大学）
●専門　民族音楽学
●研究テーマ　戯曲音楽、漢族の音と社会、日本統治期台湾のメディアと芸能
●主要著作　「濱文庫所蔵レコード目録」『九州大学附属図書館研究開発室年報』二〇一九／二〇二〇（共著、二〇二〇、九州大学附属図書館、一－二六頁）

福岡正太＊（ふくおかしょうた）――第6章、あとがき
●人間文化研究機構国立民族学博物館教授
●学位　芸術学修士（東京藝術大学）
●専門　民族音楽学
●研究テーマ　西ジャワ・スンダ人の伝統音楽とメディア
●主要著作　『現代東南アジアにおけるラーマーヤナ演劇――インドネシア・カンボジア・シンガポール・タイ』（共著、二〇二二、めこん）、『東南アジアのポピュラーカルチャー――アイデンティティ・国家・グローバル化』（共編著、二〇一八、スタイルノート）など。

黃裕元（ほぁんゆぃゆぇん）――第2章
●国立台湾歴史博物館研究組長・副研究員
●学位　歴史学博士（国立台湾大学）
●専門　台湾における流行歌の歴史、社会文化

●研究テーマ　流行歌のリカバーの問題について、レコード産業、音楽家許石、文夏についての研究
●主要著作　『流風餘韻――流行歌曲開臺史』（二〇一四、國立臺灣歷史博物館）、『百年追想曲――歌謠大王許石與他的年代』（二〇一九、蔚藍文化）、『流行歌曲年代記』（二〇二三、晨星出版社）

細川周平（ほそかわしゅうへい）――第1章
●京都市立芸術大学日本伝統音楽研究センター所長
●学位　人文博士（東京藝術大学）
●専門　近代日本音楽史、日系ブラジル移民文化
●研究テーマ　明治～昭和戦前の音楽史
●主要著作　『遠きにありてつくるもの――日系ブラジル人の思い・ことば・芸能』（二〇〇八、みすず書房）『近代日本の音楽百年　全四巻』（二〇二〇、岩波書店）

山内文登（やまうちふみたか）――第5章
●国立台湾大学音楽学研究所教授
●学位　文化人類学博士（韓国・韓国学中央研究院）
●専門　東アジア近代音楽史、音響メディア論、帝国・植民地研究
●研究テーマ　植民地近代と朝鮮・台湾の聴覚文化
●主要著作　*Asian Sound Cultures: Voice, Noise, Sound, Technology*（共著、二〇二一、Routledge）、『音と耳から考える――歴史・身体・テクノロジー』（共著、二〇二一、アルテスパブリッシング）、*Decentering Musical Modernity: Perspectives on East Asian and European Music History*（共著、二〇一九、Transcript-Verlag）

***劉麟玉**（りゅうりんぎょく）――総説、第4章
●奈良教育大学音楽教育講座教授
●学位　人文科学博士（お茶の水女子大学）
●専門　音楽学、音楽教育学
●研究テーマ　植民地台湾における音楽教育史・音楽文化史、作曲家江文也研究
●主要著作　『植民地下の台湾における学校唱歌教育の成立と展開』（二〇〇五、雄山閣）、*The Art Song in East Asia and Australia, 1900 to 1950*（共著、二〇二二、Routledge）、『縱横西東――江文也音樂文集』（共編、二〇二三、時報出版）

王櫻芬（わんいんふぇん）――第3章
●国立台湾大学音楽学研究所特聘教授
●学位　民族音楽学博士（米国・ピッツバーグ大学）
●専門　民族音楽学、歴史民族音楽学
●研究テーマ　南管、台湾音楽史
●主要著作　『聽見殖民地――黒澤隆朝與戦時臺灣音樂調査（一九四三）』（二〇〇八、國立臺灣大學圖書館）

訳者紹介

岡野〔葉〕翔太（おかの〔よう〕しょうた）――第2章

●大阪大学レーザー科学研究所特任研究員／大阪大学大学院人文学研究科招聘研究員

●学位　人間科学博士（大阪大学）

●専門　華僑華人研究、現代台湾地域研究、中国近現代史

●研究テーマ　日本帝国崩壊後の在日台湾人の歴史経験

●主要著作　『二重読みされる中華民国――戦後日本を生きる華僑・台僑たちの「故郷」』（二〇二三、大阪大学出版会）

音盤《おんばん》を通《とお》してみる声《こえ》の近代《きんだい》
――日本《にっぽん》、上海《しゃんはい》、朝鮮《ちょうせん》、台湾《たいわん》

発行日　2024 年 3 月 25 日　第 1 刷発行

編　者　劉麟玉《りゅうりんぎょく》　福岡正太《ふくおかしょうた》
著　者　尾高暁子《おだかあきこ》　垣内幸夫《かきうちゆきお》　長嶺亮子《ながみねりょうこ》　福岡正太《ふくおかしょうた》　黃裕元《ほあんゆいゆぇん》　細川周平《ほそかわしゅうへい》
山内文登《やまうちふみたか》　劉麟玉《りゅうりんぎょく》　王櫻芬《わんいんふぇん》
訳　者　岡野《おかの》〔葉《よう》〕翔太《しょうた》（第２章）　長嶺亮子《ながみねりょうこ》（第３章）

発行人　池田茂樹
発行所　株式会社スタイルノート
〒 185-0021
東京都国分寺市南町 2-17-9-5F
電話 042-329-9288
E-Mail books@stylenote.co.jp
URL https://www.stylenote.co.jp/
装　幀　Malpu Design（清水良洋）
印　刷　シナノ印刷株式会社
製　本　シナノ印刷株式会社

ISBN978-4-7998-0208-3　C1073